Auteures :
Élodie Heu-Boulhat
Hélène Maspoli
Marion Perrard

Sommaire

Bilan linguistique B1 3

Unité 1 Se mettre au vert 5
Jeux 16

Unité 2 Être ou avoir ? 17
Jeux 27
Fiche méthodologie 1 28

Unité 3 Chercher sa voie 29
Jeux 40
Bilan linguistique 41

Unité 4 Être connecté ou ne pas être 43
Jeux 53
Fiche méthodologie 2 54

Unité 5 Histoire au passé et au présent 55
Jeux 66
Bilan linguistique 67

Unité 6 Lever l'ancre 69
Jeux 79
Fiche méthodologie 3 80

Unité 7 Le sens de l'actu 81
Jeux 92
Bilan linguistique 93

Unité 8 Prenez soin de vous ! 95
Jeux 105
Fiche méthodologie 4 106

Unité 9 La richesse en partage 107
Jeux 118
Bilan linguistique 119

Unité 10 Parlez-vous français ? 121
Jeux 131
Fiche méthodologie 5 132

Unité 11 Jusqu'où irons-nous ? 133
Jeux 144
Bilan linguistique 145

Unité 12 La force des arts 147
Jeux 157
Fiche méthodologie 6 158

TRANSCRIPTIONS 159
CORRIGÉS 166

Couverture : Nicolas Piroux
Principe de maquette : Nicolas Piroux
Adaptation de la maquette de principe et mise en page : Joëlle Parreau
Édition : Anne-Laure Culière, Pascale Spitz
Iconographe : Hatier Illustrations – Maria Mora Fontanilla
Infographies : Dany Mourain
Cheffe de studio : Christelle Daubignard
Photogravure : IGS-CP
Enregistrements, montage et mixage des audios : Vincent Henquinet – Eurodvd

Bilan linguistique B1

..../ 60

Avant d'aborder le niveau B2, faites le point sur vos acquis linguistiques !

1. Racontez des événements passés. Mettez les verbes au passé composé ou à l'imparfait. ..../ 10

Quand j'(avoir) .... dix ans, pour Noël, mes parents m'(offrir) .... un skate. J'(être) .... super content ! Je/J' (vouloir) .... le tester immédiatement et (sortir) .... à toute vitesse de chez moi. Malheureusement, comme il (neiger) .... et que la route (être) .... glissante, je/j' (tomber) .... au bout de la rue. Je/J' (casser) .... mon skate et je (se casser) .... la jambe !

2. Mettez les phrases suivantes au discours indirect. ..../ 10

a. Juliette me dit : « Avant, je n'aimais pas la glace à la fraise. »
....

b. Ma mère me répète tous les jours : « Range ta chambre ! »
....

c. Mes grands-parents nous annoncent : « Nous partons vivre en Australie. »
....

d. Mon frère demande : « Où avez-vous prévu de manger dimanche ? »
....

e. Marc demande à Angela : « Qu'est-ce que tu penses de ma nouvelle veste ? »
....

f. Anne demande à Sylvie : « Tu as pris ton imperméable ? »
....

g. Les gens qui ont visité la galerie me disent : « Votre travail est remarquable ! »
....

h. Je me demande : « Qu'est-ce qu'ils iront faire à Marseille ce week-end ? »
....

i. Mon père m'appelle pour me dire : « Tu penseras à apporter un dessert pour la fête. »
....

j. Monsieur Jean dit à son voisin : « Laissez-moi porter vos sacs. »
....

3. Les pronoms relatifs. Complétez les phrases en utilisant *qui, que, dont, où*. ..../ 5

a. À l'hôtel .... je suis réceptionniste, je suis le seul à parler chinois.
b. Le musée .... vous me parlez est en rénovation.
c. Comment s'appelle la ville .... nous allons visiter ?
d. Ce n'est pas ce film .... a obtenu le César ?
e. Le sac .... j'ai besoin est introuvable.

4. Les pronoms compléments. Entourez la réponse correcte. ..../ 5

a. Pierre ? Je *lui / l' / y* ai vu hier.
b. Cette exposition *la / l' / lui* a beaucoup plu.
c. Je viens avec vous à la banque ? Ah non, *j'y / j'en / je lui* vais tout seul !
d. Tu es sûr que Léo était à l'école ce matin ? Oui, *j'y / j'en / je le* suis sûr.
e. Connais-tu la réponse à cette question ? Non, je *ne la / n'y / n'en* connais pas.

Bilan linguistique B1

5. Le futur simple et le conditionnel présent. Conjuguez les verbes au futur simple ou au conditionnel présent. ..../10

a. Ils (*aller*) .... à Rome l'été prochain. C'est certain.
b. Vous (*devoir*) .... manger plus souvent des produits bio.
c. S'ils le pouvaient, ils (*payer*) .... une baby-sitter pour garder leur fils.
d. Quand nous (*faire*) .... le ménage demain, nous (*jeter*) .... les vieux papiers.
e. (*pouvoir*) ....-tu m'aider à déménager ce week-end ?
f. Et si on faisait un voyage en Grèce ? Ce (*être*) .... chouette, non ?
g. Quand elle (*recevoir*) .... cette lettre, elle (*comprendre*) .... que je l'aime vraiment.
h. Il m'a dit que nous (*se voir*) .... à 9 h mais il ne s'est pas présenté.

6. Les indicateurs temporels. Complétez avec *dans, pour, depuis, pendant, en*. ..../5

a. L'acteur a eu un terrible accident .... le tournage.
b. Je n'ai pas parlé à Louise .... quelques jours.
c. Il a écrit ce roman .... trois mois.
d. Dépêche-toi ! Le taxi arrive .... cinq minutes.
e. .... son entrée en scène, le public se lève et applaudit l'artiste.

7. Les indéfinis. Complétez avec *tout, toute, tous, toutes*. ..../5

a. Nous partirons .... ensemble à Montréal.
b. Ma décision a fait .... la différence !
c. Il pleut .... le temps en Normandie.
d. Je suis fatiguée de .... ces histoires.
e. Myriam travaille plus que nous ....

8. La comparaison. Entourez la réponse correcte. ..../5

a. J'aime les chocolats Auzou. Je les trouve *meilleurs / mieux* que les autres.
b. José est *autant / aussi* ambitieux que toi.
c. Elle a obtenu *la meilleure / plus bonne* note *que / de* toute la classe.
d. C'était la conférence la *moins / plus* ennuyeuse du trimestre. Je me suis endormi.
e. Elle travaille *mieux / meilleur* depuis quelque temps.

9. Méli-mélo : attention à ne pas tomber dans le piège ! Entourez la réponse correcte. ..../5

a. Pouvez-vous *m'emporter / m'apporter / m'amener* à la gare ?
b. Je suis stressé *car / donc / alors* mon examen commence dans cinq minutes.
c. Je vais chercher les enfants à l'école, je *retourne / reviens / ramène* dans quelques minutes.
d. Il vient d'envoyer *sa demande / sa candidature / son entretien* pour un poste de traducteur.
e. Viens prendre un café chez moi si tu veux. On peut y *partir / aller / marcher* à pied.
f. Ma sœur est allée *visiter / donner la visite / rendre visite* à ma grand-mère.
g. Sandra n'est pas là ? C'est bizarre, elle est *parfois / rarement / toujours* absente.
h. Je vais payer ce croissant en *espèces / monnaie / argent*.
i. Julie n'est pas là à *tout moment / en ce moment / au même moment*.
j. Il faut qu'il *est / soit / sera* là dans une heure. Sinon, je partirai !

Unité 1

Se mettre au vert

Grammaire

▷ Exprimer son point de vue ——————————— p. 14

1. Entourez la bonne réponse.

a. *Je trouve scandaleux / Il me semble* que tant de personnes soient seules dans leur voiture.

b. *Je tiens à préciser / Je ne crois pas* que les jeunes générations soient plus respectueuses de l'environnement.

c. *Personnellement / Sauf erreur de ma part*, je ne me sens pas coupable de mon mode vie.

d. *Il considère / Il doute* que les petits gestes écolos sont inutiles.

e. *Ça ne m'étonnerait pas / J'estime* que la publicité a un impact majeur sur le réchauffement climatique.

f. *C'est faisable / Les gens risquent* de se décourager si on ne présente que des scénarios alarmistes !

g. *J'ai la conviction / Il se pourrait* que les enjeux écologiques sont au cœur des préoccupation des citoyens.

h. *À ma connaissance / Quant à moi*, les transports en TGV émettent moins de carbone que ceux en avion.

2. Conjuguez le verbe entre parenthèses au subjonctif ou à l'indicatif.

a. J'estime que nous .... lutter contre la surconsommation. (*devoir*)

b. Ça m'étonnerait que nos émissions de CO_2 .... assez vite. (*se réduire*)

c. Nous sommes convaincus que vous .... à réduire votre empreinte carbone. (*parvenir*)

d. Il me semble que tu .... agir à ton échelle. (*pouvoir*)

e. Il y a peu de chances que je .... à arrêter de manger de la viande. (*réussir*)

f. Il semblerait que de plus en plus de gens .... conscients de l'importance du respect de l'environnement. (*être*)

g. J'ai la conviction que vous .... l'importance de la fiscalité comme levier d'action. (*négliger*)

h. Je trouve choquant qu'on ne .... pas les efforts requis. (*faire*)

Grammaire

3. Reliez les expressions de sens équivalent.

a. À mes yeux. •   • 1. Qu'en pensez-vous ?
b. Quelle est votre opinion ? • • 2. Il y a peu de chances.
c. Éventuellement. •   • 3. Selon moi.
d. C'est peu probable. • • 4. J'en suis persuadé.
e. J'en mettrais ma main au feu. • • 5. Il semblerait.
f. On dirait. •   • 6. Peut-être.

4. Complétez les phrases avec un des énoncés suivants : *j'ai la conviction – je doute – à ce qu'il me semble – peut-être – je trouve normal – c'est hors de question – j'en mettrais ma main au feu.*

a. Malheureusement, ... que nous atteignions nos objectifs de réduction d'émissions de carbone.

b. .... , une bonne qualité de vie et une empreinte carbone réduite sont compatibles.

c. .... que l'éducation joue un rôle fondamental pour faire évoluer les comportements. J'en suis persuadé !

d. .... que chacun fasse des efforts et essaie de modifier ses habitudes.

e. .... que les découvertes scientifiques nous permettront de trouver des solutions durables.

f. Je suis persuadé que les jeunes générations adopteront un mode de vie plus responsable. .... !

g. Nous ne sommes pas du tout prêts à renoncer à tous les bénéfices du numérique. .... !

5. Transformez en question formelle (avec inversion) et faites les changements nécessaires.

a. Est-ce que tu crois que l'énergie nucléaire peut participer à la réduction des émissions ?
....

b. Vous pensez que l'industrie textile doit être mieux régulée ?
....

c. Il croit qu'un changement profond des mentalités est souhaitable ?
....

d. Est-ce que les citoyens considèrent que la loi permet d'imposer le respect de l'environnement aux producteurs ?
....

e. Elle trouve que la prime à l'isolation thermique répond aux besoins des citoyens ?
....

f. Vous estimez que les citoyens sont prêts à consommer moins ?
....

g. Est-ce que vous croyez que le covoiturage permet de faire une différence notable ?
....

h. Vous trouvez que le compostage a une chance d'être adopté par les foyers urbains ?

Grammaire

▶ Exprimer son accord ou son désaccord — p. 15

1. Dites si les personnes expriment leur accord ou leur désaccord. Précisez si la conversation est informelle.

   a. Et puis quoi encore ? Si ça continue comme ça, on va nous demander de nous éclairer à la bougie !
   b. Acheter en vrac permet de réduire à la fois les emballages et le gaspillage alimentaire, ça ne fait aucun doute.
   c. Vous avez tort. Le recyclage n'est pas la solution à la gestion des déchets.
   d. Faire du vélo pour aller au boulot ? Jamais de la vie !
   e. Nous devons agir d'urgence. Je vous approuve sans réserve sur ce point !

	exprime l'accord	exprime le désaccord	conversation formelle	conversation informelle
a.				
b.				
c.				
d.				
e.				

2. Reliez pour former les énoncés corrects.

   a. Ça ne fait aucun   1. réserve.
   b. Je vous approuve sans   2. avis.
   c. Jamais de la   3. raison.
   d. Vous avez   4. doute.
   e. Je ne partage pas votre   5. vie.

3. Lisez les affirmations suivantes. Exprimez votre accord ou votre désaccord en complétant les phrases.

   a. Il est trop tard pour lutter contre le réchauffement climatique.
      ☐ C'est une vraie question car _____
      ☐ Je ne partage pas votre avis parce que _____

   b. Il faut faire moins d'enfants pour sauver la planète.
      ☐ N'importe quoi ! _____
      ☐ Je suis d'accord avec le fait que _____

   c. On ne peut pas se passer de l'énergie nucléaire.
      ☐ Et puis quoi encore ! _____
      ☐ J'accepte l'idée que _____

   d. On devrait tous être véganes.
      ☐ Je n'y crois pas trop. En effet, _____
      ☐ Ça ne fait aucun doute ! _____

   e. Développer la finance verte est une priorité.
      ☐ Je n'en suis pas si sûr, étant donné que _____
      ☐ Je vous approuve sans réserve puisque _____

Grammaire

▶ Argumenter p. 20

1. Reformulez les phrases avec les mots de liaison entre parenthèses. Faites les changements nécessaires.

Même si l'énergie nucléaire est peu émettrice en CO_2, elle produit des déchets dont la gestion soulève de nombreux problèmes.

a. (bien que) : ....

b. (certes) : ....

La déforestation de l'Amazonie se poursuit car des agriculteurs produisent de l'huile de palme.

c. (à cause de) : ....

d. (puisque) : ....

Des forêts sont détruites parce qu'on construit des infrastructures de transport.

e. (par conséquent) : ....

f. (en effet) : ....

L'industrie textile est responsable de nombreuses pollutions comme celles liées à la surconsommation d'eau pour produire les matières premières, au rejet des déchets toxiques des teintures ou encore aux émissions de CO_2 lors du transport des articles.

g. (tel que) : ....

h. (en particulier) : ....

2. Entourez la réponse correcte.

a. De nombreuses espèces sont menacées de disparition, *telles que* / *autrement dit* le gorille, le tigre, le panda ou encore les tortues marines.

b. *Bien que* / *Pourtant* la plupart des gens soient conscients de leur impact négatif, ils n'arrivent pas à se priver des voyages en avion.

c. Agissons *pour cela* / *de manière à* décarboner nos achats.

d. Les entreprises sont soucieuses de leur image. *En règle générale* / *Néanmoins*, elles communiquent sur leurs actions en faveur de l'environnement.

e. Les conséquences du réchauffement climatique sont déjà perceptibles. *En effet* / *Par ailleurs*, les phénomènes extrêmes se multiplient comme les incendies géants, les tempêtes ou les inondations meurtrières.

f. On observe de nombreuses initiatives pour préserver la planète : opérations de nettoyage, campagnes à destination des enfants, création de recycleries… *En bref* / *en outre*, la prise de conscience est là.

g. Nombre de citoyens perçoivent l'écologie comme une contrainte *alors qu'* / *parce qu'*elle peut améliorer significativement notre qualité de vie.

h. Il faut apprendre à acheter moins mais mieux, *en d'autres termes* / *toutefois* privilégier la qualité à la quantité.

Grammaire

3. Complétez le texte avec les articulateurs suivants : *d'une part … d'autre part – en conclusion – toutefois – à cause – en premier lieu – autrement dit – d'une façon générale.*

……………………, le tourisme peut sembler avoir un impact positif sur nos vies : découverte d'autres cultures, contemplation de paysages naturels incitant au respect de la planète, visite de sites classés au patrimoine mondial. …………………… , quand on observe le phénomène de plus près, on s'aperçoit qu'il cause de graves dégâts. …………………… , le tourisme est nocif pour la planète. …………………… , les déplacements long courrier émettent des quantités importantes de CO_2. …………………… , les afflux de visiteurs sur les sites dégradent et abîment ces derniers. …………………… , on observe une augmentation du coût de la vie dans les zones d'accueil …………………… des inégalités de pouvoir d'achat entre touristes et locaux. …………………… , il faudrait redéfinir de fond en comble notre façon de voyager.

4. Retrouvez l'ordre des sept phrases du texte.

- **a.** Ainsi, on peut identifier les principales causes de nos émissions personnelles de gaz à effet de serre et voir celles sur lesquelles il nous est le plus facile d'agir. …………
- **b.** À l'inverse, ce sera un crève-cœur pour d'autres. …………
- **c.** De nombreux citoyens s'efforcent de modifier leurs habitudes afin d'être cohérents avec leurs convictions écologiques. …………
- **d.** En définitive, chacun peut trouver le type d'actions qui convient le mieux à son profil. …………
- **e.** Pour certains, il sera simple d'arrêter de prendre l'avion ou de consommer de la viande. …………
- **f.** Avant toute chose, calculer son empreinte carbone permet de se situer par rapport à la moyenne nationale (environ 10 tonnes) et à l'objectif de 2050, c'est-à-dire 2 tonnes. …………
- **g.** Ces derniers pourront agir d'une autre façon. Par exemple, s'engager dans une démarche zéro déchet ou prévoir une rénovation thermique de leur logement. …………

5. Complétez librement.

- **a.** Puisqu'il est déjà trop tard pour éviter une hausse importante des températures, ……………………………………………………………………………………………
- **b.** Certes, les éoliennes permettent de produire de l'électricité à partir d'une ressource naturelle. Cependant, ……………………………………………………………………………………………
- **c.** Il est primordial de modifier nos habitudes alimentaires, mais aussi ……………………………………………………………………………………………
- **d.** J'ai téléchargé une nouvelle appli de façon à ……………………………………………………………………………………………
- **e.** En ce qui concerne la gestion de l'eau, soulignons que ……………………………………………………………………………………………
- **f.** Même si j'adore regarder des séries, ……………………………………………………………………………………………

Vocabulaire

▸ L'environnement et l'écologie — p. 22

1. Dites quels sont les noms qui correspondent aux verbes ci-dessous.

a. trier : ....
b. recycler : ....
c. acheter : ....
d. réduire : ....
e. polluer : ....
f. émettre : ....
g. réchauffer : ....
h. éteindre : ....

2. Choisissez la réponse correspondant à la définition.

a. Phénomène de hausse des températures moyennes :
☐ le réchauffement climatique
☐ la transition écologique

b. Zone protégée :
☐ la réserve naturelle
☐ l'écosystème

c. Pollution des océans liée à des fuites d'hydrocarbures :
☐ les fonds marins
☐ la marée noire

d. Type d'achat où l'on peut prendre la quantité désirée d'un produit qui n'est pas présenté emballé :
☐ réutilisable
☐ en vrac

e. Perte de surface boisée :
☐ la déforestation
☐ la végétation

f. Acte de jeter ses ordures dans différents contenants selon leur catégorie :
☐ le recyclage
☐ le tri des déchets

g. Matière organique d'origine naturelle utilisable comme source d'énergie :
☐ la biomasse
☐ la biodiversité

h. Animal qui n'a pas de squelette :
☐ le corail
☐ l'invertébré

3. Associez les mots de sens opposés.

a. proie
b. réutilisable
c. sauvage
d. en vrac
e. toxique

1. domestique
2. biologique
3. emballé
4. jetable
5. prédateur

Vocabulaire

4. Barrez l'intrus dans les listes de mots suivantes.

   a. crustacé – thon – mollusque – invertébré

   b. cétacé – poisson – requin – algue

   c. trier – recycler – jeter – réutiliser

   d. transition – pollution – extinction – déforestation

   e. émission – gaz – déchet – réserve

5. Entourez le mot qui convient.

   a. Selon vous, l'agriculture *écologique / biologique* permet-elle de nourrir suffisamment de personnes ?

   b. Les scientifiques estiment que limiter le réchauffement *climatique / atmosphérique* à 2° C implique des changements drastiques de mode de vie.

   c. Même si les emballages sont *réutilisables / uniques*, ils ont un impact écologique.

   d. Pour les électeurs, les enjeux *environnementaux / naturels* sont une préoccupation majeure.

   e. De nombreuses villes ont entamé leur transition *toxique / écologique*.

   f. Cette organisation *non gouvernementale / associative* lutte pour préserver la biodiversité.

   g. Le classement de réserve *écolo / naturelle* a joué un grand rôle dans la protection des espèces endémiques.

   h. Quand une espèce est menacée, c'est toute la chaîne *marine / alimentaire* qui est impactée.

6. Indiquez contre quels types de problèmes environnementaux ces ONG cherchent à lutter.

   a. Rejoignez-nous pour nettoyer les plages suite à la catastrophe qui a touché nos côtes ! ....

   b. Participez à notre marche pour le climat samedi. ....

   c. De nombreuses espèces sont menacées. Adhérez à notre association pour nous aider à les défendre. ....

   d. Votre don nous aidera à replanter des arbres dans les zones menacées par l'étalement urbain et les pratiques d'agriculture intensive. ....

   e. Signez notre pétition pour la fermeture des centrales à charbon dans notre pays ! ....

7. Complétez le texte avec les mots suivants, en faisant les accords si nécessaire : *extinction – biodiversité – corail – écosystème – pollution – espèce – déforestation*.

La réduction de la .... est un phénomène très visible à toutes les échelles.
Elle désigne aussi bien la diversité des milieux que celle des .... qui y vivent.
Elle a atteint un rythme tel qu'on parle aujourd'hui de sixième .... de masse.
Les principales causes sont la .... liée notamment à l'urbanisation, les
.... de l'eau, des sols et de l'air.
Les .... marins et côtiers sont particulièrement menacés. Plus de la moitié des
récifs de .... risqueraient de disparaître à moyen terme.

Phonétique

La prononciation du subjonctif

Repérage

 1. Entourez la forme entendue.

   a. que j'aie / que j'aille
   b. qu'elle finit / qu'elle finisse
   c. que tu attends / que tu attendes
   d. que nous allions / que nous ayons
   e. que je prends / que je prenne
   f. que vous faisiez / que vous fassiez
   g. qu'on mette / qu'on met
   h. que tu conduis / que tu conduises
   i. qu'ils aient / qu'ils aillent

Entraînement

 2. Prononcez à voix haute les phrases suivantes puis écoutez-les.

   a. Pensez-vous que les mesures adoptées aillent dans le bon sens ?
   b. Il faudrait que vous alliez plus souvent au marché.
   c. Je doute que vous ayez compris l'ampleur des changements nécessaires.
   d. Croyez-vous que les ONG aient une véritable influence sur les décisions des députés ?
   e. Je ne pense pas que tu aies compris.
   f. Que faire pour que les industriels aient une prise de conscience de leur impact ?
   g. Il faut que j'y aille tout de suite !
   h. Il faudrait d'abord que nous ayons une vision commune des objectifs.
   i. Le directeur aimerait que nous allions tous au travail à vélo.

> **Rappelez-vous !**
> • ai / es / est / aie / aies / ait / aient se prononcent tous de la même façon ! /ɛ/

Dictée phonétique

 3. Écoutez l'enregistrement, écrivez les phrases, puis vérifiez l'orthographe p. 159.

   a. ....
   b. ....
   c. ....
   d. ....
   e. ....
   f. ....
   g. ....
   h. ....

Compréhension écrite

Lisez ce document et répondez aux questions.

Quiz — Savez-vous vraiment ce qui émet le plus de gaz à effet de serre ?
Les réponses à ce quiz vous étonneront…

À votre avis, qu'est-ce qui pollue le plus ?

A		B
Un aller-retour Paris-Bali en avion	1	Un an d'utilisation d'une voiture individuelle
Un week-end en avion à Barcelone	2	Deux entrecôtes par semaine pendant un an
L'envoi de 10 mails quotidiens (de 1 Mo) pendant un an	3	300 km en voiture
Deux allers-retours Paris-Marseille en TGV	4	Cinq recherches Google par jour pendant un an
Un jean en coton	5	50 km en voiture
La voiture thermique	6	La voiture électrique

L'équivalent CO_2 (eq. CO_2) est l'unité de mesure définie par le Giec (Groupe d'Experts Intergouvernemental sur l'Évolution du Climat) pour évaluer les émissions réchauffantes.

1 : A. Un aller-retour long-courrier entre la France et l'Indonésie émet environ 3,7 tonnes eq. CO_2 par passager, alors que 13 000 km en voiture entraînent de 2 à 2,5 tonnes eq. CO_2.

2 : B. Sachant que la production de 1 kg de viande rouge émet aux alentours de 35 kg eq. CO_2, la consommation de deux entrecôtes de 250 g par semaine pendant un an entraîne l'émission de 910 kg eq. CO_2. Un aller-retour en avion Paris-Barcelone en émet, lui, 369 kg par passager.

3 : A. L'envoi d'un courrier électronique de 1 Mo à une personne pèse 20 g eq. CO_2. Ainsi, 10 mails par jour pendant un an émettent 73 kg eq. CO_2. 300 km en voiture émettent un peu moins : 58 kg. À noter qu'expédier un mail nécessite deux fois plus d'énergie que pour le stocker pendant un an.

4 : B. Une requête Google émet 6,65 g eq. CO_2. Cinq recherches par jour pendant un an émettent donc environ 12 kg eq. CO_2. Deux allers-retours Paris-Marseille en TGV en émettent moitié moins : 5,2 kg eq. CO_2 par passager.

5 : A. L'empreinte carbone d'un jean (matières premières, mise en forme, distribution, etc.) est d'environ 25 kg eq. CO_2, tandis que parcourir 50 km seul en voiture entraîne l'émission de 10 kg eq. CO_2.

6 : A. La fabrication d'une voiture électrique émet 1,5 à 2 fois plus de CO_2 que celle d'une voiture thermique, notamment à cause de la batterie, très gourmande en ressources (elle nécessite l'extraction de terres rares). Mais, à l'usage, une électrique émet en France bien moins par kilomètre, l'électricité y étant peu carbonée. Ainsi, selon l'Ademe, sur l'ensemble de son cycle de vie, un véhicule électrique émet 2 à 3 fois moins qu'un véhicule thermique.

Sébastien BILLARD, *L'Obs*, 20 mai 2021.

Compréhension écrite

Compréhension

1. Quel domaine n'est pas traité dans le document ?

- ☐ **a.** Le numérique.
- ☐ **b.** L'alimentation.
- ☐ **c.** Le logement.
- ☐ **d.** Les transports.

2. D'après les données du document, qu'est-ce qui est le plus efficace pour réduire son empreinte carbone ?

- ☐ **a.** Devenir végétarien.
- ☐ **b.** Envoyer moins de 10 mails par jour.
- ☐ **c.** Faire 2 voyages en TGV en France, pas plus.
- ☐ **d.** Acheter maximum 3 pantalons par an.

3. Vrai ou faux ? Justifiez.

a. Une voiture qui utilise du carburant émet plus de CO_2 à la fabrication qu'une voiture électrique.

....
....

b. Faire 2 requêtes quotidiennes sur un moteur de recherche pollue plus que 50 km en voiture.

....
....

c. La conservation d'un courriel sur des serveurs pendant un an est plus polluante que son envoi.

....
....

Grammaire et Vocabulaire

4. Relevez dans les réponses au quiz des mots de liaison de sens équivalent à :

- **a.** remarquons que : ....
- **b.** donc : ....
- **c.** tandis que : ....
- **d.** en particulier : ....
- **e.** cependant : ....

5. Cherchez dans le texte l'équivalent des énoncés suivants.

- **a.** un vol lointain : ....
- **b.** est responsable de : ....
- **c.** émettrice de CO_2 : ....
- **d.** environ : ....
- **e.** la méthode de calcul : ....
- **f.** quotidienne : ....
- **g.** voyageur : ....
- **h.** véhicule : ....

Production orale

À partir du document suivant, vous exposerez votre point de vue de manière argumentée. Puis vous prendrez position et défendrez votre opinion si nécessaire.

> 30 % des poubelles sont composées de déchets organiques alors que ces derniers sont biodégradables. Dans le but de réduire les émissions de CO_2 liées à la gestion des déchets, votre ville met gratuitement à disposition des habitants un lombricomposteur comme celui présenté ci-contre.

Listez les avantages et les limites de ce système, puis exprimez votre point de vue sur cette initiative. Utilisez l'encadré ci-dessous pour noter vos idées.

LE LOMBRICOMPOSTAGE COMMENT CA MARCHE ?

Le lombricomposteur est un écosystème vivant où les vers sont en mouvement.
Aidés par des micro-organismes (bactéries, champignons), ils produisent du compost et du lombrithé, deux précieux fertilisants.

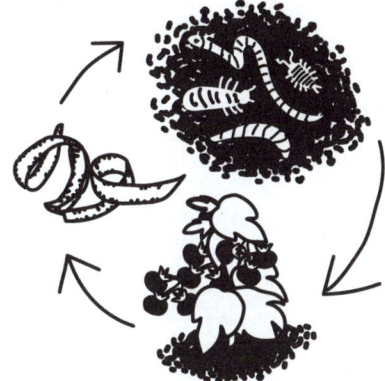
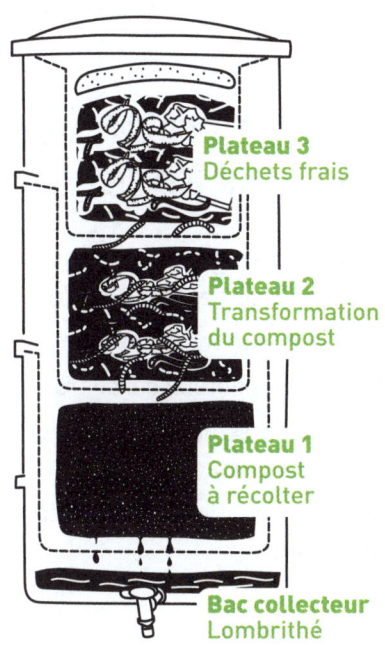

Plateau 3 Déchets frais
Plateau 2 Transformation du compost
Plateau 1 Compost à récolter
Bac collecteur Lombrithé

Le matériel

- **le lombricomposteur :** il se compose d'un bac collecteur de liquide avec robinet de récupération, de trois ou quatre plateaux de travail interchangeables, d'un couvercle et d'un matelas d'humidification.
- **les vers :** après envoi de l'avoir à notre fournisseur, vous recevrez un sachet de vers spécialement adaptés au lombricompostage. Ils n'aiment pas la lumière et mangent chaque jour jusqu'à la moitié de leur poids.
- **le bio-seau :** il vous permet de stocker vos déchets compostables avant de les déposer dans le lombricomposteur.

Jeux

1 Charade. Qu'est-ce que c'est ?

Mon premier est le contraire d'avoir raison (avoir…).

On utilise mon deuxième pour s'adresser à quelqu'un dont on est proche.

Mon troisième est un petit étang.

Mon quatrième est une lettre de l'alphabet qui porte un point.

On forme mon cinquième avec une corde ou un fil qu'on entrecroise.

Mon tout est un reptile à carapace vivant dans les océans.

2 Complétez la grille avec les mots correspondant aux définitions.

1. Animaux à sang froid au corps recouvert d'écailles comme les serpents, les lézards, les tortues.
2. Grand poisson marin dont on consomme la chair.
3. Partie des végétaux qui se trouve sous la terre.
4. Animal chassé par un prédateur pour lui servir d'alimentation.
5. Groupe d'organismes microscopiques flottant dans l'eau.

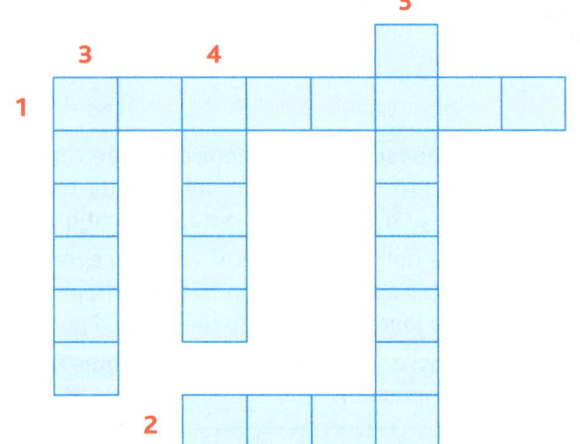

3 Rébus. Quel est ce slogan ?

4 Petit bac de la nature

En petit groupe. Un joueur récite l'alphabet dans sa tête jusqu'à ce qu'on lui dise « stop ! ». Chaque joueur cherche, pour chaque catégorie, un mot commençant par la lettre énoncée jusqu'à ce que l'un d'eux ait rempli la ligne. Les joueurs qui ont trouvé un mot marquent 2 points s'ils sont les seuls à l'avoir trouvé, 1 point si le mot a été donné par un autre joueur et 0 point s'ils n'ont pas eu le temps d'en trouver un. Recommencez avec d'autres lettres pour remplir la grille.

Lettre	Monde animal	Monde végétal	Écologie (problèmes et solutions)

Unité 2

Être ou avoir ?

Grammaire

▷ Les doubles pronoms — p. 28

1. Reliez les éléments.

– C'est Juliette qui a offert…   – Non, c'est sa sœur Magali qui…

a. ce stylo à Léon ?   1. lui en a offert une.

b. cette machine à laver à ses parents ?   2. lui en a offert.

c. des chocolats aux enfants ?   3. le lui a offert.

d. des fleurs au voisin ?   4. lui en a offert un.

e. un nouvel ordinateur à ton fils ?   5. la leur a offerte.

f. une nouvelle console de jeu à Michel ?   6. leur en a offert.

2. Reformulez en remplaçant les mots soulignés par *le, la, les, lui* ou *leur*.

Exemple : – Mathilde a dit <u>à ses parents</u> qu'elle avait trouvé un job de vendeuse ?
– Non, elle ne le leur a pas dit.

a. – Tu as écrit <u>le courrier de remerciement</u> <u>à Joëlle</u> ?
– Non, ...

b. – Vous aviez donné <u>une carte bleue</u> <u>à monsieur Jean</u> ?
– Non, ...

c. – Samia a-t-elle prêté <u>sa carte de fidélité</u> <u>à sa cousine</u> ?
– Non, ...

d. – Le serveur vous <u>a-t-il</u> rendu <u>la monnaie</u> ?
– Non, ...

e. – Bertrand a-t-il présenté <u>le nouveau stagiaire</u> <u>aux responsables vente</u> ?
– Non, ...

dix-sept | 17

Grammaire

3. Mettez les mots dans l'ordre pour faire une phrase.

a. Cette association de consommateurs s'occupe de ce genre de problème.
   leur / parler / Vous / en / pourriez / .
   ....

b. J'ai acheté ce modèle d'ordinateur dans une boutique d'informatique où les vendeurs sont très professionnels.
   l' / Ils / conseillé / avaient / me / .
   ....

c. Je ne pensais pas pouvoir assister à ce défilé de slow fashion mais ma tante connaissait une des stylistes qui l'organisait.
   y / a / m' / Elle / inviter / pu / .
   ....

d. Marcelle avait très envie de venir faire du shopping avec nous.
   lui / ai / Je / proposé / le / .
   ....

e. Les chaussures que j'ai achetées sont trop grandes.
   retourner / échanger / Tu / me / à la boutique / les / pourrais / pour / ?
   ....

f. Mes parents voulaient offrir une voiture à mon fils.
   J' / mais / offerte / quand même / étais / ils / lui / contre / la / ont.
   ....

4. Associez les phrases correspondantes.

a. Tu as acheté une nouvelle veste haute couture ?   1. Promets-le leur.
b. Le mode d'emploi de ce grille-pain est incompréhensible.   2. Achète-m'en un.
c. Tu iras voir tes parents à ton retour de voyage ?   3. Emprunte-les lui.
d. J'aimerais bien manger un gâteau pour le goûter.   4. Explique-le nous.
e. Marc a des livres sur le monde des influenceurs.   5. Montre-la moi.

(a → 5)

5. Complétez chaque phrase avec deux pronoms.

a. Demander à mon frère de m'aider à réparer mon lecteur CD ?
   Je ne .... demanderai pas.

b. Aller faire les soldes avec mes parents ?
   Je ne .... emmène jamais.

c. Faire vos courses au supermarché du centre-ville ?
   Je ne .... recommande pas.

d. Des vêtements neufs à mes enfants ?
   Je ne .... ai jamais acheté.

e. Voir ce film d'auteur dans un cinéma de centre commercial ?
   Impossible de .... voir à l'affiche.

Grammaire

6. Transformez en utilisant deux pronoms personnels compléments comme dans l'exemple.

Exemple : Béatrice refuse de prêter ses bijoux à ses filles.
→ Elle refuse de les leur prêter.

a. Jules et Jim ont décidé d'emmener leurs parents à un défilé de mode.
....

b. Julien n'a pas su réparer ma voiture.
....

c. Solveig ne voudra pas reparler de cette histoire de chaussures avec toi.
....

d. Madame Duflo a accepté d'expliquer le principe des monnaies locales aux étudiants.
....

e. Ils peuvent t'aider à décorer ta vitrine.
....

7. Imaginez les questions qui ont donné lieu à ces réponses.

Exemple : – Tu as acheté des petits cadeaux pour les enfants ?
– Non, je ne leur en ai pas acheté.

a. – ....
– Oui, je le leur ai dit.

b. – ....
– Non, il ne les y avait pas retrouvés.

c. – ....
– Oui, nous lui en avons proposé.

d. – ....
– Oui, il avait envie de la lui montrer.

e. – ....
– Non, elles ne leur en avaient pas promis.

8. Complétez le texte avec les pronoms qui conviennent.

Cher Mickaël,

Comme je .... avais annoncé, j'ai fait du rangement chez moi et j'ai mis de côté plein de choses qui m'encombrent. Peut-être que quelque chose pourrait t'intéresser. J'ai retrouvé un vieux vase kitch, c'est ma mère qui .... avait rapporté de voyage. Et puis plusieurs montres : mon oncle .... offre une chaque année ! J'ai fait le tri dans mes vêtements et j'ai trop de tee-shirts. Tu m'avais dit que tu aimais ceux du musée du Prado, je .... donne si tu veux. J'ai aussi des lunettes de piscine pour ton fils. Tu .... proposeras. Et puis, les vêtements chauds iront à une association d'aide aux étudiants précaires. Je connais un des bénévoles, je .... apporterai dans la semaine. Ça va être lourd, pourrais-tu .... aider ?

Antoine

Vocabulaire

▶ Les verbes et les prépositions — p. 30

1. Complétez les phrases avec *à*, *de* ou *d'*.

a. Je rêve .... aller à un défilé de mode, mais je ne pourrais jamais me permettre .... acheter un vêtement de haute couture.

b. Il s'est forcé .... l'accompagner faire du shopping ; en échange, elle lui a promis .... n'acheter que des vêtements éthiques.

c. Je risque .... ne pas pouvoir venir au festival des influenceurs. Dommage, j'aurais aimé discuter avec ceux qui arrivent .... vivre de cette activité.

d. Martine a tenté .... réparer sa machine à café mais elle n'a pas réussi .... le faire, alors elle s'est décidée .... en acheter une autre.

e. Justine avait hésité .... aller à cette conférence sur le greenwashing mais elle est ravie d'avoir appris .... décrypter les étiquettes des produits.

f. Mes enfants m'encouragent .... repenser ma manière de faire mes achats. Ils me supplient .... réduire ma consommation de produits industriels !

2. Complétez les phrases avec les verbes de la liste conjugués : *se charger – parvenir – s'abstenir – convenir – persister – achever*.

a. Myriam et Sophie .... de manger chez leurs parents qui sont végans.

b. Abdel .... à vouloir convaincre ses parents de faire leurs achats dans les petits commerces.

c. Patricia .... d'écrire le rapport sur les nouvelles tendances de consommation des Français.

d. Les ministres de l'Écologie et de l'Environnement .... hier d'établir des règles sur la garantie des produits d'électroménager.

e. Malgré nos efforts, nous ne .... pas à fabriquer des vêtements exclusivement en coton bio.

f. Catherine .... de coudre la robe de mariée de son défilé à la toute dernière minute.

3. Créez des phrases comme dans l'exemple.

Exemple : Faire plus attention aux étiquettes des produits. / S'efforcer.
→ Je vais m'efforcer de faire plus attention aux étiquettes des produits.

a. Essayer les circuits courts. / Inciter.
....

b. Privilégier le coton bio. / Suggérer.
....

c. Créer du lien. / Contribuer.
....

d. L'obsolescence programmée. / Se plaindre.
....

e. Arriver dans les magasins. / Tarder.
....

f. Ne pas terminer la collection à temps. / Craindre.
....

g. N'acheter que du bio. / Persuader.
....

h. Changer nos modèles de consommation. / Songer.
....

Vocabulaire

▶ La consommation

 p. 34

1. Reliez les éléments.

a. Les fins de mois sont difficiles,
b. Pour le cadeau des grands-parents,
c. Karine n'avait plus de liquide,
d. C'est drôlement pratique le téléphone,
e. Le client était déjà parti,

1. je te ferai un virement bancaire.
2. le serveur n'a pas pu lui rendre la monnaie.
3. de plus en plus de gens payent leurs courses à crédit.
4. on peut faire des paiements sans contact.
5. elle est allée au distributeur.

2. Complétez les phrases avec des expressions de la liste et conjuguez si nécessaire :
souci d'économie – prix de gros – détail – panier percé – prix fort – se débarrasser du superflu – jeter l'argent par les fenêtres.

a. Qu'elle paye comptant ou à crédit, c'est un vrai .... Elle dépense sans compter !

b. Par .... , nous réduirons la consommation de papier dans l'entreprise.

c. Elle a été licenciée, elle paye le .... de la crise économique.

d. Comme vous prenez beaucoup d'articles, je vous fais un ....

e. Arrête de .... ! Tu n'es pas Crésus.

3. Complétez le texte avec les mots de la liste. Mettez au pluriel si nécessaire et ajoutez les articles :
magasin indépendant – intermédiaire – plateforme d'achat – démarche – grande distribution – chine – superflu.

J'ai décidé de mener une vie plus sobre, de me débarrasser .... , autant pour mes finances que pour la planète. J'ai arrêté de faire mes courses dans le circuit de .... Pour la nourriture, j'essaie en effet de privilégier .... Je me suis également inscrite sur .... qui met en relation directe les producteurs et les consommateurs. Cela élimine .... et on peut avoir accès à des produits de qualité à moindre coût. Pour les objets dont j'ai besoin, je .... dans les recycleries. C'est bien plus drôle que de faire les magasins. En gros, je suis vraiment dans .... écoresponsable !

4. Entourez le mot correct dans chaque phrase.

a. Les prix n'arrêtent pas d'augmenter à cause de *l'inflation / la croissance*.

b. Le problème avec les grandes surfaces, c'est que ce sont elles qui fixent *le pouvoir d'achat / les prix*.

c. Toutes les entreprises recherchent la *gestion budgétaire / rentabilité économique*.

d. Le secret du succès d'une entreprise, c'est de faire augmenter *la demande / l'offre*.

e. Il y a eu beaucoup de licenciements dans notre entreprise du fait de *la crise / l'inflation*.

Grammaire

▶ Indicatif ou subjonctif ? — p. 36

1. Reliez les éléments.

a. Claire dit que
b. Mes grands-parents regrettent que
c. Il est probable que
d. Il faut que
e. Les couturiers de slow fashion attendent que
f. Je me souviens que

1. les consommateurs seront plus exigeants à l'avenir.
2. les médias parlent d'eux.
3. les appareils ménagers d'aujourd'hui tombent en panne aussi facilement.
4. la mode d'avant était plus simple à suivre.
5. les discours des marques ne sont pas crédibles.
6. les marques fassent des efforts pour être plus éthiques.

2. Choisissez la bonne réponse.

a. Il paraît que le coton bio *soit / est* de moins en moins cher.
b. Je suis persuadé que les gens ne *veuillent / veulent* pas de la mode éthique.
c. Le maire doute que la monnaie locale *peut / puisse* fonctionner.
d. Il est normal que les habitants *aient / ont* adopté si vite la monnaie locale.
e. Ali préfère que nous nous *rejoignons / rejoignions* au défilé directement.
f. Il espère que le public *soit / sera* au rendez-vous.

3. Formez des phrases comme dans l'exemple.

Exemple : Noël est une fête de la consommation. → Je regrette que Noël soit une fête de la consommation.

a. Les aliments viennent de la région.
   Les consommateurs préfèrent que les aliments ....
b. Les achats locaux dynamisent les territoires.
   Le paysan affirme que les achats locaux ....
c. On peut fixer ses prix grâce aux circuits courts.
   La productrice de fromage sait qu'elle ....
d. Les petites exploitations ne sont pas encouragées.
   Le fermier trouve dommage que les petites exploitations ....
e. Le phénomène des circuits courts prend de l'ampleur.
   Les mairies souhaitent que le phénomène des circuits courts ....

4. Formez des phrases comme dans l'exemple.

Exemple : Les associations de consommateurs sont très utiles.
   Beaucoup de gens vont se renseigner dans les associations de consommateurs / Il semble que.
   → Il semble que beaucoup de gens aillent se renseigner dans les associations de consommateurs.

a. On pourrait participer à la mise en place d'une association de consommateurs ?
   C'est une bonne idée. / Je ne suis pas certain.

....

b. Les associations de consommateurs c'est super, on peut y créer du lien.
   Il y a des gens très sympas dans ce genre d'association. / Il est vraisemblable.

....

Grammaire

c. Les consommateurs ont besoin de ce type d'association.
Une nouvelle association va se créer prochainement. / Tous les habitants attendent.

....

d. Noé avait promis qu'il écrirait le rapport de la réunion.
Il va l'écrire. / Il est peu probable.

....

e. Les marques sont de plus en plus attentives aux avis des consommateurs postés sur Internet.
Les avis de consommateurs sur Internet sont parfois truqués. / Il paraît que.

....

5. Conjuguez les verbes entre parenthèses au passé composé ou au subjonctif passé.

a. J'ai l'impression que les produits locaux (*devenir*) .... moins chers que les produits importés.

b. Ce paysan est très heureux que son exploitation (*atteindre*) .... une meilleure rentabilité économique.

c. Tout le monde regrette que les centres-villes (*perdre*) .... leur dynamisme.

d. La conseillère municipale prétend que toutes les cantines scolaires (*pouvoir*) .... passer au bio.

e. Nous ne sommes pas sûrs que la campagne « Février sans supermarché » (*avoir*) .... du succès.

f. Les paysans craignent que les supermarchés (*trop éloigner*) .... les consommateurs des producteurs.

6. Complétez le texte avec des verbes de la liste et conjuguez-les au temps adéquat, à l'indicatif ou au subjonctif selon le contexte : *couper – aller – faire – s'agir – avoir lieu – rester*.

Vol de nuit chez Compagnon

Le supermarché Compagnon situé rue de la République a été dévalisé cette nuit.

Les employés ont trouvé la porte forcée et les rayons de bonbons vides ce matin en arrivant au travail. « Il est préférable que le supermarché .... fermé aujourd'hui », d'après l'inspecteur de police chargé de l'enquête qui a également déclaré que tous les employés .... être entendus comme témoins dans la journée. Ces derniers redoutent que de nouveaux cambriolages .... prochainement. Il semble en effet que les voleurs .... le système électrique avant de pénétrer dans le supermarché, or ce système est très complexe. Il est probable qu'il .... de professionnels du vol de bonbons. Il va falloir s'attendre à ce que les enfants du quartier .... la grimace : plus de bonbons pour la fête d'Halloween ce soir !

7. Terminez les phrases librement.

a. Je suis sûr que les circuits courts ....

b. Il est dommage que les monnaies locales ....

c. Il est rare que les clients des supermarchés ....

d. Il est probable que les influenceurs ....

e. Avec la mode du bio, il faut s'attendre à ce que ....

Phonétique

▸ Le [ɛ] élidé et les lettres finales

Repérage

 1. Écoutez l'enregistrement et barrez toutes les lettres non prononcées dans les phrases suivantes.

  a. Elle est allée s'acheter une robe pour le mariage de sa fille.
  b. Ce sac me plairait beaucoup ! Tu m'en fais cadeau ?
  c. Bonjour madame, vous avez du pain sans gluten ?
  d. Les voisins devaient venir passer l'après-midi mais ils sont en retard.
  e. Est-ce que je peux vous être utile ?
  f. Connais-tu ce couturier chinois ? Il est très doué !
  g. J'ai tapé du poing sur la table pour que nous puissions reprendre la réunion.
  h. Ils devraient déjà être revenus des courses.
  i. Habituellement, mes enfants ne mangent pas de bonbons le soir.
  j. Je t'ai déjà dit que je rentrerai tard.

Entraînement

 2. Lisez à voix haute les phrases suivantes en essayant de prononcer le minimum de « e », puis écoutez l'enregistrement.

  a. Je ne veux pas retourner le voir en concert.
  b. J'ai froid. Ferme la fenêtre !
  c. Ça marche ! On se retrouve au café à quatre heures.
  d. Que veux-tu enfin ? Que je rentre tout de suite à la maison ?
  e. Il revient dans une minute.
  f. Je me rends compte qu'il a oublié son portefeuille.
  g. Il m'appelle ce matin.
  h. Branche-toi sur cette chaîne de mode.
  i. Ce livre de Marie-Aude Murail s'appelle *Le Hollandais* sans peine.
  j. On se retrouve jeudi soir au gymnase.

> **Rappelez-vous**
> - Quelles lettres sont muettes à la fin d'un mot ?
> - Dans quels cas peut-on ne pas prononcer un « e » ?

Dictée phonétique

 3. Écoutez l'enregistrement, écrivez les phrases, puis vérifiez l'orthographe p. 159.

a. ....
b. ....
c. ....
d. ....
e. ....
f. ....
g. ....
h. ....

Compréhension orale

L'Autre Librairie

 **7** Écoutez le dialogue et répondez aux questions.

1. Quelle est la particularité de L'Autre Librairie ?
- ☐ **a.** C'est une librairie gérée par les clients.
- ☐ **b.** C'est une librairie solidaire.
- ☐ **c.** C'est une librairie qui vend des livres d'occasion.

2. Le projet est né quand :
- ☐ **a.** une librairie d'Angoulême a fait faillite.
- ☐ **b.** une librairie du centre d'Angoulême a déménagé dans un centre commercial.
- ☐ **c.** un libraire d'Angoulême est parti à la retraite.

3. Pourquoi cette librairie s'est installée dans la vieille ville d'Angoulême ?
- ☐ **a.** Parce que c'est une zone très commerciale.
- ☐ **b.** Dans le but de redonner de la vie au quartier.
- ☐ **c.** C'est dans ce quartier que les loyers commerciaux sont les moins chers.

4. L'Autre Librairie fonctionne grâce :
- ☐ **a.** à des subventions municipales.
- ☐ **b.** aux sociétaires qui donnent de l'argent et de leur temps.
- ☐ **c.** à son succès commercial.

5. Comment est organisée la librairie ?
- ☐ **a.** Le travail est réparti entre des commissions thématiques.
- ☐ **b.** Les sociétaires se partagent le travail à tour de rôle.
- ☐ **c.** Quelques sociétaires ont été engagés comme employés.

6. Retrouvez dans le document des mots équivalents à :
- **a.** représentative : ....
- **b.** émotion causée par l'inquiétude : ....
- **c.** dynamiser : ....
- **d.** adhérent : ....
- **e.** groupe de travail : ....

Production écrite

Lisez le texte et répondez à la question.

Le minimalisme : effet de mode ou vraie tendance ?

De plus en plus de Français se lancent dans le minimalisme comme réaction à la surconsommation. Leur mot d'ordre : « Consommer moins, mais mieux ». Il s'agit de désencombrer son chez-soi, de se débarrasser des objets superflus et ce, pour se concentrer sur l'essentiel. L'idée sous-jacente c'est que nous sommes esclaves des choses matérielles que nous possédons et qu'il est temps de se libérer pour faire le ménage dans sa vie et dans sa tête : se recentrer sur les choses vraiment importantes et bien sûr, adopter un mode de consommation responsable et conscient.

Vous avez décidé d'adopter un mode de vie minimaliste et vous témoignez de votre expérience. Décrivez en quoi votre quotidien a changé et expliquez les raisons de votre choix.

1 Reconstituez 10 mots à partir des syllabes suivantes.

crois	ta	bi	tion	flu	sance	diai
sis	ter	ren	per	tra		ment
ça	mé	paie	bi		té	vi
gros	let	ment	li	re	su	fla
in	te	li	re	té	bil	in

1. c ....
2. p ....
3. b ....
4. g ....
5. i ....
6. s ....
7. i ....
8. r ....
9. t ....
10. v ....

2 Formez un mot avec les lettres disponibles.

Attention : une lettre peut servir plusieurs fois.
Exemple : E F I L R → FILIÈRE

a. E I M O P R T → I ....
b. A D E I L M R T S → D ....
c. A C E N O P R V → P ....
d. A C E I N R S → E ....
e. A C D E H M R → D ....
f. A E F L M O P R T → P ....

3 Ces expressions sont mélangées. Remettez-les dans le bon ordre !

a. Acheter le prix fort : ....

b. Jeter un prix de gros : ....

c. Être l'argent par les fenêtres : ....

d. Payer un panier percé : ....

e. Faire au détail : ....

4 Jeu des verbes : *à* ou *de* ?

En groupe. Un joueur ouvre son livre à la p. 30 et choisit environ 15 verbes. À chaque verbe énoncé, les autres joueurs doivent donner le plus rapidement possible la bonne préposition (*à* ou *de*). Chaque réponse correcte rapporte un point. Celui qui a le plus de points gagne.

FICHE MÉTHODOLOGIQUE / 1

Réaliser une carte mentale
⇢ pour étendre son vocabulaire et mémoriser en contexte.

A. Comment faire ?

1. Positionnez une feuille A4 en format paysage.

2. Définissez le **thème principal** et placez-le au centre de la feuille : c'est le **cœur** de votre carte.

3. Identifiez des **catégories** (5 ou 6 maximum) et représentez-les chacune par un mot-clé : ce sont les **branches principales** de votre carte. Organisez-les logiquement autour du thème en cherchant des liens qui font sens (ajoutez éventuellement des sous-branches pour des idées secondaires).

4. Illustrez votre carte : vous vous approprierez mieux le vocabulaire grâce à des **pictogrammes** simples et évocateurs, des **couleurs** (une par branche) et si cela vous semble utile des **lettrages différents**, du **relief**…

B. À votre tour !

Voici un exemple de carte mentale sur le thème de l'environnement/l'écologie :

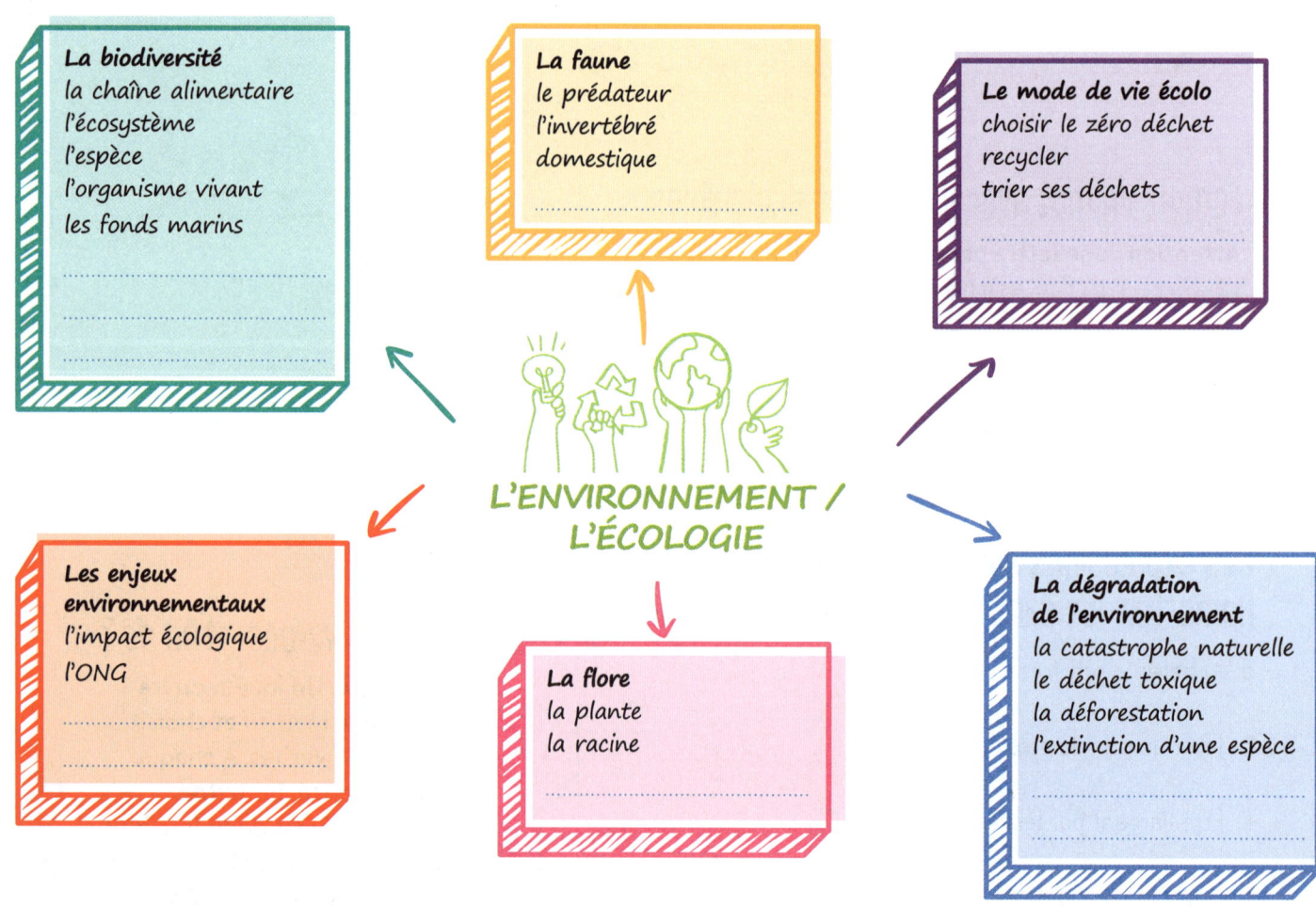

1. À quoi correspond chaque catégorie de la carte ?

2. Complétez avec les mots manquants (vous pouvez vous aider du vocabulaire p. 22 du livre de l'élève).

3. Réalisez une carte mentale sur le thème de la consommation (voir p. 34 du livre de l'élève).

Unité 3

Chercher sa voie

Grammaire

▷ Exprimer le but — p. 44

1. Mettez les verbes entre parenthèses au temps et au mode qui conviennent.

a. Je lui ai donné des conseils pour qu'il .... son examen oral. (*réussir*)

b. L'objectif, c'est que nos enfants .... de bonnes études. (*faire*)

c. Il m'a rappelé l'horaire du nouveau cours de peur que je l' .... (*oublier*)

d. Nous confions des tâches variées à l'apprenti pour qu'il .... autonome. (*devenir*)

e. Elle ne lui dit rien de crainte qu'il ne .... pas garder le secret. (*pouvoir*)

f. Pour répondre aux besoins des apprentis, les stages proposés .... variés. (*être*)

g. Je ferai en sorte que vous .... bien pendant votre formation. (*être*)

h. Il préfère quitter la classe de peur que le prof .... en colère. (*se mettre*)

i. Afin d'être pris pour ce job, tu .... valoriser ton expérience sur son CV. (*devoir*)

2. Choisissez l'élément correct dans chaque phrase.

a. *Le but* / *Le projet* de l'éducation est-il seulement de nous faciliter l'accès au marché du travail ?

b. Selon Aristote, l'éducation vise *à* / *de* faire un usage noble de notre temps libre.

c. Je prends des cours privés *afin que* / *afin de* préparer efficacement mon examen.

d. Fais *en sorte* / *en vue* de ne pas arriver en retard à l'examen !

e. Les élèves se taisent *de crainte* / *de façon* de gêner le professeur.

f. Le prof arrive en classe à 7 h 30 *de manière à* / *de* se préparer pour le cours.

g. *La visée* / *L'enjeu* de l'éducation serait-il de rendre notre société meilleure ?

h. Mon *intention* / *attention* est d'obtenir mon diplôme au bout de deux ans.

i. L'enseignante fait en sorte *à* / *de* bien expliquer les consignes aux élèves.

j. Il fait du volontariat dans *le dessein* / *la destinée* de créer des contacts avec d'autres pays d'Europe.

Grammaire

3. Imaginez le but de ces actions en utilisant des expressions variées.

Exemple : arriver tôt → Je suis arrivé tôt pour ne pas manquer le début de la conférence.

a. prendre des cours d'italien

....

b. obtenir une très bonne note

....

c. acheter des livres en ligne

....

d. faire des économies

....

e. réviser jour et nuit

....

f. faire un stage au Canada

....

g. participer à un séminaire de formation

....

h. écrire une lettre de demande de bourse

....

4. Complétez le texte avec l'expression de but qui convient : *à cette fin – pour que – vise – intention – afin d' – ambition – objectif – pour – de façon que – pour but – en sorte de – but*.

> **Gaëlle, quelle était votre .... en effectuant un service civique après vos études ?**
>
> **Gaëlle :** Lorsque j'ai fini mes études, j'avais besoin de compléter ma formation. .... , le service civique constituait une bonne transition entre l'université et mon premier emploi.
> Mon .... principal, c'était de me rendre utile, mais aussi d'acquérir des compétences. C'est tout naturellement que j'ai décidé de l'effectuer dans le domaine du social .... aider les autres et de rester en lien avec ma formation universitaire.
> J'ai effectué mon service à l'association LogeAction. Elle a .... d'aider les personnes sans-abri. C'est une asso de terrain qui fait tout .... les personnes à la rue retrouvent un logement et un emploi.
>
> L' .... de l'association est de lutter contre l'exclusion et la précarité. Elle .... aussi à changer le regard que l'on porte sur les personnes sans domicile fixe et se bat .... faire bouger les politiques. Mes responsabilités étaient diverses : par exemple, l'hiver dernier étant très froid, je faisais .... fournir des couvertures, des gants, des bonnets…
> Le .... parfois était simplement d'établir un premier contact bienveillant .... les gens acceptent ensuite d'être accompagnés dans une démarche de réinsertion.
> Le service civique, je l'ai vécu comme un engagement citoyen et je recommande vivement cette expérience.

Vocabulaire

▶ La formation et les études — p. 46

1. Entourez le mot qui convient.

a. Victor Hugo disait : « L'*éducation / instruction*, c'est la famille qui la donne ; l'*éducation / instruction*, c'est l'État qui la doit. »

b. Le *cursus / diplôme* universitaire fonctionne sur le système Licence-Master-Doctorat français.

c. Les étudiants boursiers sont *exonérés / majorés* des droits d'inscription universitaires.

d. Un cursus en distanciel nécessite une grande *culture / autonomie* de la part des étudiants.

e. Les mesures de *discrimination / répartition* positive pour intégrer une grande école ont pour objectif d'instaurer l'égalité.

f. Le sociologue Pierre Bourdieu définit *le capital / le dispositif* culturel comme « les biens culturels qui sont transmis par les différentes actions pédagogiques familiales ».

g. *L'insertion / la mixité* professionnelle des jeunes sans diplômes est de plus en plus difficile.

2. Indiquez qui pourrait prononcer les phrases suivantes : *le tuteur – l'étudiant – l'apprenti – la lycéenne – la stagiaire – le jeune sans qualification – la boursière – l'enseignant*.

a. Je devrai trouver un petit boulot à côté pour financer la fac si mon dossier social étudiant n'est pas accepté cette année.
....

b. J'ai obtenu mon diplôme tout en bénéficiant d'une formation très professionnelle.
....

c. J'adore le contact avec les enfants. Je suis heureux de retrouver mes élèves le matin.
....

d. La philosophie, ce n'est pas mon truc. Le sujet du bac, sur le bonheur, ne m'a pas inspirée.
....

e. J'ai pu bénéficier d'une remise à niveau en français, mathématiques et d'autres matières.
....

f. C'est moi qui suivrai le déroulement de ton stage et t'assisterai en cas de problème.
....

g. J'espère réussir le concours d'entrée pour intégrer une école d'ingénieurs prestigieuse.
....

h. Ces deux mois en entreprise m'ont permis d'approfondir les compétences acquises lors de mon premier semestre à Sciences Po.
....

3. Déterminez quels établissements de formation fréquentent les personnes de l'exercice 2.

Exemple : un centre de formation d'apprentis : témoignage **b**

un lycée : témoignage ....
une école élémentaire : témoignage ....
une université : témoignage ....
une école de la 2ᵉ chance : témoignage ....
une grande école : témoignage ....
une classe préparatoire : témoignage ....
une entreprise : témoignage ....

Vocabulaire

4. Reliez ces termes du lexique universitaire à leur définition.

a. cours magistral
b. LMD (Licence – Master – Doctorat)
c. session d'examens
d. travaux pratiques (TP)
e. unités d'enseignement (UE)
f. travaux dirigés (TD)
g. UFR - Unité de Formation et de Recherche
h. semestre
i. contrôle continu

1. Système d'évaluation quotidien des étudiants pendant leurs différents semestres.
2. Cours sur les fondamentaux d'une discipline.
3. Système validant les années d'études dans le supérieur.
4. Découpage de l'année de septembre à décembre et de février à mai.
5. Périodes durant lesquelles ont lieu les examens.
6. Cours d'approfondissement d'une matière en groupe.
7. Regroupement de matières qui peuvent varier d'un semestre à l'autre.
8. Lieu d'enseignement se rapportant à une discipline.
9. Réalisation d'expériences pour appliquer les connaissances théoriques.

5. Complétez les textes avec les mots manquants.

a. *groupe – cours – contrôle – pratique – matière – TD – partiels – présentations*

b. *notes – devoirs – contrôle – semestre – oraux – évaluation – examens*

Lire les mails | **Écrire**

Cher professeur,

Je suis une étudiante ERASMUS de Grèce et je ne comprends pas ce qu'est un .... Pourriez-vous m'expliquer s'il vous plaît ?

Bien à vous,

Marianthi

Lire les mails | **Écrire**

Monsieur,

Je vous remercie pour votre réponse. Une dernière question : qu'entendez-vous par « .... continu » ?

Bien à vous,

Marianthi

Lire les mails | **Écrire**

Chère Marianthi,

Les travaux dirigés sont des .... d'approfondissement d'une .... Ils ont lieu en petit .... et permettent de mettre en .... les enseignements vus en cours magistral.

C'est aussi l'occasion d'effectuer des travaux de groupes (dossiers, ..., recherches...), et de poser des questions au professeur.

Les TD sont généralement évalués en .... continu pendant le semestre (interrogations ponctuelles, exposés, ... à la fin du semestre).

Cordialement,

Daniel Modard.

Lire les mails | **Écrire**

Chère Marianthi,

C'est un système d'..................... quotidien des étudiants pendant leurs différents semestres.

Ces évaluations peuvent prendre la forme d'..................... sur table, de dossiers de recherche, de .... à rendre, de questionnaires, d'examens ...., etc. Cela dépend de la formation suivie et des enseignants.

Les .... obtenues en contrôle continu s'ajoutent à celles des examens de fin de ...., et permettent d'améliorer sa moyenne générale dans les différentes matières.

Cordialement,

Daniel Modard.

Grammaire

▶ L'expression de l'hypothèse — p. 50

1. Mettez les verbes entre parenthèses au temps et au mode qui conviennent. Faites les élisions si nécessaire.

a. Si tu ……………………… travailler avec nous, apporte ton ordi. (*vouloir*)

b. Si j'avais su, je ……………………… à cet emploi. (*postuler*)

c. J'accepte votre offre si, de votre côté, vous ……………………… mes conditions. (*accepter*)

d. Djamila aurait rencontré la nouvelle directrice si elle ……………………… à la réunion. (*venir*)

e. Si je ……………………… le courriel de Mme Serfati, je lui enverrais un CV. (*connaître*)

f. Elle ……………………… moins fatiguée si elle ne travaillait pas de nuit. (*être*)

g. Si vous rencontrez M. Grizzli, mon patron, ………………………-lui que je serai là dans cinq minutes. (*dire*)

h. Si mon entretien ……………………… aussi mauvais qu'il le prétend, je n'aurais pas eu le job. (*être*)

i. Si Charles-Edouard voulait bien garder les enfants, je ……………………… reprendre mon activité professionnelle. (*pouvoir*)

j. Si je ……………………… cet entretien d'embauche le mois dernier, je ne serais peut-être plus au chômage actuellement. (*passer*)

k. Je ……………………… du volontariat si j'avais plus de temps. (*faire*)

l. Nous pourrons créer notre association si la ville nous ……………………… une subvention. (*accorder*)

2. Complétez librement les phrases puis indiquez pour chaque phase s'il s'agit :
– d'une probabilité : A
– d'une hypothèse irréalisable dans le présent : B
– d'une hypothèse non réalisée dans le passé : C

a. Si je signe ce contrat, …………………………………………………………………………………………
…… A - B - C

b. Si tu m'avais écouté hier, …………………………………………………………………………………
…… A - B - C

c. Si je savais parler le chinois, ……………………………………………………………………………
…… A - B - C

d. Au cas où vous changeriez d'avis, ……………………………………………………………………
…… A - B - C

e. À moins que tu aies des projets pour le week-end, ……………………………………………
…… A - B - C

f. Si tu avais décroché ce job, ………………………………………………………………………………
…… A - B - C

g. En supposant que je parte travailler à Montréal, …………………………………………
…… A - B - C

Grammaire

3. Complétez les phrases avec les expressions suivantes et en faisant les élisions si nécessaire : *avec – à supposer que – sans – en l'absence de – à moins de – à condition de – au cas où*.

a. On peut faire un service civique .... avoir entre 18 et 25 ans.

b. .... l'aide de son père, elle n'aurait pas obtenu de stage.

c. .... vous ne seriez pas au courant, il faut remplir ce formulaire en deux exemplaires.

d. .... avoir beaucoup d'argent, je ne pourrai pas investir dans cette société.

e. .... elle ne vienne pas, nous annulerions la réunion.

f. .... un peu de chance, il décrochera ce travail.

g. .... problème, il est inutile de me déranger.

4. Transformez ces phrases en hypothèse avec *Si*.

Exemple : Au cas où vous changeriez d'avis, envoyez-moi un courriel.
→ Si vous changez d'avis, envoyez-moi un courriel.

a. Au cas où cet emploi vous intéresserait, appelez-nous.
....

b. En supposant que je parte à 7 heures, j'arriverai vers 9 h 30.
....

c. Il ne serait pas venu sans autorisation.
....

d. En faisant un stage dans cette boîte, tu développerais tes compétences.
....

e. Dans le cas où tu arriverais de bonne heure, on pourrait prendre un café ensemble.
....

f. En admettant que tu obtiennes ton Master, que ferais-tu après ?
....

g. À moins de courir, vous arriverez en retard !
....

h. Ce paquet est pour vous, à moins que le livreur se soit trompé.
....

i. En l'absence de pièce d'identité, je ne pourrai pas vous inscrire à la formation.
....

j. Je ne t'ai pas téléphoné parce que j'ai eu trop de travail.
....

k. En cas de problème de connexion à Internet, on risque l'annulation de la visioconférence.
....

Vocabulaire

▸ Le monde du travail

p. 52

1. Lisez l'annonce puis retrouvez pour chaque sigle ce qu'il désigne.

ARCHIVISTE H/F – Musée de Dieppe

Missions : collecter, étudier, classer, restaurer ou transmettre sur demande tout type de documents (du manuscrit du Moyen Âge à l'enregistrement vidéo, en passant par l'acte notarié).

Profil recherché : personne rigoureuse, dynamique, rapide et organisée.
Stage ou première expérience dans le milieu appréciée.
Bac + 3.

Salaire : SMIC (10,57 €/h soit 19 K €)
Temps de travail : 35 heures hebdomadaires.
Type d'emploi : CDD qui peut évoluer vers un CDI.

Adresser CV et lettre de motivation à
drh@museededieppe.fr

a. H/F : ....
b. BAC + 3 : ....
c. SMIC : ....
d. 19 K € : ....
e. CDD : ....
f. CDI : ....
g. CV : ....
h. DRH : ....

2. Reliez les mots qui ont un sens voisin.

a. la boîte — 1. le bulletin de salaire
b. le secteur d'activité — 2. le temps partiel
c. les cotisations sociales — 3. l'entreprise
d. le poste — 4. la branche
e. le télétravail — 5. le présentiel
f. la rémunération — 6. le distanciel
g. la fiche de paie — 7. le travail
h. le mi-temps — 8. les contributions
i. le lieu de travail — 9. le salaire

3. Reformulez ou expliquez les mots et expressions suivants.

Exemple : décrocher un emploi → obtenir un travail

a. se reconvertir : ....
b. embaucher : ....
c. le chômage : ....
d. être muté(e) : ....
e. un auto-entrepreneur : ....
f. l'administration : ....
g. être viré : ....

Phonétique

Les sons i [i], u [y] et ou [u]

Repérage

1. Écoutez les phrases et dites si vous entendez i [i], u [y], ou [u]. Dans quels mots ?

	J'entends le son :			Dans les mots :
	[i]	[y]	[u]	
a.	☐	☐	☐	
b.	☐	☐	☐	
c.	☐	☐	☐	
d.	☐	☐	☐	
e.	☐	☐	☐	
f.	☐	☐	☐	

Entraînement

2. Écoutez puis répétez les phrases suivantes.

a. Il étudie la physique quantique sur une île.
b. Tu es sûr ou tu es sourd ?
c. C'est une structure culturelle d'apprentis clowns.
d. J'ai dû tout dire au jury en dix minutes !
e. Où as-tu mis cet outil inutile ?
f. J'ai eu une idée de génie dans la rue.
g. Il s'est tu ou il sait tout ?
h. Ce cours de foot n'est plus du tout de mon goût.
i. Ce type vend du riz ou du maïs ?

3. Relisez les phrases de l'exercice 2 et dites comment peuvent s'écrire les sons [i], [y], [u].

– Le son [i] peut s'écrire : ....
– Le son [y] peut s'écrire : ....
– Le son [u] peut s'écrire : ....

Dictée phonétique

4. Écoutez l'enregistrement, écrivez les phrases, puis vérifiez l'orthographe page 160.

a. ....
b. ....
c. ....
d. ....
e. ....
f. ....
g. ....
h. ....
i. ....

Compréhension écrite

Lisez ce document et répondez aux questions.

Reprendre ses études : gare aux conséquences

Reprendre une formation ou retourner sur les bancs de l'université, pourquoi pas ? Mais pour aller jusqu'au bout de votre projet, ne perdez pas de vue les contraintes et les effets qu'entraîne une telle décision.

Ceux qui l'ont vécu vous le diront, reprendre ses études à 30, 40 ou 50 ans, apporte une satisfaction incomparable. Véritable tremplin pour la carrière, c'est aussi une source d'épanouissement… qui a un prix. Nadège en témoigne. BEP compta en poche, elle s'oriente vers le secrétariat, puis gravit les échelons jusqu'à devenir responsable administrative. Petit à petit, elle se sent de moins en moins légitime aux fonctions qu'elle exerce. D'autant que son poste la conduit à recruter de jeunes diplômés.

■ **Du travail à la pelle**

À 41 ans, Nadège décide donc de passer un BTS qu'elle prépare par correspondance. Mais ce diplôme ne lui suffit pas. Son projet : obtenir un niveau en rapport avec son expérience. Un bilan de compétences l'aide à mûrir sa réflexion. A l'issue de la démarche, elle s'oriente vers les ressources humaines et vise une Licence puis un Master. Elle obtient un financement, puis en octobre c'est la rentrée. Ce parcours se dessine avec l'aval de son mari et de ses trois enfants âgés de seize, douze et neuf ans. Nadège se sent même « largement soutenue par sa famille ». Mais c'est sans compter sur les sept heures de cours par jour, la somme de travail à la maison et quelques nuits blanches. La situation se révèle bien plus tendue qu'elle ne l'avait imaginé. Elle ne pense plus qu'à ça. Elle dit même qu'il était temps que la formation arrive à son terme car « l'équilibre familial avait tendance à vaciller ».

■ **Concilier formation et vie de famille**

Concilier vie familiale et personnelle, voire vie professionnelle, avec la reprise d'études n'est donc pas évident. Une formation longue dure en moyenne huit à dix mois. Et ne se fait pas sans un impact qu'il faut savoir envisager avant de se lancer. Sans compter la mobilité géographique parfois nécessaire pour se rendre en cours et, dans certains cas, l'absence de la maison toute la semaine. Il faut apprendre à gérer son temps et son organisation, mais aussi ménager des moments pour ses proches afin que chacun s'y retrouve. La décision de partir en formation se prend en toute connaissance de cause. Et quand on vit en couple, elle se prend même avec le conjoint, car il va jouer un rôle majeur dans le bon déroulement de la démarche.

■ **Accrochez-vous !**

En outre, attention aux décalages que cela entraîne parfois. Quand l'un se sent pousser des ailes, l'autre peut avoir l'impression de végéter. Enfin, n'oubliez pas non plus que la reprise d'études peut générer d'autres inconvénients, dépenses supplémentaires et baisse de revenus notamment. J'incite donc celles qui veulent évoluer par le biais de la formation à prendre en compte toutes ces conséquences. Car si vous n'y prenez pas garde, vous risquez de mettre votre projet à rude épreuve voire, pire, abandonner en cours de route. Franchement, ce serait dommage non ?

Tout pour changer, 5 avril 2021.

Compréhension écrite

Compréhension

1. Pour Nadège, reprendre ses études :
- ☐ **a.** est une décision facile.
- ☐ **b.** est excitant et enrichissant, mais pas si simple.
- ☐ **c.** ne présente que des contraintes.

2. Quelle était la profession de Nadège avant sa reprise d'études ?

....

3. Pourquoi a-t-elle décidé de reprendre ses études ?
- ☐ **a.** Elle désirait créer son entreprise.
- ☐ **b.** Elle ne se sentait plus à sa place à son poste.
- ☐ **c.** Elle s'ennuyait au bureau.
- ☐ **d.** Elle souhaitait rompre avec ses habitudes.

4. Quels diplômes a-t-elle le projet d'obtenir après avoir fait un bilan de compétences ?
- ☐ **a.** un CAP
- ☐ **b.** un BEP
- ☐ **c.** un BAC
- ☐ **d.** un BTS
- ☐ **e.** une Licence
- ☐ **f.** un Master

5. Les informations suivantes sont-elles vraies ou fausses ?
Justifiez votre réponse en citant un passage du texte.

a. Nadège obtient une aide financière. ☐ V ☐ F

....

b. Elle reçoit l'appui de sa famille dans sa démarche. ☐ V ☐ F

....

c. Le rythme de cours est léger. ☐ V ☐ F

....

d. La mobilité géographique est quelquefois indispensable pour aller en cours. ☐ V ☐ F

....

e. Il faut savoir aménager son temps et sa vie de famille. ☐ V ☐ F

....

f. Une reprise d'études peut entraîner des conséquences économiques. ☐ V ☐ F

....

Vocabulaire

6. Relevez le vocabulaire en rapport avec les études.

....

....

....

7. Recherchez dans la première moitié du texte des synonymes ou des équivalents des énoncés suivants :

- **a.** attention : ....
- **b.** bien-être : ....
- **c.** monter en grade : ....
- **d.** embaucher : ....
- **e.** à distance : ....
- **f.** approfondir : ....
- **g.** l'accord : ....

Production orale

À partir du document suivant, vous exposerez votre point de vue de manière argumentée.
Puis vous prendrez position et défendrez votre opinion si nécessaire.

Vous avez déposé un dossier de candidature pour intégrer un cursus dans une université française.

Vous passez maintenant un entretien d'admission devant une commission.

Présentez votre parcours, votre expérience, puis exposez votre projet d'études et/ou votre projet de reconversion professionnelle en justifiant vos choix. Utilisez l'encadré ci-dessous pour noter vos idées.

Jeux

1. Recherchez les abréviations et remplacez-les !

Hier, à 9 h du mat, j'étais à la fac où j'avais un TD de géo. À midi, j'ai déjeuné vite fait au Resto U du campus et l'aprèm, j'avais un TP avec un prof trop sympa ! En fin de journée, j'ai déposé mon CV chez McDo pour décrocher un CDD. J'espère y bosser à temps partiel pour financer mon parcours LMD à l'univ.

2. Retrouvez les mots de l'évaluation (a), du travail (b) et débusquez l'intrus !

① le partiel / ② l'intérim / ③ le concours / ④ la tâche / ⑤ le poste / ⑥ l'épreuve / ⑦ le contrôle / ⑧ la branche / ⑨ la mention / ⑩ le secteur / ⑪ la fonction / ⑫ le crédit / ⑬ le boulot / ⑭ le boursier / ⑮ l'examen / ⑯ l'activité / ⑰ le certificat

a. ....

b. ....

Intrus : ....

3. Vrai ou faux ?

Testez vos connaissances sur le monde du travail. Lorsque vous répondez faux, justifiez votre réponse.

a. Un bachelier obtient son BAC à la fin du lycée. ☐ V ☐ F

b. Quand on est fonctionnaire, on travaille pour l'État. ☐ V ☐ F

c. Le 1er mai, c'est la fête des amoureux. ☐ V ☐ F

d. Le SMIC correspond au salaire maximum qu'un salarié puisse recevoir. ☐ V ☐ F

e. Pour candidater à un poste, on envoie un CV accompagné d'une lettre de démission. ☐ V ☐ F

4. Retrouvez les secteurs d'activités en remettant les syllabes dans le bon ordre

a. MU • COM • NI • TION • CA :

b. TION • AD • TRA • NIS • MI :

c. DUS • TRIE • IN :

d. QUE • MÉ • RI • NU :

e. TI • AR • NAT • SA :

5. Faites le test !

Par deux, fabriquez un petit test sur le monde professionnel. Élaborez 5 questions et leurs réponses (A, B, C) ainsi qu'un court descriptif pour le résultat. Enfin, posez vos questions aux étudiants de la classe ! Exemple :

1. Difficile pour vous de travailler :
   A. ☐ En faisant toujours les mêmes tâches.
   B. ☐ Dans une mauvaise ambiance.
   C. ☐ Avec un boss qui ne sait pas ce qu'il veut.

→ Résultat du test : *Si vous avez obtenu un maximum de A, vous êtes une personne…*

Bilan linguistique

.... / 40

Unité 2 Être ou avoir ?

1. Répondez aux questions en utilisant deux pronoms compléments. ..../ 5

   a. Marianne va prêter sa nouvelle robe à sa sœur ?
   Oui, ...

   b. Tu as parlé de tes ennuis d'argent à ton banquier ?
   Non, ...

   c. Vous emmenez vos enfants dans les magasins de vêtements ?
   Oui, ...

   d. Laurence a-t-elle envoyé le catalogue de la nouvelle collection à tous les clients ?
   Non, ...

   e. Anne a-t-elle préparé une fête d'anniversaire pour son mari ?
   Oui, ...

2. Transformez les phrases comme dans l'exemple. ..../ 5

   Exemple : L'usine a reçu beaucoup de produits défectueux. → Il est rare que l'usine reçoive des produits défectueux.

   a. Le maire n'est pas venu à la fête des producteurs locaux.
   Il était peu probable qu'il ....

   b. La boutique sans argent n'a pas reçu beaucoup de visiteurs.
   Il arrive que ....

   c. Les circuits courts peuvent créer du lien.
   Il est possible que ....

   d. Les supermarchés vont peut-être perdre une partie de leur clientèle.
   Il se peut que ....

   e. Le projet de circuit court n'a pas intéressé le conseiller municipal.
   Il semblerait que ....

3. Complétez les phrases avec la préposition *à, de* ou *d'*. ..../ 5

   a. Ce robot ménager est très pratique, il sert .... faire toutes sortes de préparations.
   b. Je surveille nos finances de près, j'empêche mes enfants .... acheter de nouveaux vêtements.
   c. Ma mère ne mange que des aliments industriels, je la pousse .... se nourrir plus sainement.
   d. Depuis qu'elle est devenue influenceuse, Lydia ne cesse pas .... poster des vidéos sur Internet.
   e. Face à la hausse des prix des matières premières, nous avons dû renoncer .... faire venir des produits de l'étranger.

4. Complétez les phrases avec des mots de la liste : *le pouvoir d'achat – le commerce indépendant – l'inflation – un virement bancaire – la croissance – les conditions de fabrication – les intermédiaires – la grande distribution.* ..../ 5

   a. Dans une démarche écoresponsable, ... sont un sujet d'inquiétude.
   b. La hausse des prix est due à ....
   c. Les circuits courts sont une alternative à ....
   d. Pour payer un achat en ligne, je fais en général ....
   e. La richesse des personnes est facile à évaluer si on prend en compte ....

Bilan linguistique

Unité 3 Chercher sa voie

Grammaire

1. Complétez les phrases avec des expressions de but. /5
- a. Alex a pour .... d'étudier en alternance.
- b. Je fais du yoga .... à me détendre avant l'examen.
- c. La prof de phonétique articule bien .... les étudiants la comprennent facilement.
- d. Elle regarde une série .... de se changer les idées après les cours.
- e. Il lit un livre de philo pour .... d'avoir l'air intelligent.

2. Reformulez ces phrases en faisant des hypothèses avec *Si*. Faites les transformations nécessaires. /5
- a. Je serais à ta place, je ferais la même chose que toi.
  Si ....
- b. Au cas où vous souhaiteriez me contacter, je vous laisse ma carte.
  Si ....
- c. En supposant qu'elle obtienne ce travail à Dublin, je l'accompagnerais.
  Si ....
- d. En l'absence de convocation, il ne serait pas venu.
  Si ....
- e. Dans l'hypothèse où Ali serait au congrès, il faudra lui transmettre ces documents.
  Si ....

Vocabulaire

3. Complétez le texte avec des mots de la liste : *diplôme – matière – licence – discipline – cursus – alternance – sélection – conférence – formation.* /5

Madame, Monsieur,

Je vous soumets ma lettre de candidature pour une demande d'admission en .... professionnelle. Après avoir terminé mon .... en gestion commerciale, je souhaite continuer à approfondir mes connaissances. Votre formation en .... me permettra d'intégrer plus facilement la vie professionnelle.

Sérieuse et appliquée, je souhaite donc poursuivre mes études dans votre centre de .... Ce .... constitue pour moi une suite logique par rapport à mes précédentes études et sera une véritable passerelle vers l'emploi.

J'espère que ma candidature retiendra votre attention.

Veuillez agréer, Madame, Monsieur, l'expression de mes sincères salutations.

Héloïse Lecarpentier

4. Entourez le mot qui convient. /5

 Hôpital intercommunal

APPEL À LA GRÈVE LE 18 MAI
de l'ensemble des salariés du *secteur / quartier* médico-social pour demander une hausse de nos salaires et exiger une *amélioration / correction* de nos conditions de travail qui ne cessent de se dégrader.

Alors que nos salaires sont *brûlants / gelés* depuis 5 ans, la charge de travail ne cesse d'augmenter ! Beaucoup de *postes / appareils* sont vacants et supprimés.

Participons massivement à cette journée pour nos emplois, nos salaires, nos conditions de travail.

———

Nos *revendications / reconversions* doivent être entendues !

42 I quarante-deux

Unité 4

Être connecté ou ne pas être

Grammaire

▶ La cause et la conséquence ────── p. 58

1. Entourez l'énoncé correct dans les phrases suivantes.

   a. *En raison de* / *De peur d'* oublier le mot de passe, il l'a noté dans un carnet.
   b. La mauvaise connexion internet *cause* / *provient* d'un problème d'antenne relai dans le quartier.
   c. Josette n'a pas d'ordinateur, *de ce fait* / *car* elle ne peut pas réaliser de nombreuses démarches administratives.
   d. Michel refuse de se faire soigner *sous prétexte qu'* / *à tel point qu'* il ne serait pas concerné par la dépendance aux écrans.
   e. Le Pass numérique *permet* / *découle* d'accéder à des services d'accompagnement sur les compétences numériques essentielles.
   f. Il ne comprend rien aux technologies numériques, *à cause de* / *de là* son désespoir.
   g. La récente fermeture du guichet à la gare du village *a suscité* / *a pour origine* la colère des usagers.
   h. Zoé a raté l'autobus *vu qu'* / *si bien qu'* elle a manqué le début de l'atelier d'aide au numérique.
   i. Il passe huit heures par jour devant son ordinateur ; *d'où* / *donc* son mal de dos.
   j. Le développement de la société de l'information *occasionne* / *résulte* de l'avènement d'Internet.

2. Indiquez dans les phrases suivantes si les énoncés introduisent l'idée de cause ou celle de conséquence et s'ils sont suivis d'un nom (N), d'un verbe (V) ou d'une proposition (P).

   Exemple : Faute de temps, il n'a pu télécharger les documents.
   → faute de, cause, N

   a. Étant donné que l'État souhaite étendre la numérisation des démarches administratives, les fonctionnaires font de plus en plus de télétravail.
   ....
   b. J'ai tellement insisté que le vendeur a fini par m'imprimer ma facture.
   ....
   c. Elle s'est énervée au point de vouloir casser son ordinateur.
   ....
   d. L'illectronisme approfondit la fracture sociale aussi faut-il aider les personnes exclues du numérique.
   ....

Grammaire

e. Maintenant que tu es équipé d'un ordinateur, tu pourras consulter tes documents en ligne.

....

f. Mona se sent trop âgée pour prendre des cours d'informatique.

....

g. Avec la généralisation de l'accès aux démarches en ligne, posséder un ordinateur est devenu quasi incontournable.

....

h. En entreprise, les tâches de gestion sont facilitées dès lors que les documents sont dématérialisés et numérisés.

....

3. **Transformez les phrases en y introduisant les expressions entre parenthèses.**

a. Julie a donné des explications claires. Sa grand-mère a compris comment écrire et envoyer un courriel. (*grâce à*)

....

b. Il n'a pas d'ordinateur chez lui. Il n'en a pas besoin. (*sous prétexte que*)

....

c. Tout en travaillant sur mon ordi, j'ai trop mangé. J'ai une indigestion. (*au point de*)

....

d. Jeff n'a pas pu m'appeler. Les opérateurs de téléphonie mobile ne couvrent pas la zone où il se trouve. (*puisque*)

....

e. Je devrai bientôt acheter un autre PC. Mon ordinateur est très vieux. (*par conséquent*)

....

f. Il s'est engagé dans ce projet. Il doit aller jusqu'au bout. (*à partir du moment où*)

....

g. Tu m'as bien expliqué. J'ai tout compris. (*tellement … que*)

....

h. Il a eu une mauvaise expérience avec un médiateur numérique. Il est méfiant. (*d'où*)

....

4. **Faites correspondre le début et la fin des phrases.**

a. En raison d'un manque de connaissance,
b. À force de fixer mon écran,
c. L'illectronisme entraîne
d. Faute d'équipement et de connexion,
e. La dématérialisation des documents suscite
f. Il s'inquiète pour son examen d'informatique
g. Mon ordinateur n'arrête pas de bugguer ;
h. Il n'a pas écouté les explications ;

1. au point de ne plus dormir.
2. du coup, il ne comprend rien.
3. je ne peux pas consulter mes mails.
4. par conséquent, je dois en acheter un autre.
5. j'ai les yeux affreusement fatigués.
6. une certaine méfiance.
7. il ne maîtrise pas bien l'outil informatique.
8. l'exclusion des personnes déjà fragiles.

Vocabulaire

▸ La communication digitale

 p. 60

1. Complétez avec les mots manquants en faisant les accords nécessaires : *appli – écran – objet connecté – ordinateur – smartphone – tablette – plateforme – site – réseau social.*

    a. Au Québec, ………………………….. se dit cellulaire.

    b. Les effets néfastes des ………………………….. sont multiples.

    c. Quel ………………………….. me conseilles-tu pour acheter des livres d'occasion ?

    d. Pour un meilleur service de streaming, abonne-toi à cette ………………………….. .

    e. Les données générées par les ………………………….. sont stockées dans des centres de données.

    f. Ce ………………………….. professionnel facilite le contact et l'échange avec mes clients.

    g. J'ai désactivé les notifications de cette ………………………….. .

    h. Une ………………………….. tactile ? C'est la rencontre entre un smartphone et un ………………………….. .

2. Reliez les éléments entre eux. Il y a plusieurs possibilités.

a. ouvrir	**1.** un mot de passe
b. allumer	**2.** un copier-coller
c. créer	**3.** un portable
d. afficher	**4.** une appli
e. télécharger	**5.** sur un site
f. faire	**6.** l'historique
g. naviguer	**7.** un document
h. installer	**8.** un compte
i. publier	**9.** un fichier
j. se connecter	**10.** un ordinateur
k. sauvegarder	**11.** une photo
	12. un logiciel
	13. une story

3. Complétez le texte avec les mots manquants : *les réseaux sociaux – publier – en situation d'illectronisme – des compétences techniques – posté – accro – exclu – confidentialité – numérique – connecté – des paramètres – Facebook – addiction.*

Pour moi, c'est important d'être ………………………….. car cela me facilite la vie. Comme je vis loin de ma famille, ………………………….. me permet de rester en contact avec elle.
Je suis à l'aise avec le ………………………….. car je passe beaucoup de temps à travailler devant mon ordinateur. Du coup, j'ai ………………………….. mais ce n'est pas le cas de mon grand-père par exemple. Il se sent ………………………….. de cet univers virtuel et, malheureusement, les personnes âgées sont souvent ………………………….. .
Par ailleurs, je me suis rendu compte que je passais trop de temps sur ………………………….. . Cela pourrait même devenir une ………………………….. , je dois prendre garde à ne pas devenir ………………………….. .

Vocabulaire

Ce qui me préoccupe aussi, c'est la .... des informations privées si bien que je réfléchis toujours avant de .... des contenus et des photos. Bien que nous puissions régler .... pour organiser cela, je reste méfiante. Cela m'inquièterait que mon patron puisse voir ce que j'ai .... des années auparavant !

4. Indiquez le problème qui correspond à chaque phrase d'internaute : *la publication gênante – le phishing – le cyber-harcèlement – l'inaccessibilité d'un site Internet – la mauvaise qualité du réseau – le piratage – l'usurpation d'identité*.

   a. Ma connexion internet est instable et mon image se fige souvent lors de mes visioconférences.
   ....

   b. Impossible de me connecter à mon compte bancaire. Sur la page d'accueil, ils disent qu'ils font de la maintenance. ....

   c. Mes données personnelles ont été récupérées par des pirates.
   ....

   d. Ma fille fait l'objet de moqueries répétées sur les réseaux sociaux.
   ....

   e. Mes contacts ont reçu un mail de ma part leur réclamant 500 € suite à une triste nouvelle. N'importe quoi ! ....

   f. Comment faire pour supprimer une photo de moi prise sans mon consentement et qui atteint à ma vie privée ? ....

   g. Je viens de recevoir une facture à mon nom pour un smartphone que je n'ai jamais commandé !
   ....

5. Entourez la réponse correcte dans les phrases.

   a. Je viens de sauvegarder mes données sur un disque *USB / dur / mou*.
   b. La nomophobie est une dépendance extrême à *internet / aux réseaux sociaux / au portable*.
   c. L'adjectif « digital » a pour synonyme *informatique / interactif / numérique*.
   d. Il m'envoie des dizaines de *GSM / SMS / URL* par jour.
   e. Je poste des *sagas / stories / fables* sur mon compte Insta pour mes abonnés.
   f. TikTok est *une appli / un site / une plateforme* mobile de partage de vidéos personnelles.
   g. Un spam est un courriel *indésirable / malveillant / méchant*.
   h. J'utilise un *coffre-fort / coffret / anti-vol* numérique pour stocker mes mots de passe.
   i. Après avoir surfé sur Internet, j'efface *l'histoire / l'historique / l'ancienneté* sur le navigateur.
   j. J'accepte tous les *cakes / cupcakes / cookies* avant d'accéder à ce site.
   k. Mon nouveau *réseau / mot de passe / profil* doit contenir au moins dix caractères.
   l. Mon fils est un *bobo / hacker / geek* : il est passionné par les nouvelles technologies.
   m. Ce médiateur anime des ateliers de prise en main des *outils / engins / machines* numériques.

Vocabulaire

▸ Les déclaratifs — p. 63

1. Reliez les verbes à leur définition.

a. bafouiller	1. parler tout bas
b. ajouter	2. communiquer une nouvelle
c. raconter	3. dire quelque chose en plus
d. admettre	4. s'exprimer avec difficulté
e. souligner	5. reconnaître que quelque chose est vrai
f. murmurer	6. répondre avec vivacité
g. hurler	7. dire une fois de plus
h. répéter	8. faire remarquer
i. répliquer	9. dire une histoire
j. annoncer	10. parler très fort

2. Choisissez le verbe introducteur le plus approprié.

a. Explique-moi encore ce que signifie IRL, *supplie / jure* Pierre.
b. Éteins immédiatement ton portable, *ordonne / explique* le père à son fils.
c. Où se trouve l'association Solidarité numérique ? *hurle / s'informe* Brigitte.
d. Qui veut jouer à un jeu vidéo avec moi ? *interrogeait / répliquait* Manu.
e. J'ai bien peur de ne pas savoir créer un profil, *demandait / bredouillait* Madame Perolle honteusement.
f. Arrête ton baratin ! *chuchota / cria* Mariam.
g. Vous savez ce qu'est un stalker ? *a questionné / a mentionné* la prof déconnectée.
h. Non merci, *répliqua / avoua* Éléonore quand on lui proposa de l'aide.
i. Pour la dernière fois, donne-moi ce portable ! *s'est exclamé / s'est vanté* le professeur.

3. Remplacez le verbe *dire* par un autre verbe dans les phrases suivantes (plusieurs réponses possibles).

a. Cet internaute refuse de dire son identité.
....

b. Je tiens à vous dire moi-même la bonne nouvelle.
....

c. Dites-moi à quelle heure je dois me connecter pour la réunion ?
....

d. Vous pouvez me dire le contenu de votre courriel de nouveau ?
....

e. Tu peux me dire pourquoi tu m'envoies 20 SMS par jour ?
....

f. Je ne veux pas te dire mon mot de passe.
....

g. Il a dit : Je je su suis tr très content de te te voir.
....

h. Je lui ai dit un secret à l'oreille.
....

Vocabulaire

i. Elle m'a dit qu'elle consultait son smartphone même la nuit.

....

j. Il m'a dit que ce n'était pas lui qui avait cassé mon portable.

....

k. Elle a dit un discours mémorable à l'occasion de la remise de diplômes.

....

l. Le médecin m'a dit les méfaits de l'exposition aux écrans pour mes enfants.

....

m. Il a dit qu'il l'appellerait le lendemain sans faute.

....

4. Donnez les verbes qui correspondent aux noms suivants.
Exemple : la parole → parler

- **a.** l'avertissement : ....
- **b.** l'aveu : ....
- **c.** le balbutiement : ....
- **d.** le bégaiement : ....
- **e.** le chuchotement : ....
- **f.** la confidence : ....
- **g.** la démonstration : ....
- **h.** l'injure : ....
- **i.** l'hésitation : ....
- **j.** le mensonge : ....
- **k.** la négation : ....
- **l.** l'objection : ....
- **m.** la promesse : ....
- **n.** le rappel : ....
- **o.** la tchatche : ....
- **p.** la vantardise : ....

5. Complétez le texte avec un verbe de la liste : *crie – rétorque – déclare – jure – rappelle – demande – objecte – prétend.*

Ma sœur me .... qu'elle ne veut pas me prêter la tablette. Lorsque je lui .... pourquoi, elle .... qu'elle doit réviser ses cours en ligne, mais je ne la crois pas, alors je lui .... pour la dixième fois qu'elle doit la partager ! Elle .... que cette fois, ce n'est pas la même chose et .... que si elle me prête la tablette, je vais jouer aux jeux vidéo. Je lui .... que je ne l'utiliserai pas longtemps, mais elle ne veut pas l'entendre. Du coup je lui .... dessus pour la faire réagir mais elle quitte la pièce en me claquant la porte au nez.

6. Complétez ces expressions avec un des mots suivants, puis indiquez ce qu'elles signifient :
pieds – bout – moulin – poche – vipère – langue – oreilles.

- **a.** ne pas savoir tenir sa .... = ...
- **b.** être un .... à paroles = ...
- **c.** avoir le mot sur le .... de la langue = ...
- **d.** avoir une langue de .... = ...
- **e.** mettre les .... dans le plat = ...
- **f.** casser les .... = ...
- **g.** ne pas avoir la langue dans sa .... = ...

Grammaire

▶ L'expression du temps dans le discours rapporté — p. 65

1. Mettez les phrases suivantes au discours rapporté selon le modèle.

Exemple : Je ne dispose pas d'un accès à internet ces jours-ci. (*avertir*)
→ Il a averti qu'il ne disposait pas d'un accès à internet ces jours-là.

a. Il y aura un atelier d'initiation au numérique lundi prochain.
Elle (*annoncer*) ....

b. Je n'ai pas reçu ton mail hier.
Robin (*affirme*) ....

c. C'est toi qui m'as envoyé cette photo ridicule ?
Oscar (*avouer*) ....

d. Nous aurons déjà terminé la visioconférence quand tu arriveras à 11 h.
Ils (*dire*) ....

e. Ne pense plus à ce smartphone hors de prix !
Elle lui (*suggérer*) ....

f. Je ne peux pas venir au bureau, je dois me rendre à un rendez-vous important ce matin.
Il (*faire savoir*) ....

g. À quoi servira cette application et comment puis-je la télécharger ?
Elle (*vouloir savoir*) ....

2. Retrouvez les paroles originales à partir de ces phrases au discours rapporté.

Exemple : Il m'a demandé où j'avais acheté mon matériel informatique d'occasion.
→ Où est-ce que tu as acheté ton matériel informatique d'occasion ?

a. Elle m'a expliqué qu'elle avait été embauchée suite à sa contribution à ce site.
....

b. Il m'a demandé si je me rendais compte que je passais trop de temps sur internet.
....

c. Il m'a dit qu'il était passionné par la calligraphie arabe et qu'il allait créer un site sur le sujet.
....

d. Elle m'a conseillé d'installer un bon antivirus.
....

e. Il m'a demandé ce que j'irais voir au cinéma le lendemain.
....

f. Elle m'a raconté qu'elle trouvait que je manquais de pudeur en exposant ma vie sur Insta.
....

g. Elle m'a confié qu'elle ne pouvait pas accepter qu'on publie des photos sans son accord.
....

h. Il m'a recommandé d'éteindre mon portable la nuit.
....

i. Elle a dit qu'elle allait essayer de se déconnecter pendant une semaine.
....

Phonétique

▸ Les sons e [ə], é [e], è [ɛ]

Repérage

🎧 11 **1.** Écoutez les phrases et dites si vous entendez e [ə], é [e] ou è [ɛ]. Dans quels mots ?

J'entends le son :			Dans les mots :
[ə]	[e]	[ɛ]	
a. ☐	☐	☐	....
b. ☐	☐	☐	....
c. ☐	☐	☐	....
d. ☐	☐	☐	....
e. ☐	☐	☐	....
f. ☐	☐	☐	....

🎧 12 **2.** Écoutez puis répétez les phrases suivantes.

a. Je ne vais pas divulguer tes secrets et tes peines.
b. Elle déteste les objets connectés.
c. Grand-mère ne surfe pas sur le net dans la forêt.
d. J'ai rencontré Solène l'été dernier sur le net.
e. Nous faisons un atelier pour les séniors.
f. J'essaye cette tablette violette qui est très laide.
g. Joëlle a le nez collé à son écran.

Phonie / Graphie

3. Relisez les phrases de l'exercice 2 et dites comment peuvent s'écrire les sons [ə], [e], [ɛ].

– Le son [ə] peut s'écrire : ....

– Le son [e] peut s'écrire : ....

– Le son [ɛ] peut s'écrire : ....

Dictée phonétique

🎧 13 **4.** Écoutez l'enregistrement, écrivez les phrases, puis vérifiez l'orthographe p. 160.

a. ....
b. ....
c. ....
d. ....
e. ....
f. ....
g. ....
h. ....
i. ....
j. ....

Compréhension orale

Plus d'un Français sur cinq filtre ses appels

🔊 14 Écoutez l'enregistrement et répondez aux questions suivantes.

1. L'Insee vient de publier une enquête sur le rapport entre les Français et :
- ☐ **a.** l'accès à l'information et à la déconnexion.
- ☐ **b.** les nouvelles technologies.
- ☐ **c.** les technologies de l'information et de la communication.

2. Quel pourcentage de la population française possède :

a. un portable : .... **b.** un accès internet et une ligne fixe : ....

3. Les personnes qui n'ont absolument pas accès à Internet sont :
- ☐ **a.** sans domicile.
- ☐ **b.** plutôt âgées.
- ☐ **c.** peu éduquées.
- ☐ **d.** en zone rurale.
- ☐ **e.** avec peu de moyens financiers.

4. Ce manque d'accès représente un frein :
- **a.** pour avoir une vie sociale. ☐ Vrai ☐ Faux
- **b.** pour accéder à des services. ☐ Vrai ☐ Faux
- **c.** pour faire valoir des droits. ☐ Vrai ☐ Faux

5. Quelle catégorie de la population est la mieux équipée ?
....

6. On n'est pas toujours joignable quand on possède un téléphone car :
- ☐ **a.** on a rarement le temps de décrocher.
- ☐ **b.** on filtre les appels.
- ☐ **c.** on est souvent au volant de son véhicule.
- ☐ **d.** on ne veut pas gêner son entourage.
- ☐ **e.** on choisit les moments où on veut être joignable.

7. Un chef d'entreprise suggère à Apple d'afficher sur le futur iPhone :
- ☐ **a.** la raison de l'appel avec le visuel du correspondant.
- ☐ **b.** la raison de l'appel avec l'identité du correspondant.
- ☐ **c.** la raison de l'appel et l'identité d'un correspondant inconnu.

8. Recherchez dans le document des équivalents de :
- **a.** une courte émission de radio : ....
- **b.** un téléphone connecté : ....
- **c.** une partie minoritaire : ....
- **d.** mise de côté : ....
- **e.** posséder : ....

Production écrite

Lisez le texte et répondez à la question.

> La dématérialisation des échanges (télétravail, organisation de réunions, webinaires, conférences, achats en ligne, assemblées générales d'associations...) a été accélérée en 2020.
>
> L'utilisation du numérique présente de réels avantages pour maintenir un lien aussi bien professionnel, personnel, amical que pour satisfaire ses besoins (comme l'alimentation ou la santé).
>
> Cependant, cette utilisation intensive de la dématérialisation suscite des interrogations.
>
> Est-ce uniquement positif ou cela présente-t-il des dangers ?

Vous donnerez votre avis argumenté sur la question en 250 mots.

Jeux

1 Assemblez les groupes de lettres dans chaque boule afin de constituer un mot de 8 ou 10 lettres.

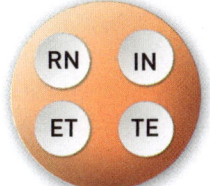
INTERNET

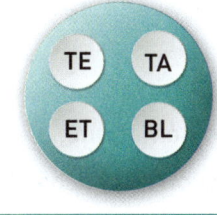
a. ....

b. ....

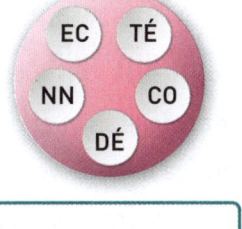
c. ....

d. ....

e. ....

2 Retrouvez les 8 mots cachés dans la grille.

SMARTPHONE   LOGICIEL
APPLICATION   GEEK
INSTAGRAM   CONNEXION
TÉLÉCHARGER   PIRATAGE

Z	B	N	O	I	X	E	N	N	O	C	C
E	R	M	E	G	A	T	A	R	I	P	I
A	I	X	E	I	D	C	Q	K	R	E	N
V	H	A	T	S	S	Y	W	D	Y	B	S
S	M	A	R	T	P	H	O	N	E	P	T
K	N	O	I	T	A	C	I	L	P	P	A
W	N	M	K	O	D	X	K	H	D	R	G
Y	E	I	G	F	K	R	W	E	K	B	R
R	E	G	R	A	H	C	E	L	E	T	A
P	L	E	I	C	I	G	O	L	I	G	M

3 En regroupant et en mélangeant les lettres de chaque mot donné avec la lettre qui le suit, trouvez un verbe de parole, à l'infinitif.

Exemple : RENCART + O = RACONTER

a. RIRE + C =

b. MINET + R =

c. RASEUR + S =

d. TRIÉES + H =

e. RUER + J =

4 Communication surréaliste

En groupe. Sur une feuille de papier pliée en accordéon, chacun écrit en secret une partie de phrase. Il faut décider au départ de la structure de cette phrase, par exemple : N. + Adj. + V. + Prép. + Adj. + N. + Adv. (nom, adjectif, verbe, préposition, adverbe). Quand la feuille a fait le tour des joueurs, on la déplie et on peut obtenir de belles surprises !

FICHE MÉTHODOLOGIQUE / 2

Organiser son propos

⇢ pour savoir ordonner ses idées à l'écrit ou à l'oral.

A. Comment faire ?

1. Lisez bien le sujet et dégagez la **problématique**.

2. Faites la **liste de vos idées** en fonction du type de plan choisi.

3. Classez-les et ordonnez-les dans chaque partie. Faites attention à ne pas vous répéter dans les différentes parties.

Voici les principaux types de plan :

Le plan dialectique — Il est idéal quand on vous demande votre opinion sur un sujet.
Introduction : formulation d'une problématique relative au sujet.
1. Thèse (pour / avantages)
2. Antithèse (contre / inconvénients)
Conclusion : opinion

Le plan analytique — Il permet d'examiner un problème selon ses causes, ses conséquences et ses solutions.
Introduction : définition ou description du problème
1. Causes ou origines
2. Conséquences
Conclusion : solutions

Le plan thématique — Il permet d'aborder un thème selon différents points de vue.
Introduction : description et enjeux.
1. Argument 1 ou aspect 1 du thème
2. Argument 2 ou aspect 2 du thème
Conclusion : Synthèse des aspects traités

B. À votre tour !

1. Lisez ce texte et dites quel type de plan le structure.

Les réseaux et les relations humaines

Quels types de liens peut-on tisser sur les réseaux sociaux ? On peut se demander si l'amitié virtuelle est possible. Nous évoquerons les limites d'Internet dans les relations humaines et ensuite, nous en verrons les avantages.

D'un côté, il est facile de s'inventer une vie sur Internet : on peut truquer ses photos, raconter des mensonges sur sa vie personnelle ou professionnelle… Il n'est pas évident de faire confiance à un profil. Par ailleurs, un ami, on peut l'appeler à l'aide dans des mauvais moments. Mais est-ce le cas avec quelqu'un qu'on ne connaît que par le biais de Facebook ?

D'un autre côté, Internet permet à des gens qui ont les mêmes passions de se connaître et de tisser des liens très forts. Ne pas être en présence de ses interlocuteurs fait que l'on est moins timide, on se confie peut-être plus facilement.

Il me semble que les réseaux sociaux ont révolutionné notre façon de communiquer et par conséquent notre concept de l'amitié. Si on peut faire des rencontres intéressantes et enrichissantes, je pense qu'une relation d'amitié doit passer par l'étape d'une rencontre dans le monde réel pour se construire.

---

2. Dites quel plan vous utiliseriez pour les deux sujets suivants (en rapport avec les unités 3 et 4 du livre) et rédigez un plan détaillé pour l'un d'entre eux.

a. Le travail doit-il être un moyen d'épanouissement personnel ?

b. Comment vivre déconnecté d'Internet ?

Unité 5

Histoire au passé et au présent

Grammaire

▷ Les temps du passé — p. 74

1. Les verbes des phrases suivantes sont au passé simple. Mettez-les au passé composé.

a. À la fin du XVe siècle, les Européens se mirent à la recherche d'une nouvelle route maritime vers les Indes.
....

b. Les méthodes de cartographie se développèrent à la fin du Moyen Âge et au début de la Renaissance.
....

c. En 1487, l'explorateur Bartolomeu Dias franchit la pointe sud de l'Afrique.
....

d. Le 12 octobre 1492, les trois caravelles de Christophe Colomb abordèrent une île des Bahamas.
....

e. Au cours de son deuxième voyage, Colomb découvrit les Petites Antilles en 1493.
....

f. En 1497, Vasco de Gama prit la route des Indes.
....

g. À son troisième voyage en 1498, Colomb atteignit le continent américain.
....

h. 1520 : Fernand de Magellan longea la côte de Patagonie.
....

i. Entre 1519 et 1522, l'équipage de Magellan réussit l'exploit de faire un tour du monde en bateau.
....

j. En 1534, à la recherche d'un passage vers l'Asie, Jacques Cartier accosta au Canada.
....

Grammaire

2. Réécrivez cette biographie au passé simple.

a. Mary Ann Shadd est née au Delaware en 1823.

b. Toute sa vie, elle a défendu l'éducation universelle, l'émancipation des Noirs et les droits des femmes.

c. En 1850, Mary Shadd et son frère Isaac se sont installés au Canada, en Ontario, où elle a créé une école ouverte à tous.

d. Elle a fondé le *Provincial Freeman*, un hebdomadaire dédié à l'abolitionnisme et aux droits politiques des femmes.

e. Elle a été la première femme noire rédactrice en chef d'un journal en Amérique du Nord.

f. Après la guerre civile américaine, elle a déménagé à Washington, D.C., pour enseigner et étudier le droit.

g. À soixante ans, elle a obtenu son diplôme d'avocate et est devenue la deuxième femme noire aux États-Unis à être diplômée en droit.

h. Elle a écrit pour les journaux *National Era* et *The People's Advocate*.

i. Elle est morte à Washington en 1893.

j. Mary Ann Shadd a été désignée « Personne d'importance historique nationale » au Canada.

3. Mettez les verbes entre parenthèses au passé simple dans ce résumé de *Notre-Dame de Paris* de Victor Hugo.

Dans le Paris du XVe siècle, une jeune gitane appelée Esmeralda dansait sur le parvis de Notre-Dame. La bohémienne était sublime. Sa beauté (*bouleverser*) .... le prêtre de Notre-Dame, Claude Frollo, qui (*décider*) .... de la faire enlever par son sonneur de cloches, le bossu Quasimodo. Esmeralda (*être*) .... sauvée par Phoebus de Châteaupers, le capitaine de la garde. Quand ils se (*retrouver*) .... plusieurs jours plus tard, elle lui (*laisser*) .... voir l'amour qu'il lui avait inspiré. Certes, Phoebus avait une fiancée, mais il était également séduit par la gitane. Ils se (*donner*) .... rendez-vous mais ils ne savaient pas qu'ils étaient suivis par Frollo, qui (*poignarder*) .... Phoebus. Accusée du meurtre, Esmeralda ne (*vouloir*) .... pas s'abandonner à Frollo pour échapper au supplice. Quand on l'(*amener*) .... devant la cathédrale pour subir sa peine, Quasimodo – qui l'aimait aussi – (*s'emparer*) .... d'elle et la (*traîner*) .... dans l'édifice où le droit d'asile la (*mettre*) .... à l'abri. Là, il (*veiller*) .... sur elle.
Cependant, les truands avec lesquels vivait Esmeralda (*venir*) .... pour la délivrer. Frollo (*profiter*) .... du tumulte pour l'emmener avec lui et (*tenter*) .... à son tour de la séduire. Furieux de son refus, il la (*livrer*) .... aux griffes d'une vieille femme qui (*reconnaître*) .... en elle sa propre fille. Mais les sergents de ville la (*retrouver*) .... et la (*traîner*) .... à nouveau au gibet. Du haut de Notre-Dame, Quasimodo et Frollo (*assister*) .... à son exécution. Quasimodo, fou de désespoir, (*précipiter*) .... le prêtre du haut de la tour et (*aller*) .... se laisser mourir auprès d'Esmeralda.

Vocabulaire

▸ L'Histoire   p. 76

1. Écrivez les adjectifs qui correspondent à ces noms.

a. La révolution : ....
b. La Préhistoire : ....
c. Le héros : ....
d. La reine : ....
e. La hiérarchie : ....
f. Le monarque : ....
g. La guerre : ....
h. La cérémonie : ....
i. La mobilisation : ....
j. La victoire : ....

2. Associez les mots-clés suivants à une période de l'Histoire : *la Préhistoire – l'Antiquité – le Moyen Âge – la Renaissance – la Révolution française – la République.*

a. Le chevalier, le château fort, la société féodale : ....
b. Marie-Antoinette, le 14 juillet, la Déclaration de Droits de l'Homme et du Citoyen : ....
c. Les arènes de Nîmes, le gladiateur, l'amphithéâtre : ....
d. Le drapeau tricolore, la Marseillaise, le président : ....
e. Le mammouth, le silex, les peintures rupestres : ....
f. Les grandes découvertes, les guerres de religion, le château de Chambord : ....

3. Entourez le mot qui convient.

a. En 52 av J.-C. : Vercingétorix, le chef d'une tribu gauloise, est vaincu par Jules César, *le roi / l'empereur / le pharaon* des Romains.
b. En 496, Clovis est le roi des Francs. C'est le début *de l'Antiquité / du Moyen Âge / de la Renaissance.*
c. En 1643, Louis XIV devient roi de France. Le Roi-Soleil vit au *palais de l'Élysée / palais du Louvre / château de Versailles.*
d. Devenu roi en 1715, le jeune Louis XV n'a que cinq ans quand il monte sur *le banc / le trône / la chaise.*
e. La prise de la Bastille marque un tournant dans la *révolution industrielle / Révolution française / société féodale.*
f. En 1792, le roi Louis XVI est guillotiné. C'est le début *de la Première République / des Trente Glorieuses / de la guerre de Cent Ans.*
g. 1799 : Napoléon Bonaparte réalise un coup d'État, devient empereur et va *pourchasser / capturer / conquérir* une bonne partie de l'Europe.
h. Au milieu du XIXe siècle, Napoléon III confie la modernisation de Paris au baron Haussmann, ce qui entraîne des dépenses *pharaoniques / romanesques / helléniques.*
i. 1914-1918 : Première Guerre mondiale. C'est la guerre des *ouvertures / fossés / tranchées.*
j. 1939-1945 : Seconde Guerre mondiale. Le 6 juin 1944, le débarquement des forces alliées en Normandie permet de *libérer / envahir / mobiliser* la France.
k. En 1944, le droit *de divorce / de vote / à l'égalité salariale* est accordé aux femmes.
l. 1958 : Le *général / colonel / capitaine* de Gaulle devient le premier président de la Ve République.
m. 2022 : *Réélection / Révolution / Défaite* du président Emmanuel Macron, le huitième de la Ve République.

Vocabulaire

4. Complétez avec les mots manquants : *honneur – Seconde Guerre mondiale – armée – combats – médaille – Panthéon – hommage – Légion – héroïne – général – cérémonie – Histoire*.

Joséphine Baker au Panthéon

Joséphine Baker, ... de guerre, femme engagée, danseuse et chanteuse est entrée au .... le 30 novembre 2021 lors d'une .... présidée par Emmanuel Macron. Le président a rendu .... à cette femme hors du commun. Dans ce monument parisien sont enterrées 81 personnalités qui ont marqué l'........................ de France. Joséphine Baker est devenue la sixième femme à y entrer, après Simone Veil en 2018. La cérémonie en son .... a été accompagnée par des milliers de Français rue Soufflot.

Ayant servi dans l'........................ de l'air comme infirmière dans le cadre d'actions organisées par la Croix-Rouge, Joséphine Baker a joué un rôle décisif pendant la .... en transmettant des messages secrets aux résistants. C'est à ce titre qu'on lui a décerné la .... de la Résistance après la guerre. Puis en 1961, la .... d'honneur lui a été remise par le .... Valin. Toute sa vie, Joséphine Baker mena de nombreux .... avec liberté, courage, générosité.

5. Donnez les définitions des énoncés suivants :

a. Le civil : ....

b. La commémoration : ....

c. Le trône : ....

d. Le soldat : ....

e. Le suffrage universel : ....

f. Le chevalier servant : ....

g. L'inauguration : ....

Grammaire

▸ La concession et l'opposition

 p. 80

1. Mettez les verbes entre parenthèses au temps et au mode qui conviennent.

a. Quoiqu'elle ne (*savoir*) .... pas parler espagnol, son patron l'envoie travailler à Séville.

b. Même si je (*connaître*) .... le douanier à la frontière, ce n'est pas sûr qu'il me laisse passer.

c. Il trouvera un travail à l'étranger, encore que ce ne/n' (*être*) .... pas facile.

d. Au lieu de (*prendre*) .... des cours de français, il passe son temps sur Internet.

e. Je n'aime pas beaucoup notre nouvelle vie à Genève, tandis que mon épouse (*être*) .... très satisfaite.

f. Bachir est arrivé à l'heure bien qu'il (*partir*) .... en retard.

g. Elle aime son pays. N'empêche qu'elle (*vouloir*) .... partir.

h. Omar veut quitter l'Argentine alors que Margarita (*être*) .... plus réticente.

i. Il a beau (*vivre*) .... en Inde depuis cinq ans, son estomac ne supporte pas la nourriture épicée.

2. Choisissez la bonne réponse.

[Lire les mails] [Écrire]

Bonjour les amis,

Voici la suite de mon premier article sur ma nouvelle vie à Montréal.

Depuis deux semaines, je progresse dans la découverte de Montréal et de ses quartiers ! Pour résumer, on peut dire que l'Est de la ville est plutôt francophone, *alors que / quoique* l'Ouest est plutôt anglophone. Mon quartier préféré c'est le Vieux-Port, *néanmoins / à l'inverse* je crois que c'est le plus touristique et le plus cher de la ville. Je ne pourrai jamais y vivre *bien que / tandis que* les loyers soient *tout de même / malgré* moins élevés qu'en France. À Nice, je louais une toute petite chambre pour 350 euros par mois, *alors qu' / au lieu d'*ici, pour le même prix, je partage un appartement avec une colocataire.

Je dirais que le coût de la vie n'est pas trop éloigné de celui de la France, *même si / encore qu'*on ait tendance à mieux vivre à Montréal avec moins d'argent. Sauf si on veut continuer de consommer des produits français évidemment… Dans ce cas, il faut débourser beaucoup d'argent *quoique / néanmoins* certains produits québécois soient similaires selon moi. C'est *quand même / contrairement* plus raisonnable de s'adapter à la production locale…

Par ailleurs, je trouve que les possibilités de se divertir sont nombreuses à Montréal *en dépit de / même si* on n'a pas beaucoup d'argent. Beaucoup de festivals ont lieu et sont souvent gratuits. Selon moi, la qualité de vie est bien meilleure qu'en France !

Le point négatif, c'est l'hiver *mais / tandis que* j'essaie de rester positive. En effet, *malgré / or* le froid glacial, on a souvent des journées ensoleillées.

Pour le moment, j'apprécie la vie à Montréal *en dépit de / au lieu de* la rudesse de l'hiver.

La suite très bientôt !

Chloé

Grammaire

3. Reliez les phrases.

a. Au lieu de faire mes démarches administratives,
b. Il apprécie la vie à Bangkok
c. Elle a beau être diplômée,
d. Si cher que soit le voyage,
e. Ma fille a émigré au Canada,
f. Quoique tu fasses,
g. Sao Paulo est une mégapole
h. Contrairement à toi,

1. on ne lui a pas accordé de visa de travail.
2. j'ai très peur d'aller étudier à l'étranger.
3. alors que j'ai du mal à m'exprimer en anglais.
4. je serai à tes côtés.
5. par contre je n'ai pas voulu partir.
6. je fais la grasse matinée.
7. pourtant je la connais comme ma poche.
8. il partira quand même.
9. malgré la chaleur étouffante en été.

4. Introduisez une idée d'opposition ou de concession dans les phrases suivantes en variant les tournures autant que possible.

a. Ali était déboussolé et livré à lui-même à Paris. Il était heureux.

....

b. Jules est Français. Il a le sentiment d'être incompris au Québec.

....

c. Ma sœur vit à Londres, mon frère à Séville.

....

d. Tu peux m'offrir un voyage aux Antilles, je ne te pardonnerai pas.

....

e. Il a fait deux demandes de visa. Il n'a pas obtenu de réponse.

....

f. Elle gagnait bien sa vie. Elle voulait quitter son pays.

....

g. Mehmet s'est bien intégré en Belgique. Il a le mal du pays.

....

h. Chloé est expatriée à Pékin. Elle ne parle pas chinois.

....

i. Avec la bureaucratie française tout est compliqué. Dans mon pays, c'est plus simple.

....

j. Léa adore la cuisine antillaise. Octave préfère la cuisine asiatique.

....

k. Elle a un bon diplôme. Elle ne trouve pas de travail dans son pays.

....

l. Le métro de Montréal est constitué de quatre lignes. Le métro parisien en compte quatorze.

....

Vocabulaire

▸ Les données chiffrées ────────────────── p. 82

1. Retrouvez le pourcentage équivalant aux énoncés dans la liste suivante :
50 % – 33 % – 49 % – supérieur à 50 % – 25 % – inférieur à 50 % – 75 %.

a. Une majorité de personnes : ....
b. Un tiers des personnes : ....
c. Une personne sur deux : ....
d. Une minorité de personnes : ....
e. Un quart des personnes : ....
f. Les trois quarts : ....
g. À peine la moitié des personnes : ....

2. Associez chaque énoncé à ce qu'il permet d'exprimer.

a. L'enquête montre que…   1. Indiquer une quantité.
b. La différence est minime par rapport à…   2. Commenter.
c. La part des Européens est majoritaire.   3. Indiquer un nombre.
d. Un cinquième des étrangers vient de…   4. Comparer.
e. Le total représente 10 millions d'euros.   5. Indiquer une fraction.
f. Moins de 30% des interviewés pensent que   6. Moduler un chiffre.
g. Environ la moitié de la population…   7. Indiquer une majorité.

3. Complétez les phrases avec les verbes suivants à la forme correcte (à l'infinitif ou conjugués) :
dépasser – estimer – compter – s'élever – être – représenter.

a. Aujourd'hui, le nombre total de migrants internationaux .... à 281 millions de personnes.
b. Le nombre de réfugiés climatiques est difficile à ....
c. Cette ville .... approximativement 15 000 habitants.
d. La croissance française peut-elle .... 1 % l'année prochaine ?
e. Dans ce pays, les femmes .... à peine un quart des migrants.
f. Au 1er janvier 2021, la population de l'Union européenne à 27 États membres .... de 447 millions d'habitants.

4. Barrez l'intrus dans chaque liste de mots de sens voisin.

a. une augmentation – un taux – une progression – une hausse.
b. majoritaire – prépondérant – dominant – minoritaire.
c. une baisse – une chute – un effondrement – une accélération.
d. le total – le triple – la somme – le montant.
e. une stabilisation – une stagnation – un arrêt – une expansion.
f. on pense – on constate – on observe – on remarque.
g. une fluctuation – une immobilité – une instabilité – un changement.
h. environ – approximativement – à peu près – précisément.

Phonétique

▸ Les nasales an [ã], in [ɛ̃], on [õ]

Repérage

 15 **1.** Écoutez les phrases et dites si vous entendez [ã], [ɛ̃] ou [õ].

	a	b	c	d	e	f	g	h	i	j
[ã]										
[ɛ̃]										
[õ]										

Entraînement

 16 **2.** Écoutez puis répétez les phrases suivantes.

a. Sincèrement, vous pensez que c'est impossible ?
b. Tu es pompier volontaire ? Ah bon !
c. Pendant longtemps, Léon m'a menti effrontément.
d. Tu éteins la télé. Un point c'est tout !
e. Nathan sera présent ? Les copains comptent sur lui.
f. Quels sont les bienfaits d'une infusion de thym ?
g. Comprends-le ! Gontran a si mal aux dents !
h. Cet animal est un paon ? C'est surprenant !
i. Tu as faim ? Il faudra attendre encore un moment.
j. Passe-moi la synthèse de la réunion de lundi.

Phonie / Graphie

 17 **3.** Réécoutez la prononciation des phrases de l'exercice 1, lisez la transcription p. 161 et dites comment peuvent s'écrire les sons [ã], [ɛ̃] et [õ].

a. Le son [ã] : ....
b. Le son [ɛ̃] : ....
c. Le son [õ] : ....

Dictée phonétique

 18 **4.** Écoutez l'enregistrement, écrivez les phrases, puis vérifiez l'orthographe p. 161.

a. ....
b. ....
c. ....
d. ....
e. ....
f. ....
g. ....
h. ....
i. ....
j. ....

Compréhension écrite

Lisez ce document et répondez aux questions.

Qui est Charlie Danger, la Youtubeuse qui dépoussière l'archéologie ?
Sur la plateforme YouTube, Charlie Danger plonge ses abonnés au cœur du monde antique. Rencontre avec la vidéaste, vulgarisatrice scientifique 2.0, à l'occasion des Journées européennes de l'archéologie.

Non, l'archéologie, ce n'est pas seulement l'affaire de spécialistes qui fouillent de lointaines pyramides. C'est ce que s'applique à montrer Charlie Danger, avec ses vidéos très documentées et ludiques.
Sur la plateforme YouTube, où elle compte 790 000 abonnés, la vidéaste déconstruit les clichés sur les Mayas autant que sur les guerrières vikings ou les rituels de beauté dans l'Histoire.

Charlie Danger, comment avez-vous commencé *Les Revues du Monde* ?
J'ai débuté en parallèle de mes études d'archéologie et d'histoire de l'art, en 2014. Comme une grande partie de ma génération, je passais déjà beaucoup de temps sur YouTube, à regarder notamment des chaînes anglaises de vulgarisation en histoire et en archéologie. J'ai constaté que ça n'existait pas vraiment en France, donc j'ai voulu essayer de créer quelque chose dans ce domaine.
Aujourd'hui, ma chaîne YouTube constitue mon travail principal, mais la vulgarisation scientifique est un métier très large, aux multiples casquettes : documentation, recherches, réalisation, tournage, montage, communication sur les réseaux sociaux… Il y a une vraie rotation donc je ne m'ennuie jamais !

L'archéologie peut-elle être fun ?
Bien sûr, l'archéologie est même très sexy ! Comparée à d'autres sciences comme les mathématiques, elle souffre moins d'une image rigide. C'est un domaine qui a été souvent mis en avant par la pop culture avec des figures comme Indiana Jones ou Lara Croft [héroïne des jeux vidéo *Tomb Raider*, ndlr]. Il y a donc déjà une appétence du public pour l'archéologie.
On imagine souvent des expéditions dans des temples perdus, ce qui est plutôt sexy sur le papier, mais très loin de la science elle-même. Sur le terrain, les archéologues vont plutôt creuser des dalles au fond de la Creuse. Pour moi, c'est passionnant, mais je doute que ce soit super excitant pour tout le monde (*rires*).

Comment rendez-vous l'archéologie plus accessible ?
Je passe beaucoup par l'humour. Je suis très vigilante au ton que j'emploie dans mes vidéos : j'essaie d'instaurer une sorte de connivence, comme si je parlais à un ami, pour m'éloigner des documentaires plus sérieux.
Je commence souvent mes vidéos avec une anecdote, une question ou un fait étrange. J'essaie aussi de mobiliser des exemples qui parlent à tout le monde comme *Spartacus* ou *Game of Thrones*. La pop culture est un excellent vecteur pour la vulgarisation.

Pourquoi YouTube est-il un bon outil de vulgarisation ?
Le medium vidéo est très efficace puisqu'il permet d'utiliser l'image et la narration pour expliquer des concepts parfois complexes. Mais c'est à nous, les vidéastes, de trouver le moyen de rendre nos recherches intrigantes. Nous réfléchissons toujours à la forme, à la mise en scène. En fait, en tant que vulgarisateurs scientifiques, nous sommes des imposteurs.
Nous devons attraper le public qui vient se divertir et se changer l'esprit sur YouTube en lui disant : « On va parler de sciences, mais ne t'inquiète pas, ça va être cool. »
C'est un numéro d'équilibriste. Notre but n'est pas de faire un cours exhaustif sur certains sujets, mais plutôt d'être une porte d'entrée pour emmener le public à des endroits où il ne serait pas allé sinon.

Marie Salammbô, *Ouest France*, 18 juin 2021.

Compréhension écrite

Compréhension

1. Qui est Charlie Danger ?
- ☐ **a.** Une archéologue faisant part de ses découvertes sur sa chaîne YouTube.
- ☐ **b.** Une vidéaste web et vulgarisatrice historique animant une chaîne YouTube.
- ☐ **c.** Une historienne spécialiste de pop culture, conteuse d'histoires sur YouTube.

2. Sa chaîne de vulgarisation historique couvre quelle période de l'Histoire ?
....

3. Comment fait-elle pour vulgariser l'archéologie (plusieurs réponses sont correctes) ?
- ☐ **a.** Elle fait un cours complet sur un sujet.
- ☐ **b.** Elle trouve un juste milieu entre divertissement, culture et apprentissage.
- ☐ **c.** Elle rend simples des contenus complexes en passant par l'humour.
- ☐ **d.** Elle se déguise en superhéroïne de la pop culture.
- ☐ **e.** Elle rend l'archéologie sexy.
- ☐ **f.** Elle explique des anecdotes et des découvertes sur un ton sérieux.
- ☐ **g.** Elle crée une complicité avec son public.
- ☐ **h.** Elle endort ses abonnés avec des sujets trop scientifiques.

4. Vrai ou faux ? Justifiez votre réponse en citant un passage du texte.

a. Charlie Danger analyse les clichés sur l'Histoire et l'archéologie. ☐ V ☐ F
....

b. Quand elle a commencé sur Youtube, les chaînes françaises de vulgarisation historique et archéologique étaient quasi absentes. ☐ V ☐ F
....

c. La pop culture n'est pas représentée dans le domaine de l'archéologie. ☐ V ☐ F
....

d. Les vulgarisateurs scientifiques vidéastes sont des imposteurs. ☐ V ☐ F
....

e. Le but des vulgarisateurs scientifiques est de faire découvrir au public des sujets auxquels il n'aurait pas eu accès. ☐ V ☐ F
....

Vocabulaire

5. Reformulez les phrases suivantes.

a. Charlie Danger plonge ses abonnés au cœur du monde antique.
....

b. L'archéologie, ce n'est pas seulement l'affaire de spécialistes.
....

c. La pop culture est un excellent vecteur pour la vulgarisation.
....

d. Il y a donc déjà une appétence du public pour l'archéologie.
....

e. C'est un numéro d'équilibriste.
....

Production orale

À partir du document suivant, vous exposerez votre point de vue de manière argumentée. Puis vous prendrez position et défendrez votre opinion si nécessaire.

S'expatrier : un nouveau départ

▶ Travailler et vivre à l'étranger permet souvent de commencer une nouvelle vie. Pour certains, s'expatrier est synonyme de nouvelles opportunités professionnelles, d'évolution de carrière. Une expérience valorisante à mettre sur le CV.

▶ Pour d'autres, l'expatriation est surtout une aventure humaine et même parfois familiale.

▶ Que l'expatriation ait lieu seul ou en famille, elle nous transforme et permet souvent d'envisager l'avenir autrement. Mais cela nécessite de relever de nombreux défis !

Présentez votre point de vue sur l'expatriation en analysant les avantages et les inconvénients. Utilisez l'encadré ci-dessous pour noter vos idées.

Jeux

1. Vrai ou faux ?

a. la Révolution française précède la révolution industrielle. ☐ V ☐ F
b. Le Siècle des Lumières désigne l'invention de l'éclairage public. ☐ V ☐ F
c. On dit « l'héroïne » mais « le héros ». ☐ V ☐ F
d. La France est une monarchie. ☐ V ☐ F
e. Louis 1er est le premier roi de France. ☐ V ☐ F
f. La Première Guerre mondiale a eu lieu au XXe siècle. ☐ V ☐ F

2. Les mots coupés. Assemblez les groupes de lettres pour retrouver 7 périodes de l'Histoire.

QUE	TOI	NCE	ANT	ITÉ
LI	MO	RE	LUT	YEN
ÂGE	PI	RÉ	RE	PRÉ
ION	SSA	IQU	AI	VO
RÉP	REN	UB	HIS	EM

❶ EMPIRE
❷ ....
❸ ....
❹ ....
❺ ....
❻ ....
❼ ....

3. Quels sont les prénoms de ces 6 présidents de la République française ?

a. Ch _ rl _ s de Gaulle (1959-1969)
b. G _ _ rg _ _ Pompidou (1969-1974)
c. V _ l _ r _ Giscard d'Estaing (1974-1981)
d. Fr _ nç _ _ s Mitterrand (1981-1995)
e. J _ cqu _ s Chirac (1995- 2007)
f. _ mm _ n _ _ l Macron (2017-2027)

4. Chiffre, nombre ou numéro ?

Entourez la bonne réponse.

a. 1789 est formé des *chiffres / numéros* 1, 7, 8 et 9.
b. Quel est le *nombre / numéro* d'abonnés à ta chaîne d'histoire sur YouTube ?
c. Les *chiffres / nombres* romains sont utilisés dans la numérotation des siècles.
d. Quels sont les *chiffres / nombres* récents de l'immigration dans ton pays ?
e. Tu connais le *numéro / nombre* de la rue où se trouve la maison natale de Napoléon 1er ?

5. Qui suis-je ?

Par deux. Chaque joueur choisit un personnage historique et, à son tour, pose des questions ou répond à celles de l'autre joueur. Le joueur A doit deviner quel personnage a été choisi par le joueur B qui répond à ses questions.

Bilan linguistique

..../ 40

Unité 4 Être connecté ou ne pas être

1. Complétez les phrases avec des expressions de cause et de conséquence. ..../ 5

   a. Il y a eu une coupure de courant .... une partie de mon travail n'a pas été sauvegardée.
   b. .... son âge avancé, Marcel se sent en difficulté avec le numérique.
   c. .... ne pas avoir d'amis, il est inscrit sur quatre réseaux sociaux.
   d. Eva a pu obtenir un rendez-vous à la mairie .... une demande en ligne.
   e. .... moyens, il n'a pas pu s'acheter l'ordinateur dont il avait besoin.

2. Mettez les phrases au discours rapporté. ..../ 5

   a. Tu pourrais me prêter ta tablette ?
      Il m'a demandé ....
   b. J'ai sauvegardé tes photos sur une clé USB hier.
      Elle m'a assuré ....
   c. L'atelier d'initiation au numérique est reporté à la semaine prochaine.
      J'ai entendu dire que ....
   d. Cesse de m'envoyer des SMS toutes les cinq minutes !
      Il l'a supplié ....
   e. C'est la première fois que je dois signer électroniquement un contrat de travail.
      Elle m'a expliqué ....

3. Entourez le mot qui convient dans chaque phrase. ..../ 5

   a. La *dématérialisation / déconnexion* des services publics est souvent critiquée.
   b. De nos jours, presque tout le monde a accès au *réseau / site* Internet.
   c. Suite à une panne de courant, mon ordi a *été piraté / bugué*.
   d. Utiliser des *émojis / copier-coller* pour faire passer un message est efficace.
   e. J'ai téléchargé *un geek / une appli* trop cool !

4. Remplacez le verbe *dire* par un verbe déclaratif plus précis. ..../ 5

   a. Le règlement dit que l'utilisation des portables est interdite.
   ....

   b. Le juge a dit son verdict dans une affaire de cyber-harcèlement.
   ....

   c. Il ne cesse de dire des mensonges sur Twitter.
   ....

   d. Elisa dit tous ses problèmes de cœur aux abonnés de sa chaîne Youtube.
   ....

   e. Il refuse de dire qu'il a des difficultés avec le numérique.
   ....

Bilan linguistique

Unité 5 Histoire au passé et au présent

1. Mettez ce texte au passé simple. ..../5

Victor Hugo (*naît*) .... en février 1802. Il (*marque*) .... l'histoire du xixe siècle par son œuvre littéraire, ses discours et ses convictions. À 19 ans, il (*écrit*) .... ses premiers poèmes, *Odes et Ballades*. De son vivant, Victor Hugo (*est*) .... un grand poète, romancier et dramaturge ainsi qu'un grand défenseur de la République. En 1848, il (*devient*) .... républicain et (*affiche*) .... son opposition à Napoléon III. Ce qui lui (*vaut*) .... l'exil, qui (*dure*) .... près de vingt ans. Après avoir vécu à Guernesey, il (*revient*) .... en France à la chute du Second Empire en 1870. Ses funérailles nationales au Panthéon en 1885 (*sont*) .... suivies par deux millions de personnes.

2. Complétez les phrases avec des expressions de concession et d'opposition. ..../5

a. Il continue à vivre en Haïti, ... son frère a quitté le pays depuis longtemps.

b. .... toi, j'adore la cuisine antillaise, je la trouve très savoureuse.

c. .... j'étais très jeune à l'époque, je me souviens parfaitement du jour où je suis arrivé à Montréal.

d. .... les nombreuses difficultés rencontrées, Mario s'est bien intégré en Belgique.

e. Je cohabite avec des étudiants de nationalités diverses .... nous ne partagions pas toujours les mêmes opinions.

3. Entourez le mot qui convient dans chaque phrase. ..../5

a. Cet archéologue fait des fouilles sur des sites gallo-romains. C'est un spécialiste de *la Renaissance / l'Antiquité*.

b. Je vais lui offrir un livre sur la société *féodale / industrielle*, il est passionné par la période du Moyen Âge.

c. L'article sur les Merlinettes incite les jeunes à réfléchir sur la place et l'engagement des femmes pendant la *Première / Seconde* Guerre mondiale.

d. *Le culte / L'hommage* rendu à Joséphine Baker renforce la mémoire collective sur son rôle dans l'Histoire et la vie culturelle du xxe siècle.

e. Les mairies sont invitées à exposer des drapeaux tricolores ce samedi pour *commémorer / inaugurer* la victoire du 8 mai 1945.

4. Éliminez l'intrus dans chaque liste de mots. ..../5

a. un chiffre – un nombre – une lettre – un numéro.

b. le double – le tiers – le quart – le cinquième.

c. un ralentissement – un écart – une décroissance – une diminution.

d. faible – négligeable – considérable – minime.

e. presque – quasiment – la quasi-totalité – aucun.

Unité 6

Lever l'ancre

Grammaire

▸ Exprimer le lieu — p. 88

1. Reliez les éléments.

a. Il y a beaucoup de jolies rues dans les alentours du musée.
b. Passez par les jardins pour vous rendre au château.
c. Le vieux village se trouve sur la colline.
d. En face de l'office du tourisme, il y a un café très sympa.
e. Le musée d'histoire médiévale se trouve en banlieue.
f. Dans le parc, il y a une salle d'exposition.

1. Promenez-vous dans les environs.
2. Il faut aller au sommet pour s'y rendre.
3. Il faut aller en périphérie de la ville pour le visiter.
4. Il faut les traverser pour y arriver.
5. Visitez l'intérieur.
6. Traversez la rue pour y allez.

2. Reformulez les phrases suivantes avec des expressions de la liste : *au pied de – à proximité – en dehors de – en dessous de – au cœur du – vers – à travers – en face.*

a. Passez par le parc pour aller à la mairie.
....
b. Il n'y a pas de monuments historiques près du centre commercial.
....
c. À l'extérieur de la ville, il y a une jolie forêt.
....
d. Les maisons historiques se trouvent en plein centre-ville.
....
e. Les pistes de ski sont en bas de la montagne.
....
f. La vue est superbe devant le port.
....
g. Pour trouver le château, prenez la direction de la zone commerciale.
....
h. La rivière coule sous la ville.
....

Grammaire

3. Complétez les phrases avec les expressions données en vous aidant du plan d'Aix-en-Provence :
entre – au centre de – à la périphérie – en face de – loin – à proximité – par.

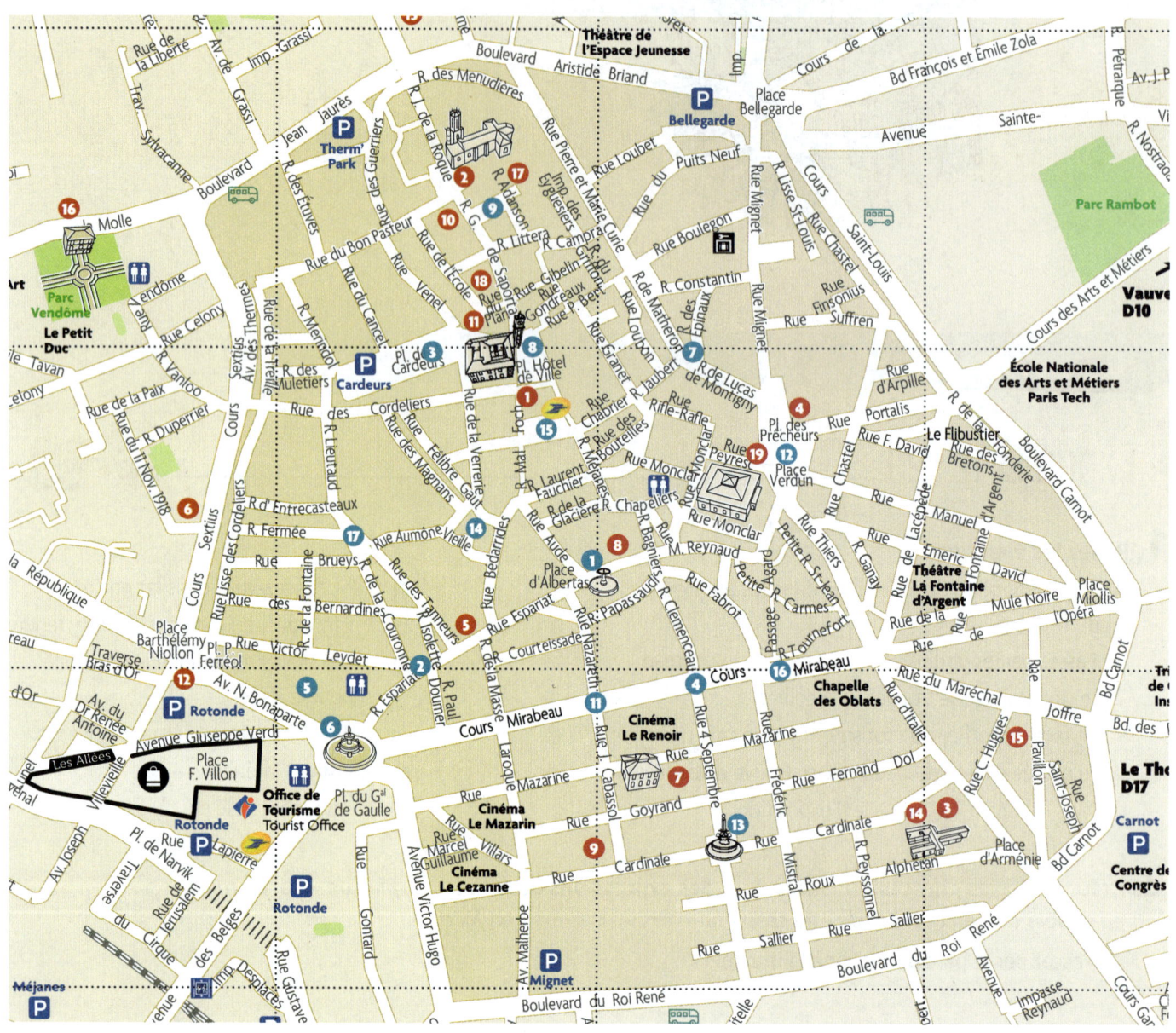

PATRIMOINE ET MUSÉES : ❶ Ancienne Halle aux Grains – ❷ Cathédrale Saint-Sauveur – ❸ Église Saint-Jean-de-Malte – ❹ Église de la Madeleine – ❺ Église du Saint-Esprit – ❻ Église Saint-Jean-Baptiste – ❼ Hôtel de Caumont Centre d'Art – ❽ Hôtel Boyer d'Éguilles – ❾ Hôtel de Gallifet – ❿ Hôtel Maynier d'Oppède – ⓫ Hôtel de Ville – ⓬ Maison de Darius Milhaud – ⓭ Mausolée Joseph Sec – ⓮ Musée Granet – ⓯ Granet XXᵉ – ⓰ Musée du Pavillon de Vendôme – ⓱ Musée des Tapisseries, Palais de l'Archevêché – ⓲ Musée du Vieil Aix, Hôtel Estienne de Saint-Jean – ⓳ Palais de Justice.

PLACES ET FONTAINES : ❶ Albertas (place et fontaine) – ❷ Augustins (place) – ❸ Cardeurs (place) et Amado (fontaine) – ❹ Eau chaude (fontaine) – ❺ Jeanne d'Arc (place) – ❻ La Rotonde (fontaine) et Général de Gaulle (place) – ❼ Trois Ormeaux (place et fontaine) – ❽ Mairie (place et fontaine) – ❾ Martyrs de la Résistance (place) – ❿ Mur d'eau / Mur végétal – ⓫ Neuf-Canons (fontaine) – ⓬ Les Trois places (Prêcheurs, Verdun, Madeleine) – ⓭ Quatre Dauphins (place et fontaine) – ⓮ Ramus (place) – ⓯ Richelme (place) – ⓰ Roi René (fontaine), Forbin (place) – ⓱ Tanneurs (place).

a. L'Hôtel de Ville se trouve .... de la ville.

b. La place François Villon est .... du boulevard Carnot.

c. Pour aller de la place du Gᵃˡ de Gaulle à la place Miollis, passez .... le Cours Mirabeau.

d. La cathédrale Saint-Sauveur est .... de la place des Martyrs de la Résistance.

e. Le Parc Vendôme se trouve .... du centre-ville.

f. Vous trouverez l'office du tourisme .... la fontaine de la Rotonde.

g. Le Palais de Justice est facile à trouver .... la place Verdun et la place d'Albertas.

Vocabulaire

▶ La géographie — p. 90

1. Complétez le texte avec des mots de la liste en mettant au pluriel si nécessaire : *un refuge – une vallée – l'altitude – un sommet – un massif – une étape – la vue.*

Dans les montagnes du Jura ou des Alpes, on peut faire des très belles randonnées pour tous les niveaux. On peut se promener dans .... et observer .... à perte de vue. Si vous êtes en forme et que vous n'avez pas peur de ...., vous pouvez faire l'ascension d' .... Vous pourrez ainsi profiter de .... Si vous voulez faire ...., vous pouvez passer la nuit dans .... C'est une expérience exceptionnelle.

2. Barrez l'intrus dans chaque série de mot.
  a. le pic – le versant – le sommet – le col
  b. le platane – le mélèze – la bruyère – le cyprès
  c. la jungle – la vigne – la savane – la steppe
  d. la rivière – l'étang – le ruisseau – le torrent
  e. l'archipel – la côte – le rivage – le littoral
  f. la dune – le désert – l'oasis – la plage

3. Dites à quel mot de la liste correspond chaque définition : *cap – littoral – baie – détroit – phare – marais.*
  a. Pointe de terre qui s'avance dans la mer : ....
  b. Tour au bord de la mer qui indique le chemin aux marins : ....
  c. Ensemble des côtes d'un pays ou d'une région : ....
  d. Bras de mer entre deux côtes : ....
  e. Zone d'eaux peu profondes et recouvertes par la végétation : ....
  f. Côte qui forme un arc : ....

4. Complétez les phrases avec des verbes de la liste en conjuguant si nécessaire : *monter – culminer – dominer – surplomber – se jeter.*
  a. La fleuve la Seine .... dans la Manche entre Le Havre et Honfleur.
  b. Le mont Blanc .... à 4 808 mètres d'altitude.
  c. La falaise d'Étretat .... la mer.
  d. Le Vignemale est un sommet mythique qui .... les Pyrénées.
  e. Fais attention, c'est l'heure où la marée ....

5. Reconstituez les mots en mettant les lettres dans l'ordre.
  a. Il y a un très beau F O F I B R E à Calais. Cette tour de pierre permettait d'observer les alentours d'une ville fortifiée. ....
  b. Il faut visiter le château L É D O F A de Carcassonne, c'est le château Comtal. ....
  c. Avant l'invention de la machine à laver, on se retrouvait pour laver le linge dans un R A V I L O. ....
  d. Venez visiter la ville de Crest dans la Drôme, vous pourrez vous promener dans de jolies L E S E R U L escarpées. ....
  e. À Lyon, on peut jouer à l'archéologue en visitant les N I R S U E romaines d'un théâtre antique. ....
  f. Depuis 2016, le musée du Louvre a aménagé des salles pour la visite des A N S O T F N D O I du château. ....

Grammaire

▶ Nuancer une comparaison — p. 94

1. Reliez les éléments.

a. Il parcourt la montagne depuis tout petit   1. bien plus long que celui d'hier.
b. Ce parcours est   2. autant d'adeptes.
c. Cette randonnée ressemble   3. beaucoup à celle que nous avons faite hier.
d. Elle skie tout   4. comme ses parents.
e. L'escalade n'a jamais eu   5. plus souvent.
f. Elle aimerait voyager bien   6. aussi mal que moi.

2. Dites si les phrases suivantes expriment la ressemblance, la différence ou l'insistance.

a. Mon équipement de ski est bien plus technique que le tien. ....
b. Notre guide de montagne ressemble à une célèbre actrice française. ....
c. Ce séjour à la montagne n'a rien à voir avec ce que je m'imaginais. ....
d. Nous pourrions aller plus loin si nous étions mieux équipés. ....
e. Nous devons apprendre à voyager autrement pour des raisons écologiques. ....
f. L'ascension du Pic du Midi et comparable à celle du Puy de Sancy. ....

3. Complétez les phrases avec les mots de la liste en faisant les accords nécessaires. N'utilisez chaque expression qu'une seule fois : *comme – aussi – plutôt que – bien moins – autrement que – rien à voir avec – bien plus – pareil à – tout autant.*

a. Ce guide de montagne, qui ne sourit jamais, est sérieux .... grincheux.
b. Cette rivière n'est pas .... toutes les autres.
c. Il conçoit le sport .... moi : il transpire toujours et moi jamais.
d. Ce stage de voile a été .... intéressant que celui que j'avais fait l'année passée.
e. Elena a l'intention de continuer à faire .... de sport pendant l'été.
f. Si tu veux faire l'ascension du mont Blanc, contacte un de ces deux guides, ils sont .... compétents l'un que l'autre.
g. J'aime la montagne : étudier les fleurs et repérer les traces des animaux. Ça n'a .... la passion de Justine qui est le trekking.
h. Antoine s'intéresse aux associations de protection de la nature en montagne .... toujours.
i. Ma fille aime nager, elle se plaît .... à la montagne qu'à la mer.

4. Formez des phrases pour exprimer une comparaison comme dans l'exemple. Variez les expressions.

Exemple : Nicolas est téméraire. Son frère Xavier est prudent.
→ Nicolas est bien plus téméraire que son frère Xavier.

a. Christine a énormément d'endurance. Delphine, elle, ne fait jamais de sport.
....

b. Cette piste présente peu de passages techniques. Celle d'hier était très difficile.
....

Grammaire

c. Avant, Alain courait très vite.

....

d. Marine pêche depuis toujours.

....

e. Grâce au sport, Brigitte se sent bien pour la première fois de sa vie.

....

5. Lisez les présentations de ces deux sportifs et formulez des comparaisons nuancées.

Exemple : Armel Le Cléac'h est un très grand marin tout comme Olivier de Kersauson.

Olivier de Kersauson

Né en 1944 dans le Pays de la Loire, il est le septième d'une famille de 8 enfants. Il commence à naviguer dans sa jeunesse en tant que scout marin.
- Il arrive 4e à la première Route du Rhum en 1978.
- Il gagne le Trophée Jules-Verne en 1994 et garde son titre pendant 5 ans.
- En 1989, il bat le record du tour du monde en solitaire.
- À partir des années 80, il participe à des émissions de télévision et de radio comme chroniqueur.

On lui a donné le surnom de l'Amiral.

Armel Le Cléac'h

Né en 1977 dans le Finistère, en Bretagne, il est le troisième d'une fratrie de 4 enfants. Il se passionne très tôt pour la voile et participe à sa première compétition à l'âge de 9 ans.
- Il gagne la course Solitaire du Figaro en 2003, en 2008 et en 2020.
- En 2004, il remporte la Transt'Lorient-St-Barth'.
- Il obtient le titre de champion du monde IMOCA en 2008.
- Il arrive premier du Vendée Globe en 2017 et établit un nouveau record dans cette course.

Il est surnommé le Chacal.

....
....
....
....
....

6. Reformulez les phrases avec *de plus en plus* ou *de moins en moins*.

Exemple : Les réservations au club d'escalade sont en hausse. → Il y a de plus en plus de réservations au club d'escalade.

a. Les Français partent plus souvent qu'avant à la montagne en été.

....

b. La fréquentation des stations de ski a baissé.

....

c. Les prix des stages de voile ont beaucoup augmenté.

....

d. Les sports d'hiver ne sont plus autant appréciés qu'avant des vacanciers.

....

e. L'offre de circuits organisés pour les vacances est énorme de nos jours. Il y a 20 ans, ce n'était pas comme ça.

....

f. L'intérêt pour les stages sportifs a diminué chez les jeunes.

....

Vocabulaire

▸ Les activités de plein air — p. 96

1. Reliez les éléments.

Nathalie est une adepte :

a. du cyclisme.
b. de l'escalade.
c. de la marche.
d. de la pêche.
e. des sports d'hiver.
f. du kayak.
g. du trekking.
h. de la voile.

1. Elle ne prend presque jamais sa voiture.
2. Elle aime la glisse : le ski, le surf et même la luge.
3. Elle a beaucoup de force, elle peut grimper presque toutes les parois du club.
4. Elle apprécie le calme des petites rivières et ramer à deux avec son amie Marie.
5. Elle avale les kilomètres de routes tous les week-end sur son deux-roues de course.
6. Elle navigue tous les étés avec des amis en Méditerranée.
7. Elle a besoin de calme le week-end et c'est une activité parfaite pour méditer tout en s'amusant.
8. Elle adore les randonnées, surtout celles qui durent plusieurs jours et qui lui font découvrir des coins sauvages.

2. Complétez le texte avec les mots de la liste, mettez-les au pluriel si nécessaire : *camper – étape – expédition – trajet – belle étoile – périple – itinéraire – arpenter – circuit.*

Marta est une aventurière. Dès qu'elle peut, elle part loin mais elle prépare quand même son .... en détail, elle prévoit les temps de .... et toutes les .... de son voyage. Elle imagine les régions qu'elle va .... pendant son .... Parfois elle emporte une petite tente pour .... si le climat le permet. Elle aime particulièrement dormir à la .... Parfois elle s'inscrit à un .... organisé dans les régions difficiles d'accès, elle a même participé à une .... au pôle Nord. Elle adore voyager pour découvrir des coins de nature et rencontrer des gens différents.

3. Indiquez quel équipement sportif de la liste est utile dans les cas suivants : *une corde – un sac de couchage – une veste imperméable – un couteau suisse – une combinaison de ski – une boussole – un casque.*

a. Savoir où est le nord : ....
b. Assurer sa sécurité sur une paroi d'escalade : ....
c. Protéger sa tête en cas de chute de vélo : ....
d. Aller dans la neige sans avoir froid : ....
e. Dormir plus confortablement en camping : ....
f. Faire des activités de plein air même par temps de pluie : ....
g. Préparer son pique-nique sans ustensile de cuisine : ....

Vocabulaire

4. Complétez le texte avec les mots de la liste (il y a un mot en trop) :
transpirer – se ressourcer – l'endurance – émerveillé – parcourir – sentier – traversée – invétéré – kayak – cyclisme – rafting – trekking.

5. Reliez les mots de sens contraire dans le nuage de mots suivant.

*casse-cou   serein
abattu   découragé
    anxieuse
intrépide   calme
dynamique   prudent
peureux
    persévérant
    nerveuse*

6. Complétez le tableau pour décrire le temps qu'il fera en vous aidant de la carte de prévision météo.

Venez .... les Monts d'Ardèche !

Vous êtes un(e) sportif(ve) invétéré(e) et vous aimez .... ? Vous aimez la nature en grand et vous désirez .... ? N'hésitez pas, ce stage multi-sports est pour vous ! En plein cœur du parc naturel des Monts d'Ardèche, vous passerez une semaine hors du commun dans une ambiance amicale. Le stage débute en douceur avec une balade en .... sur l'Ardèche. Ensuite, pour vous donner des émotions fortes et si le temps le permet, nous descendrons en .... la rivière le Chassezac, offrant des courants plus capricieux. Après les sports d'eau, c'est à deux roues que nous découvrirons des .... magnifiques. Le .... est un bon moyen de profiter des belles forêts de notre région. Enfin pour terminer, nous vous proposons un .... de trois jours pour découvrir les gorges de l'Ardèche.

Vous allez être émerveillé(e) par notre parc naturel !

N'hésitez plus, réservez votre place.

RÉSERVER

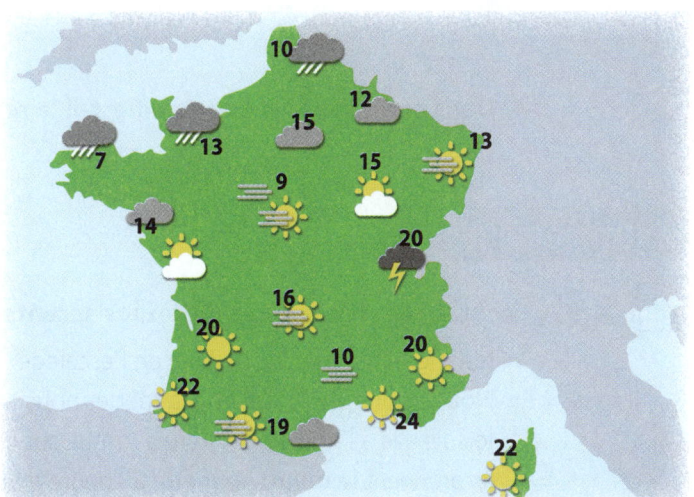

Demain...	Dans le Sud-Est	Dans le Sud-Ouest	En Bretagne	En région parisienne	Dans le Nord	En région Centre	À la frontière suisse
a. Il fera...							
b. Le temps sera...							
c. Il y aura...							
d. Le ciel sera...							
e. La température sera...							

Phonétique

▷ Les accents

Repérage

 1. Écoutez l'enregistrement et observez les phrases suivantes.
   a. C'est agréable de vivre à côté d'une forêt.
   b. Cette activité sportive a du succès auprès des jeunes.
   c. Il y a un très beau château féodal sur l'île où je suis allée cet été.
   d. Un bon plat de pâtes redonne de l'énergie après une grande randonnée.
   e. C'est la première fois qu'ils viennent dans ce massif.
   f. Il était sûr d'être déjà passé à cet endroit-là.
   g. Elle s'est fait mal aux pieds pendant le trekking.

   1. Sur quelles voyelles peut-on trouver un accent aigu ou grave ?
   ....

   2. Dans quels cas peut-on trouver un accent circonflexe ?
   ....

   3. Dans quels cas est-il impossible d'écrire un accent ?
   ....
   ....

   4. Dans quels cas l'accent modifie-t-il la prononciation de la voyelle ?
   ....

Entraînement

 2. Écoutez ces phrases puis placez les accents manquants.
   a. Ma mere m'empeche de faire de l'escalade.
   b. Nous avions prevu d'aller a la mer et nous avons du annuler.
   c. Je suis alle a l'hopital car je suis tombe sur la tete apres une chute de velo.
   d. Ils prennent le metro pour etre a l'heure a la competition d'escalade.
   e. Nous emportons de la vaisselle en plastique pour pique-niquer chez nos amis.
   f. J'espere que le temps sera ensoleille pour la randonnee d'apres-demain.
   g. Tu achetes les billets de train pour le sejour a la mer ?

Dictée phonétique

 3. Écoutez l'enregistrement, écrivez les phrases, puis vérifiez l'orthographe p. 161.
   a. ....
   b. ....
   c. ....
   d. ....
   e. ....
   f. ....
   g. ....
   h. ....

Compréhension orale

Vacances compliquées

 22 Écoutez l'enregistrement et répondez aux questions.

Compréhension

1. Où Mounir est-il parti en vacances et avec qui ?

....

2. Il avait d'abord réservé dans :

☐ **a.** un hôtel. ☐ **b.** un club de vacances. ☐ **c.** un camping.

3. Où a-t-il passé sa première journée de vacances ?

....

4. Le site *Lastminute* a-t-il pris en charge l'hôtel qu'ont réservé Mounir et Mélanie ?

....

5. L'hôtel qu'ils ont réservé finalement était :

☐ **a.** sympathique mais loin de la mer.
☐ **b.** confortable mais pas très chaleureux.
☐ **c.** plus cher mais très luxueux.

6. Vrai ou faux ? Justifiez votre réponse. Le site *Lastminute* a recontacté Mounir et Mélanie à leur retour de vacances.

....

7. Qu'a promis le site *Lastminute* à la journaliste ?

☐ **a.** De rembourser et dédommager Mounir.
☐ **b.** De changer le système de réservation.
☐ **c.** D'offrir de nouvelles vacances à Mounir.

Vocabulaire

8. Retrouvez dans le document des mots équivalents à :

a. enfant très jeune : ....
b. mal organisé : ....
c. être très surpris : ....
d. niveau de confort : ....
e. la gêne occasionnée : ....

Production écrite

Lisez le texte et répondez à la question.

Racontez une mauvaise expérience dans un club de vacances.

Une radio locale va proposer une émission sur les clubs de vacances et recherche des témoignages de vacanciers qui sont repartis mécontents de leur séjour. Écrivez-leur pour décrire un mauvais souvenir dans ce type de centres de vacances. Dites où vous êtes parti, avec qui, combien de temps vous avez passé dans ce club, ce qui vous a déplu (situation, nourriture, accueil, animation, etc.). Expliquez quelle a été votre réaction : êtes-vous resté quand même ? Avez-vous fait une réclamation ?

 Jeux

1
Reconstituez 12 mots à partir d'une syllabe de chaque colonne.

AR	TU	SE
RE	TI	GE
O	SIÈ	NE
ES	TO	AIRE
SUR	LAN	PEL
AL	LAI	BER
SA	CAR	RAL
CA	A	TUDE
CROI	FU	PÉE
FA	VA	QUE
LIT	CHI	RE
ES	PLOM	SIS

1 ....
2 ....
3 ....
4 ....
5 ....
6 ....
7 ....
8 ....
9 ....
10 ....
11 ....
12 ....

2
Complétez la grille avec 8 activités de plein air correspondant aux équipements indiqués.

1. bateau pneumatique et rames
2. chaussons et corde
3. canne à pêche
4. voilier
5. canoë
6. piolet
7. chaussures de marche
8. roue/vélo

Grille :
- 5 : K
- 1 : R
- 8 : C
- 2 : E ... 6 : A ... 7 : T
- 3 : P
- 4 : V

3
Rébus. Que dit-il ?

1 EN 🐔 M' 🥚 🔥 ZE̶N̶ 🧰 , AL 💰 🎼 RAN 🎼 👃 MA 🎲 🧑 🐀 G.

4
C'est sport !
En groupe. Un joueur A pense à une activité de plein air. Il donne la première lettre du mot. Les autres joueurs posent des questions pour trouver l'activité et A répond simplement par « oui » ou « non ». Celui qui trouve la bonne réponse propose une nouvelle devinette.

FICHE MÉTHODOLOGIQUE / 3

Faire un exposé

⋯⋙ pour savoir s'exprimer à l'oral sur un sujet donné.

A. Comment faire ?

1. La **préparation** : cette étape est primordiale car vous allez délimiter les aspects du sujet que vous allez traiter et vous allez organiser votre propos.

- Tout d'abord, **délimitez bien votre sujet** et ne le perdez pas de vue.
- **Classez vos idées** selon des catégories qui marqueront la structure de votre exposé.
- **Faites un brouillon** : écrivez simplement les titres de parties, vos idées, vos arguments et vos exemples sous forme télégraphique. Notez également les chiffres et les informations précises. Sur une colonne à gauche, écrivez les connecteurs dont vous aurez besoin.

> **Remarque**
>
> Les diaporamas doivent illustrer votre propos et non pas le remplacer. Au lieu de textes longs, préférez des illustrations, des graphiques, des titres, des listes courtes…

2. La **présentation** : les étapes de votre exposé doivent être bien marquées pour permettre à votre public de bien suivre votre raisonnement. Mettez-vous dans la peau de ceux qui vont vous écouter. Ne lisez pas vos notes. Pensez à soigner votre introduction et votre conclusion.
L'**introduction** doit donner au public envie de vous écouter avec une **accroche**. Présentez ensuite les grandes lignes de votre raisonnement avec une **annonce de plan**. La **conclusion** met un point final à votre exposé.

B. À votre tour !

1. Lisez les phrases suivantes et dites si elles correspondent à un sujet, une accroche, une annonce de plan ou une conclusion (voir documents p. 77 de l'unité 5 du livre de l'élève).
   a. En première partie, je vous parlerai de…, et dans une seconde partie, je présenterai …
   b. Pour résumer, l'architecture…
   c. Je voudrais vous présenter les grands architectes.
   d. Peut-on être architecte sans avoir fait d'études d'architecture ?

2. Voici deux exemples de sujets d'exposé en rapport avec les thématiques abordées dans les unités 5 et 6 du livre de l'élève. Choisissez-en un, puis élaborez une introduction dans laquelle vous présenterez les grandes lignes de votre exposé.
   a. Présentez un événement, une découverte ou une invention ayant marqué l'histoire de l'humanité.
   b. Les différents types de voyage : panorama des possibilités touristiques dans un pays de votre choix.

Unité 7

Le sens de l'actu

Grammaire

▷ Les indéfinis
p. 104

1. Complétez avec les indéfinis suivants : *aucun – telle – même – quelle – tout – autre – quelconque.*

a. Je ne sais .... chaîne d'actualité regarder.
b. Les journalistes ont vite trouvé un sujet .... avant l'heure du bouclage.
c. Je n'ai pas écrit d'................... article pour le journal local.
d. Elle n'a lu .... magazine aujourd'hui.
e. Ce reporter parcourt .... le pays depuis trois mois.
f. Apprendre une .... nouvelle m'a bouleversé.
g. Cette chaîne d'info diffuse sans arrêt la .... image en boucle.

2. Complétez avec *n'importe quel(le)(s).*

a. Ce reporter ne peut pas travailler dans .... circonstances.
b. Il ne faut pas lire .... journaux. Il y a de sacrés torchons.
c. .... personne ayant filmé un événement insolite peut le poster sur tvpoubelle.fr.
d. Vous pouvez venir à la rédaction à .... heure.
e. .... destinations feront l'affaire pour ce photographe de presse.
f. Elle lirait .... magazine de mode.

3. Complétez avec *quelque chose, rien, quelqu'un* ou *personne + de/d'.*

a. J'ai enquêté sur .... vraiment bizarre. Ce type était effrayant.
b. Elle n'a .... drôle à raconter dans son article.
c. Ce journaliste médiatique se considère comme étant .... spécial.
d. C'est .... trop occupé pour écouter la radio.
e. Il n'y a .... nouveau dans le personnel.
f. Vous n'obtiendrez .... bon en interrogeant ce témoin.
g. .... tel n'est mentionné dans la presse.
h. Il y a .... dramatique dans cet événement.

Grammaire

4. Écrivez une nouvelle phrase en disant le contraire de la phrase donnée.

Exemple : Cela n'est rien de très important. → Cela est quelque chose de très important.

a. Le journaliste a interviewé quelqu'un.
....

b. Le témoin de l'événement ne lui a rien dit.
....

c. J'ai feuilleté différents magazines culturels avant de m'abonner à celui-ci.
....

d. Il n'a rien vu mais a tout entendu.
....

e. Pour fêter mon départ, j'inviterai tous mes amis mais aucun collègue.
....

f. Cela m'a fait quelque chose.
....

g. Ni l'un ni l'autre ne participeront à ce concours.
....

h. Rien n'est prévu.
....

i. Aucun ne votera et personne ne sera élu.
....

5. Répondez aux questions en utilisant des indéfinis différents de ceux employés dans les questions.

a. Lisez-vous n'importe quels journaux ?
....
....

b. Tous les jeunes s'informent-ils sur les réseaux sociaux ?
....
....

c. Avez-vous lu quelque chose d'intéressant récemment ?
....
....

d. Les médias sont-ils tous indépendants ?
....
....

e. Est-ce que tout le monde s'intéresse à la politique dans votre pays ?
....
....

Vocabulaire

▸ Les médias et l'actualité ─────────────── p. 106

1. Reliez les verbes suivants aux mots de la colonne de droite. Plusieurs réponses sont possibles.

- a. Assister à
- b. Couvrir
- c. Se tenir au courant
- d. Traiter
- e. Feuilleter
- f. Écouter
- g. Être abonné à
- h. Télécharger

- un flash info.
- un magazine bimestriel.
- une conférence de presse.
- de l'actualité.
- l'information.
- une application d'écoute en ligne.
- le programme télé.
- un événement.
- en direct.

2. Donnez les mots qui correspondent aux définitions suivantes.

a. Première page d'un quotidien : ....

b. Publication qui paraît une fois par semaine : ....

c. Titre en gros caractères à la première page : ....

d. Événement sans portée générale qui appartient à la vie quotidienne : ....

e. Limitation de la liberté d'expression : ....

f. Regard que le journaliste porte sur un sujet : ....

g. Public de la presse écrite : ....

h. Nouvelle sensationnelle donnée en exclusivité : ....

3. Complétez le texte avec les mots manquants : *radio – programme – reportage – actu – télé – écran – diffusé – brûlante – en direct – émission – plateau – canard – chaîne – scoop*.

Ce soir, avec Kevin, c'est dîner devant la .... Quand tout est préparé, nous prenons place dans le canapé devant notre .... géant. Mais impossible de se mettre d'accord sur le .... Il y a bien un match de foot .... sur TF1, mais moi je préfère regarder une .... de variétés. Le match étant .... , Kevin ne veut surtout pas le manquer. Je lui propose donc de l'écouter à la .... car je ne veux pas rater non plus le passage de Céline Dion sur le .... de *The Voice : La Plus Belle Voix*. J'ai lu dans un .... chez le coiffeur qu'elle allait annoncer un .... ce soir concernant sa tournée. Kevin me suggère plutôt de me tenir au courant de son .... sur les réseaux sociaux et de regarder le match avec lui.
Finalement, nous décidons de regarder un .... animalier sur une .... du câble.
L'actualité .... de Céline Dion attendra et le résultat du match aussi.

Vocabulaire

4. Classez les mots suivants. Ils peuvent appartenir aux deux catégories.

L'article   la station   **le chapô**   **la diffusion**   le présentateur   le journaliste   **le billet**   l'interview   le trimestriel   **la matinale**   l'enquête   l'illustration   **le flash info**   **le sommaire**   **le courrier des lecteurs**   **l'hebdo**   l'antenne   **l'analyse**   la rubrique   *Europe 1*   **l'auditoire**   l'audience   **la colonne**   **le tirage**   le rédacteur en chef   **la bande FM**   la pastille   la périodicité   *Le Monde*   le podcast   la dépêche   le bouclage   **le son**   la publication   **la rédaction**   la gazette   **la tribune**   le jingle   **la brève**   la publicité   le chroniqueur   **la cible**   **le bandeau**   **la grille des programmes**   la légende   **l'émission**   le bimensuel   *Paris-Match*   le correspondant   **la carte postale sonore**   la manchette   **le canard**   l'animatrice   *France Info*   le reportage   *France Culture*   le quotidien

La presse ✍	La radio 🎧

Grammaire

▸ La nominalisation — p. 110

1. Nominalisez les verbes suivants.

a. supposer : ....
b. croire : ....
c. réfléchir : ....
d. lire : ....
e. produire : ....
f. fermer : ....
g. détourner : ....
h. détruire : ....
i. ouvrir : ....
j. propager : ....
k. poursuivre : ....
l. filtrer : ....
m. croiser : ....
n. rompre : ....

2. Nominalisez les adjectifs suivants.

a. vrai : ....
b. exact : ....
c. bon : ....
d. franc : ....
e. abondant : ....
f. juste : ....
g. réel : ....
h. faux : ....
i. inepte : ....
j. bête : ....
k. noir : ....
l. lourd : ....
m. méchant : ....
n. délicat : ....

3. Faites une seule phrase en transformant la phrase soulignée en groupe nominal.

Exemple : <u>Ce reporter est curieux.</u> Cela me gêne. → La curiosité de ce reporter me gêne.

a. <u>Le témoin a disparu.</u> Cela est inadmissible.
....

b. <u>La conférence de presse a été brève.</u> Le journaliste a été déçu.
....

c. <u>Mes sources sont fiables.</u> J'en suis certaine.
....

d. <u>Le prisonnier s'est évadé.</u> Cela reste un mystère.
....

e. <u>Ce canular est drôle.</u> Cela m'amuse beaucoup.
....

f. <u>Le présentateur du JT a un sourire éclatant</u> : j'en suis jaloux.
....

g. <u>Le rédacteur en chef est ponctuel et courtois.</u> Les journalistes apprécient cela.
....

h. <u>Les géants du web s'enrichissent.</u> Cela ne profite à personne.
....

Grammaire

i. Cette vidéo est virale. J'en suis étonnée.

....

j. Son article est clair et précis. J'aime cela.

....

k. La presse a grossi les événements. Cela me choque.

....

l. Certains ragots sont malveillants. Cela n'est plus à démontrer.

....

4. Transformez les informations suivantes en titres de journaux.

Faits divers

a. Un bébé prénommé Mbappé est né au Chili.

....

b. La candidate alsacienne a été exclue du concours Miss France.

....

Météo

c. Demain, les pluies seront abondantes dans le Sud-Ouest.

....

d. Les températures s'élèveront dans l'après-midi.

....

Culture

e. Un accord entre la presse d'information générale et Google a été signé.

....

f. La vie culturelle reprend après la crise.

....

Europe

g. La France préside le Conseil de l'Union européenne en 2022.

....

h. Des manifestants pro-climat bloquent les routes à Berlin.

....

Politique

i. Les critiques envers le gouvernement se durcissent.

....

j. Chloé Laurent va peut-être accéder au poste de ministre de la Justice.

....

Social

k. Les syndicats et le patronat ont lancé une négociation sur les horaires de travail.

....

l. Les salaires dans l'hôtellerie-restauration seront bientôt revalorisés.

....

Vocabulaire

▶ La critique médiatique — p. 112

1. Entourez le mot qui convient.

a. *La rumeur / la radio / la télévision* est sans doute le plus vieux média du monde.

b. Internet donne une grande vitesse de *propagation / contagion / disparition* aux fausses infos.

c. L'éducation aux médias permet aux jeunes de développer *leur esprit critique / leur esprit d'équipe / leur esprit d'initiative*.

d. L'absence de modération sur les réseaux sociaux laisse souvent la place aux thèses *publiques / complotistes / numériques*.

e. *Un ragot / un murmure / un écho* est un bavardage malveillant.

f. Sur internet, une fausse information s'appelle aussi *un fax / un fox / un hoax*.

g. Je ne publie pas d'informations sans citer *mes sources / mes amis / mon adresse*.

h. Une rumeur est une histoire qui circule rapidement par *le bouche-à-bouche / le bouche-à-oreille / le touche-touche*.

i. Sur les réseaux sociaux le pire côtoie *le mieux / le meilleur / le bien*.

j. As-tu appris à l'école à *relayer / faire circuler / décrypter* les fausses informations ?

k. Un poisson d'avril est *un canular / un ouï-dire / un bruit*.

l. Les photos et vidéos postées sur les réseaux sociaux peuvent être *traquées / truquées / tordues*.

m. Le on-dit est un bruit qui *sonne / court / passe*.

2. Complétez avec les mots manquants : *fausses – en boucle – médiatique – en direct – rumeurs – intox – journalistique – qualité – en continu – anxiogènes – actualité – recyclés – manque de moyens – excessive – flux.*

En France, il existe plusieurs chaînes d'information ……………………… . La première, LCI, est apparue en 1994. Ces chaînes diffusent surtout l'……………………… en direct. Ce format a des conséquences sur la ……………………… de l'information. En effet, l'information en train d'être délivrée ……………………… n'est pas toujours vérifiée et de ……………………… informations sont parfois diffusées. Quand une chaîne relaie des ……………………… , nous ne sommes plus dans l'information, mais dans le sensationnel et l'……………………… . Par ailleurs, sur ces chaînes, l'info est scénarisée et souvent ……………………… . Des bandeaux ……………………… défilent en bas de l'écran, les éditions spéciales se répètent ……………………… et les contenus des reportages sont souvent ……………………… . Ce ……………………… d'information et ce manque de prudence sont caractéristiques de l'emballement ……………………… actuel. Contrainte publicitaire, pression de l'audience, ……………………… , paupérisation du travail ……………………… : les chaînes d'info en continu sont-elles nécessaires ?

3. Classez les noms suivants selon leur niveau de langue : *le on-dit – le racontar – la vox populi – la rumeur – le ouï-dire – le buzz – le ragot – le bobard – le bourdonnement – le bruit.*

Familier	Courant	Soutenu

Phonétique

▸ Les sons k [k], g [g], d [d], t [t]

Repérage

🎧 23 **1.** Écoutez les phrases et dites si vous entendez k [k] ou g [g]. Dans quels mots ?

J'entends le son :   Dans les mots :

	[k]	[g]	
a.	☐	☐	....
b.	☐	☐	....
c.	☐	☐	....
d.	☐	☐	....
e.	☐	☐	....
f.	☐	☐	....

🎧 24 **2.** Écoutez les phrases et dites si vous entendez d [d] ou t [t]. Dans quels mots ?

J'entends le son :   Dans les mots :

	[d]	[t]	
a.	☐	☐	....
b.	☐	☐	....
c.	☐	☐	....
d.	☐	☐	....
e.	☐	☐	....
f.	☐	☐	....

Entraînement

🎧 25 **3.** Écoutez et répétez les phrases, puis vérifiez l'orthographe page 162.

Dictée phonétique

🎧 26 **4.** Écoutez l'enregistrement, écrivez les phrases, puis vérifiez l'orthographe page 162.

a. ....
b. ....
c. ....
d. ....
e. ....
f. ....
g. ....
h. ....
i. ....

Compréhension écrite

Lisez ce document et répondez aux questions.

Un nouvel outil de transparence de l'information de France Télévisions

Toute l'information de France Télévisions met en place **nosSources** autour d'un principe simple : consultez en quelques clics les sources qu'ont utilisées les journalistes des journaux télévisés et des magazines pour leurs reportages.

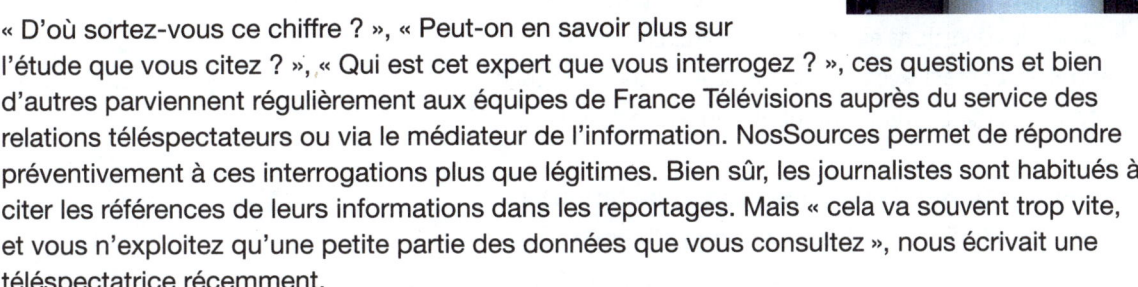

« D'où sortez-vous ce chiffre ? », « Peut-on en savoir plus sur l'étude que vous citez ? », « Qui est cet expert que vous interrogez ? », ces questions et bien d'autres parviennent régulièrement aux équipes de France Télévisions auprès du service des relations téléspectateurs ou via le médiateur de l'information. NosSources permet de répondre préventivement à ces interrogations plus que légitimes. Bien sûr, les journalistes sont habitués à citer les références de leurs informations dans les reportages. Mais « cela va souvent trop vite, et vous n'exploitez qu'une petite partie des données que vous consultez », nous écrivait une téléspectatrice récemment.

• Une exigence de transparence du public

L'idée de nosSources est justement venue des téléspectateurs, consultés dans la grande opération de dialogue de 2019 Médias et Citoyens. Certainement le plus grand chat jamais réalisé avec le public.

Voici ce qu'y écrivait, par exemple, une personne au pseudo énigmatique, Tog7, qui se reconnaîtra : « Sans possibilité offerte aux lecteurs, auditeurs, spectateurs, de connaître, pour chaque information, les sources qui ont présidé à son élaboration, alors la confiance ne sera pas au rendez-vous. Cette absence de traçabilité des sources est, aujourd'hui, l'une des causes principales de la perte de crédibilité des journalistes. Le paradoxe c'est qu'on peut acheter un produit (yaourt, viande, légume, quasiment l'ensemble de la consommation alimentaire) et accéder sur le produit lui-même, ou via des applications, à une masse d'informations qui permettent de choisir, de faire la différence. Dans les médias, la marque du média est censée se porter garante de la qualité de l'information. Ça ne marche plus comme ça. »

Nous avons été frappés par la pertinence du propos, par ailleurs loin d'être isolé. Il nous fallait bouger, innover. Encore fallait-il imaginer un moyen simple et adapté à la production de plusieurs centaines de reportages par jour, dans les journaux télévisés nationaux, régionaux et ultramarins, dans nos magazines et émissions.

• Comment ça marche ?

Régulièrement dans les JT nationaux, la possibilité de consulter nosSources sera rappelée. Lorsqu'un reportage cite une source dans un JT de France 2 ou France 3 (par exemple un sondage, une étude scientifique), rendez-vous sur le site de franceinfo.fr, onglet JT. Sélectionnez le JT correspondant, puis le sujet qui vous intéresse. À la fin du texte qui accompagne la vidéo, vous trouverez non seulement la liste des sources, mais aussi, à chaque fois que c'est possible, un lien vers la source en question. Non seulement, nous garantissons la transparence de notre travail, mais nous apportons aussi un service supplémentaire au public en facilitant ses recherches éventuelles. Attention : les sujets des JT ne sont pas tout de suite accessibles lors de leur passage à l'antenne. Il vous faudra patienter un peu.

Pascal DOUET-BON, *France Info*, 31 mai 2021

Compréhension écrite

Compréhension

1. France Télévisions ouvre les portes de son *information / site / siège* avec le lancement de nosSources.

2. À qui s'adresse ce nouvel outil baptisé nosSources ?
....

3. Ce nouveau dispositif de France Télévisions permet (plusieurs réponses sont correctes) :
- ☐ **a.** d'avoir accès aux sources confidentielles des journalistes.
- ☐ **b.** de consulter les sources qu'ont utilisées les journalistes de presse écrite.
- ☐ **c.** d'accéder aux sources utilisées par les journalistes des JT et magazines de France Télévisions.
- ☐ **d.** de répondre préventivement aux interrogations des téléspectateurs.
- ☐ **e.** de poser des questions aux équipes de France Télévisions.
- ☐ **f.** d'entrer en contact avec les journalistes du service public.
- ☐ **g.** de consolider la confiance du public envers les médias.

4. Les informations suivantes sont-elles vraies ou fausses ?
Justifiez votre réponse en citant un passage du texte.

a. L'idée de ce dispositif a été lancée par le public lors d'un grand dialogue. ☐ V ☐ F
....

b. Selon Tog7, l'absence de traçabilité des sources renforce la crédibilité des journalistes. ☐ V ☐ F
....

c. Les produits de consommation alimentaire sont mieux sourcés que l'information issue des médias. ☐ V ☐ F
....

d. Les informations sont consultables sur le site franceinfo.fr, rubrique Replay. ☐ V ☐ F
....

e. Toute personne intéressée peut retrouver immédiatement les sujets des JT. ☐ V ☐ F
....

Vocabulaire

5. Remplacez les mots en italique par un synonyme.
- **a.** répondre *préventivement* à ces interrogations plus que *légitimes* : ....
  et ....
- **b.** une *exigence* de transparence du public : ....
- **c.** une personne au pseudo *énigmatique* : ....
- **d.** la confiance ne sera pas *au rendez-vous* : ....
- **e.** nous avons été *frappés* par la *pertinence* du propos : ....
  et ....
- **f.** les journaux télévisés nationaux, régionaux et *ultramarins* : ....
- **g.** nous apportons un service *supplémentaire* au public : ....
- **h.** le passage à *l'antenne* : ....

Production orale

À partir du document suivant, vous exposerez votre point de vue de manière argumentée. Puis vous prendrez position et défendrez votre opinion si nécessaire.

> ### Vivre sans télé : le témoignage d'Anaïs
>
> Lorsque ma télé est tombée en panne il y a trois ans, je ne l'ai pas remplacée et je ne ressens aucun manque ! Les infos me minaient vraiment le moral, regarder les chaînes d'info en continu était devenu addictif et très anxiogène. Maintenant, j'écoute beaucoup plus la radio et les podcasts, je lis quotidiennement, je m'informe en choisissant mes sources et surtout j'utilise mon esprit critique. Et puis, j'ai découvert que j'avais plus de temps à ma disposition : je vois davantage mes proches et j'ai élargi mes centres d'intérêt. J'ai ressenti le même gain de temps lorsque j'ai décidé de clôturer mon compte Facebook il y a un an. Bon, pour être honnête, je ne me passe pas de tous les écrans puisqu'il m'arrive parfois de regarder une série sur ma tablette. C'est mon petit moment à moi, le soir, quand mon fils est couché.

Quelle est la place de la télévision dans votre vie ?
Avez-vous la même relation aux écrans qu'Anaïs ? Selon vous, pourquoi la télévision peut elle être remise en cause ? Présentez et défendez votre opinion. Utilisez l'encadré ci-dessous pour noter vos idées.

Jeux

1. Anagrammes

Cherchez les anagrammes en rapport avec les médias à partir des lettres proposées (attention, seules les lettres données peuvent être utilisées).

Exemple : AGITER = TIRAGE

a. FOIN = I _ _ _
b. DORAI = _ _ _ _ O
c. SERPES = _ R _ _ S _
d. DONATRICE = R _ _ _ C _ _ _ _ N
e. TIRET = _ _ T _ _

2. Qui suis-je ?

a. On me surnomme parfois le canard : ....
b. Je suis une info exclusive, le rêve de tout journaliste : ....
c. Je suis la personne qui écoute la radio : ....
d. On m'appelle aussi la rubrique des « chiens écrasés » : ....
e. Je « coiffe » un article en quelques lignes : ....

3. Caviardage

Des mots et bouts de mots ont été supprimés dans ce fait divers, mais lesquels ? Amusez-vous à les restituer.

Un serpent découvert dans un avion !

Le co▬▬▬▬ a décidé de dérouter l'avion qui a dû ▬▬▬▬ en catastrophe !

Un passager a ▬▬ le reptile. Sa vidéo, devenue virale sur ▬ rés▬▬ ▬▬ montre ▬▬▬ ondulant dans la cabine de l'appareil.

L'incident, qualifié d'▬▬▬▬ par la com▬▬ aérienne, s'est produit hier matin sur un vol reliant Dakar à Paris. Les passagers ont ensuite ▬▬▬ sur un autre vol pour atteindre ▬▬ desti▬▬▬ ▬▬.

4. Féminin ou masculin ?

Retrouvez le genre des noms suivants :

a. Brouhaha. ☐ f. ☐ m.
b. On-dit. ☐ f. ☐ m.
c. Qu'en-dira-t-on. ☐ f. ☐ m.
d. Murmure. ☐ f. ☐ m.
e. Rumeur. ☐ f. ☐ m.
f. Ouï-dire. ☐ f. ☐ m.

5. À la chaîne !

En groupe. Un joueur A propose un mot. Un joueur B doit dire un nouveau mot commençant par la dernière syllabe (prise phonétiquement) du premier mot. Un joueur C continue et ainsi de suite. Le joueur qui ne peut pas continuer la chaîne est éliminé.

Exemple : média → actualité → télé → édito

Bilan linguistique

.... / 40

Unité 6 Lever l'ancre

1. Complétez les phrases avec des expressions de lieu de la liste (attention, il y a des propositions en trop) : *au loin – à la périphérie – au-delà – au sommet – à travers – au cœur – en face.* .... / 5

   a. La végétation est magnifique .... de la forêt d'Orléans.

   b. Il y a une station météorologique .... du Mont Aigoual.

   c. Il y a peu de fresques d'art urbain dans le centre ; pour en voir, allez .... de la ville.

   d. Il y a un parc magnifique .... de l'école, vous n'avez qu'à traverser la rue pour vous y promener.

   e. Regarde là-bas, on voit presque la montagne Sainte-Victoire .... les nuages.

2. Complétez le texte avec les expressions de la liste : *bien moins – comme – bien plus – tout autant – aussi.* .... / 5

Ma sœur aimerait voyager .... Je l'ai donc emmenée en vacances pour lui faire plaisir. .... elle a toujours aimé la montagne, nous sommes parties dans le Massif central. Nous avons fait des randonnées faciles car je ne suis pas .... sportive qu'elle et je marche .... vite. C'était génial ! La prochaine fois, nous partirons à la mer et nous prendrons .... de plaisir, c'est sûr !

3. Associez les éléments. .... / 5

   a. la forêt   1. le rivage
   b. l'archipel   2. l'estuaire
   c. le courant   3. le platane
   d. la plage   4. la rivière
   e. le fleuve   5. l'île

4. Complétez les phrases avec les expressions de la liste et conjuguez si nécessaire : *en baver – arpenter – se casser le bras – dormir à la belle étoile – se ressourcer.* .... / 5

   a. Nous .... les Alpes tout l'été.

   b. Nous n'avons pas trouvé le refuge et nous avons dû ....

   c. La randonnée était vraiment difficile, je ....

   d. Juliette est partie en Ardèche en pleine nature, elle avait besoin de ....

   e. J'ai eu un accident de vélo pendant les vacances, je ....

Bilan linguistique

Unité 7 Le sens de l'actu

Grammaire

1. Complétez avec les indéfinis suivants : *n'importe quelle – personne de/d' – quelque chose de/d' – quel que/qu' – n'importe quel.* ..../5

   a. As-tu remarqué .... intéressant dans ce sondage ?

   b. J'écoute des podcasts .... soit l'endroit où je suis.

   c. Elle est capable de parler de .... sujet d'actualité.

   d. Quelle radio écoutes-tu ? .... station musicale.

   e. Je n'ai rencontré .... passionnant à ce congrès.

2. Nominalisez les verbes suivants. ..../5

   a. Circuler. → ....
   b. Croiser. → ....
   c. Relayer. → ....
   d. Publier. → ....
   e. Vérifier. → ....

Vocabulaire

3. Éliminez l'intrus dans chaque liste de mots. ..../5

   a. le quotidien – la matinale – l'hebdomadaire – le mensuel.
   b. l'antenne – la pastille – la bande FM – le câble.
   c. la une – la manchette – l'angle – le chapeau.
   d. le replay – le scoop – le podcast – l'environnement numérique.
   e. la médiatisation – le reportage – le documentaire – le magazine.

4. Complétez avec 5 mots de la liste suivante : *esprit critique – faux – propagande – propagation – désinformation – fausses nouvelles – en ligne – fake news.* ..../5

La jeune génération est particulièrement exposée aux infox et à la .... En effet, les jeunes passent de plus en plus de temps à communiquer en ligne et s'informent majoritairement par le biais des réseaux sociaux, sans être toujours conscient d'être exposés à des ....

Leur .... n'est pas toujours bien aiguisé. Il est donc important qu'ils soient initiés dès l'école primaire à l'éducation aux médias et à l'information afin qu'ils sachent distinguer le vrai du faux. Cette question n'est pas nouvelle puisque la .... des rumeurs et des théories du complot est très ancienne. Ces phénomènes, autrefois appelés plus communément « qu'en-dira-t-on » ou « .... », s'appellent aujourd'hui *fake news* ou infox.

Unité 8

Prenez soin de vous !

Grammaire

▸ Les propositions temporelles — p. 118

1. Reliez les éléments correspondants.

a. Il est devenu plus calme lorsqu'
b. Il ouvrira un cabinet de chirurgie dès lors qu'
c. Il a réussi à s'accepter comme il est quand
d. Personne n'a pu l'influencer une fois
e. Il va rester à l'hôpital en attendant que

1. sa décision prise.
2. il est tombé amoureux.
3. son état s'améliore.
4. il a découvert la rigologie.
5. il aura terminé ses études.

2. Entourez la bonne réponse.

a. J'ai compris que Jules était malade *avant que / au moment où / à mesure que* j'ai entendu sa voix.
b. Je réviserai mes cours d'anatomie *lorsque / une fois que / en attendant que* le professeur arrive.
c. *Une fois / Après / Avant de* sortir, couvrez-vous.
d. *À mesure que / Alors que / En attendant que* le traitement faisait effet, Anouk retrouvait ses forces.
e. Antoine est parti *pendant / alors / maintenant* que le cours de yoga venait de commencer.
f. *En attendant / Aussitôt / Tant* que Sarah ne prendra pas rendez-vous chez le médecin, elle ne saura pas ce qu'elle a exactement.
g. Il est sorti du laboratoire *une fois / après que / au moment où* ses analyses faites.

3. Complétez les phrases avec les mots suivants en faisant les élisions nécessaires : *avant que – jusqu'à ce que – lorsque – aussitôt que – à mesure que – après que*.

a. Juliette a compris ce qui lui arrivait .... elle a découvert la synesthésie.
b. Suzanne Noël est restée inconnue du grand public .... une BD sur elle soit publiée.
c. Nous ne l'avons pas reconnu .... il s'est fait opérer du nez.
d. .... le cerveau comprend ce qu'il perçoit, il donne du sens.
e. Il a visité l'expo sur la grossophobie .... la presse en ait parlé.
f. .... l'atelier sur le rire commencera, tu te sentiras bien.

Grammaire

4. Conjuguez si nécessaire les verbes entre parenthèses au temps et au mode correct.

a. Maintenant que tu .... là, tu peux suivre la conférence sur le cerveau. (*être*)
b. J'indique toujours mes allergies avant de .... commande au restaurant. (*passer*)
c. Romain est allé rendre visite à sa mère après qu'elle .... son accident. (*avoir*)
d. Lorsque Carla .... , j'étais chez le médecin. (*appeler*)
e. Une fois que Julia .... se faire vacciner, elle a été très soulagée. (*pouvoir*)
f. Après .... à l'exposition sur la grossophobie, la journaliste a écrit un article très positif. (*venir*)

5. Reliez les deux phrases dont les actions sont simultanées avec les expressions suivantes : *tandis que – en même temps que – au moment où – dès lors que – pendant que*. Plusieurs réponses sont possibles.
Exemple : Je déprime. / L'été arrive. → Je déprime quand l'été arrive.

a. Il s'est mis en colère. / Elles ont critiqué son physique.
....
b. Martin est nerveux. / Il va chez le médecin.
....
c. Je n'ai pas le temps de faire du sport alors je danse. / Je cuisine.
....
d. Armelle fait les courses. / Ses enfants vont à l'atelier de rigologie.
....
e. Nicolas lit un livre sur le fonctionnement du cerveau. / Il attend le bus.
....

6. Compléter les phrases avec les mots suivants, en faisant les élisions nécessaires : *une fois – une fois que – après – après que – avant que – avant de*.

a. Prends tes médicaments .... manger.
b. J'irai acheter de la pommade .... la pharmacie ouverte.
c. Esther a fait un régime .... être rentrée de chez ses grands-parents.
d. Nettoie la poussière .... les enfant arrivent, ils sont allergiques.
e. Steve a retrouvé son énergie habituelle .... il a pris des vitamines.
f. La formation sur les maladies infantiles commencera .... les participants seront arrivés.
g. Prends ta température .... aller te coucher.

7. Terminez les phrases librement.

a. Kevin sera en meilleure santé quand ....
b. Emma rassure ses patients en attendant que ....
c. Il faudrait des médecins supplémentaires en ville avant que ....
d. Ahmed prépare une salade diététique tandis que son frère ....
e. L'hôpital sera plus performant une fois ....

Vocabulaire

▸ Le corps et l'apparence ─────────────── p. 120

1. Retrouvez les parties du corps à partir des lettres en désordre et ajoutez les accents manquants.

a. J'ai drôlement mal à la tête, j'ai l'impression que mon ECANR va exploser. ....
b. J'ai du mal à marcher. Je vais devoir me faire opérer de la HCANHE. ....
c. Je suis tombée et je me suis fait mal au genou. J'ai dû abîmer ma URELOT. ....
d. À force d'être sédentaire, j'ai mal aux ESUPELA. ....
e. J'ai eu un gros rhume et j'ai tellement toussé que je me suis cassé une EOTC. ....
f. Ma grand-mère a de plus en plus mal aux doigts, elle ne peut plus bouger certaines ALNGAPESH. ....
g. Je passe beaucoup de temps devant l'ordinateur, c'est pour ça que j'ai mal au dos et surtout au niveaux des LICVACLSUE. ....
h. Il a eu un accident de voiture et le choc lui a déplacé une RETBEVRE. ....
i. Son fils lui a donné un coup de pied et maintenant il a très mal au BIAIT. ....

2. Complétez les phrases avec des mots de la liste en mettant au pluriel si nécessaire : *circulation – estomac – paupière – nerveux – moustache – respiration – mâchoire – joue – omoplate – carrure – teint – cholestérol.*

a. Quand vous n'arrivez pas dormir, concentrez-vous sur votre ....
b. Je serre les dents la nuit et je me réveille souvent avec des douleurs dans la ....
c. Justine est très fatiguée, regarde son visage, elle a le .... blême.
d. Julien s'est laissé pousser la .... et cela lui va très bien.
e. Avec le froid, les enfants ont les .... toutes roses.
f. Mangez du chocolat ! C'est bon pour le système ....
g. Si vous mangez trop gras, vous aurez du ....
h. J'ai la sensation d'avoir les jambes lourdes, cela doit être un problème de .... sanguine.
i. L'os triangulaire sous l'épaule s'appelle l'................................. , ne le confondez pas avec la clavicule.

3. Reliez les éléments.

a. Éric a été très sincère.
b. Marc a beaucoup de problèmes.
c. Depuis qu'Olivier ne travaille plus, il est très gai.
d. Hugo n'est pas du tout empathique.
e. Franck va faire des examens pour savoir s'il est malade.
f. Yann a chaleureusement remercié la médecin qui l'a soigné.

1. Il a le cœur léger.
2. Il a vraiment un cœur de pierre.
3. Il n'a pas le cœur à faire la fête.
4. Ses mots venaient du cœur.
5. Il veut en avoir le cœur net.
6. Il nous a parlé à cœur ouvert.

Vocabulaire

4. Complétez le texte avec des mots de la liste : *cicatrice – liposuccion – défiguré – poches – lifting – prothèse – profil – oreilles – nez – profil.*

David ne se trouvait pas beau et il a décidé de faire de la chirurgie esthétique. Il se trouvait ridé, alors il s'est fait faire un ………………………. Et puis il trouvait ses cuisses trop grosses alors il s'est fait faire une ………………………. Il n'aimait pas ses ………………………. décollées et il a demandé à son chirurgien de l'opérer pour les recoller. Il n'était toujours pas satisfait de son apparence, alors il s'est fait refaire le ………………………. Maintenant il dépense des fortunes en crèmes pour cacher ses ………………………. sous les yeux. Il continue à se plaindre d'une ………………………. qu'il a sur le front. Il ne va jamais s'arrêter. Sincèrement, je trouve ça assez inquiétant.

5. Entourez la bonne réponse dans les phrases suivantes.

a. Depuis que je fais du sport j'ai maigri, je suis devenu bien plus *svelte / corpulent*.
b. Tu as vraiment une drôle *d'apparence / de démarche* avec ses chaussures à talons.
c. J'ai vraiment changé de *traits / morphologie* depuis que j'ai eu des enfants.
d. Cet acteur est très large d'épaules, il a une *pointure / carrure* impressionnante.
e. Ce pantalon te fait une très belle *silhouette / corpulence*.
f. Tu as belle *allure / stature* avec ton nouveau costume.
g. De nombreuses femmes célèbres se sont fait *faire / refaire* le nez.
h. Je trouve mon *cil / profil* droit bien plus joli que le gauche.
i. Il a la peau sur les os depuis son régime, il est vraiment *maigre / mince* maintenant.

6. Barrez l'intrus dans chaque série de mots.

a. l'intestin – le foie – le cerveau – l'estomac
b. l'omoplate – le tibia – la clavicule – la vertèbre
c. le profil – le sourcil – la barbe – la moustache
d. le lifting – la liposuccion – la prothèse – la cicatrice
e. maigre – mince – corpulent – svelte
f. la pointure – la stature – la silhouette – la corpulence
g. le pancréas – le cerveau – la hanche – le cœur
h. la paupière – le cil – la pupille – la joue
i. la circulation – l'opération – la digestion – la respiration

7. Indiquez de quelle partie du corps il est question.

a. Elles protègent les yeux : ……………………………
b. Cet organe produit le suc pancréatique : ……………………………
c. C'est par eux que l'oxygène rejoint le sang : ……………………………
d. Il bat dans la poitrine : ……………………………
e. C'est là que circule le sang : ……………………………

Vocabulaire

▸ La santé et la médecine — p. 124

1. Reliez les éléments.

a. J'ai dû manger quelque chose de pas frais,
b. Ces derniers temps j'ai très mal à la tête
c. Le médecin m'a envoyé faire des analyses de sang,
d. Le médecin m'a diagnostiqué une allergie au gluten,
e. Je porte un masque,
f. Je dois suivre un traitement antibiotique car
g. Je me suis brûlée en cuisinant,
h. Je dois rester alité,

1. je vais changer mon alimentation.
2. j'ai attrapé une bactérie.
3. j'ai vomi toute la nuit.
4. on m'a conseillé cette pommade calmante.
5. pour voir si j'ai du cholestérol.
6. mon rhume pourrait être contagieux.
7. j'ai de la fièvre et je tousse beaucoup.
8. pourtant je n'avais jamais eu la migraine.

2. Complétez le texte avec des mots de la liste en faisant les accords nécessaires : *ausculter – bénin – alité – patate – invalide – rétabli – pommade – hospitaliser – mal fichu – antibiotique – fracture*.

Arthur a été .... tout l'été à cause d'une bactérie. Il a dû rester .... pendant plusieurs semaines car il a été très fatigué. Cependant son état était quand même .... et il n'a pas dû être .... Son médecin lui a prescrit des .... Depuis qu'il est .... , il s'est remis au sport. Il a vraiment la ....

3. Entourez la bonne réponse dans les phrases suivantes.

a. Sara est allergique aux fraises, dès qu'elle en mange elle a des *vertiges / plaies / rougeurs* sur tout le corps.
b. Ces nouvelles chaussures ne sont pas du tout confortables, j'ai les pieds pleins *d'ampoules / de brûlures / de lésions*.
c. Il a eu un accident de la route et depuis, il est *mal fichu / invalide / souffrant*.
d. Après mon jogging, je prends *mon remède / mon pouls / ma tension* pour vérifier mon temps de récupération.
e. Elle est tombée de vélo et elle s'est *fracturé / brûlé / coupé* le tibia.
f. Hélène a été très malade. Elle va mieux mais elle doit rester chez elle car elle est encore *alitée / convalescente / rétablie*.
g. Anne n'était pas en forme, elle a consulté son médecin qui lui a *diagnostiqué / prescrit / analysé* un traitement pour la tension.

4. Retrouvez les verbes correspondants aux mots suivants.

a. une hospitalisation : ....
b. une prescription : ....
c. un examen : ....
d. une auscultation : ....
e. un diagnostic : ....

Grammaire

▶ La mise en relief — p. 126

1. Reliez les éléments.

a. C'est aux fruits secs
b. C'est de manger de la glace
c. C'est à Barcelone
d. C'est à Ursula
e. C'est en automne
f. C'est le pharmacien

1. dont rêvait ma mère quand elle était hospitalisée.
2. qu'on a conseillé de se faire opérer du genou.
3. que le virus de la grippe circule le plus.
4. qui m'a conseillé de prendre de la vitamine C.
5. que Jérémy va voir un spécialiste de la main.
6. que Patrick est allergique.

2. Complétez le texte avec *ce que*, *ce qu'il*, *ce qui*, ou *ce dont*.

Aux urgences de l'hôpital, il y a toujours énormément de monde. Mario travaille à l'accueil et .... aime particulièrement, c'est le contact avec les gens, patients et soignants. Charlotte est médecin. Elle aime son travail, mais .... la fatigue le plus, ce sont les gardes de nuit. Par contre, ... elle est fière, c'est de sauver des vies. Akim est infirmier depuis plus de 30 ans. Pour lui, le plus important .... les équipes de soignants s'entendent bien pour mieux supporter la pression.

3. Transformez les phrases pour les mettre en relief comme dans l'exemple.

Exemple : C'est important d'être en bonne santé. → Ce qui est important, c'est d'être en bonne santé.

a. C'est essentiel d'avoir un bon système de santé.

b. On ne dit pas assez qu'il faut manger des légumes en hiver.

c. On a vraiment besoin de faire plus de prévention contre les addictions.

d. Je trouve intolérable de ne pas trouver de médecin à proximité.

e. On ne parle pas assez de la santé au travail.

f. Il faudrait proposer un meilleur suivi médical pour les personnes âgées.

4. Transformez les phrases pour mettre en relief l'élément souligné.

Exemple : Il est revenu <u>de chez le médecin</u>. → C'est de chez le médecin qu'il est revenu.

a. Je confie mes problèmes de santé <u>à mes sœurs</u>.

b. J'ai découvert les plantes médicinales <u>grâce à ma tante Catherine</u>.

c. Il est devenu infirmier <u>malgré l'avis de ses parents</u>.

Grammaire

d. Nous avons décidé de manger plus de légumes <u>pour être en meilleure santé</u>.

....

e. Sophie ne peut plus faire de sport <u>à cause de ses problèmes de dos</u>.

....

f. Christine n'est plus déprimée <u>depuis qu'elle suit une thérapie</u>.

....

g. Mon père prépare ses tisanes <u>en surveillant la température de l'eau</u>.

....

h. Je cherche un remède pour mes allergies <u>depuis des années</u>.

....

5. Répondez aux questions comme dans l'exemple.

Exemple : Qui va m'ausculter ? (*la docteure Bensaïd*) → C'est la docteure Bensaïd qui va vous ausculter.

a. Quand viendrez-vous en consultation ? (*la semaine prochaine*)

....

b. À qui est-ce que je dois donner mes résultats d'analyse ? (*à l'infirmier*)

....

c. Comment je dois mettre la pommade ? (*de cette manière*)

....

d. Pour quelle raison avez-vous arrêté votre traitement ? (*en raison des effets secondaires*)

....

e. Qui m'emmènera à l'hôpital ? (*un ambulancier*)

....

f. Quel sport pratiquez-vous pour rester en forme ? (*de la marche nordique*)

....

g. De quoi avons-nous besoin dans la trousse à pharmacie ? (*d'un thermomètre*)

....

6. Répondez librement aux questions en utilisant une structure de mise en relief.

Exemple : Qu'est que vous préférez lire ? → Ce sont les livres sur la santé que je préfère lire.

a. Qui viendrait vous voir si vous étiez hospitalisé(e) ?

....

b. Quand avez-vous commencé à apprendre le français ?

....

c. Comment a-t-elle réussi sa première année de médecine ?

....

d. De quelles maladies avez-vous peur ?

....

e. Pour quelle raison lui a-t-on recommandé de faire de l'exercice physique ?

....

Phonétique

▸ Les sons ch [ʃ], j [ʒ], s [s], z [z]

Repérage

🔊 27 1. Écoutez les phrases et dites si vous entendez ch [ʃ], j [ʒ], s [s] ou z [z]. Dans quels mots ?

	J'entends le son :				Dans les mots :
	[ʃ]	[ʒ]	[s]	[z]	
a.	☐	☐	☐	☐	....
b.	☐	☐	☐	☐	....
c.	☐	☐	☐	☐	....
d.	☐	☐	☐	☐	....
e.	☐	☐	☐	☐	....
f.	☐	☐	☐	☐	....
g.	☐	☐	☐	☐	....
h.	☐	☐	☐	☐	....

Entraînement

🔊 28 2. Écoutez ces phrases puis répétez-les.

- **a.** J'aime les chats mais j'y suis allergique.
- **b.** Où as-tu rangé le chéquier et le carnet de santé ?
- **c.** Ces symptômes ne sont pas très gênants.
- **d.** Isabelle est intolérante au fromage ?
- **e.** Ce spécialiste de la digestion m'a donné rendez-vous pour jeudi soir.
- **f.** J'ai chaud ! Jusqu'à quelle heure va-t-on attendre ?
- **g.** La zoologie est une autre approche de l'anatomie.
- **h.** Jean cherche un emploi d'aide-soignant.
- **i.** En médecine, on ne juge jamais l'attitude des patients.

Dictée phonétique

🔊 29 3. Écoutez l'enregistrement, écrivez les phrases, puis vérifiez l'orthographe page 162.

a. ....
b. ....
c. ....
d. ....
e. ....
f. ....
g. ....
h. ....

Compréhension orale

L'allergie au soleil

 30 Écoutez l'enregistrement et répondez aux questions.

Compréhension

1. La lucite est :
- ☐ **a.** une irritation.
- ☐ **b.** une inflammation.
- ☐ **c.** une brûlure.

2. La lucite estivale bénigne est la lucite la plus :
- ☐ **a.** grave.
- ☐ **b.** fréquente.
- ☐ **c.** étrange.

3. Quelles sont les personnes les plus touchées par la lucite estivale ?
....

4. Les informations suivantes sont-elles vraies ou fausses ?

a. L'allergie au soleil se déclare en général quelques heures après une exposition.
☐ Vrai ☐ Faux

b. L'allergie concerne surtout les parties du corps souvent exposées au soleil.
☐ Vrai ☐ Faux

c. L'éruption atteint souvent le visage.
☐ Vrai ☐ Faux

d. L'allergie disparaît au bout de quelques jours.
☐ Vrai ☐ Faux

5. Que doit-on faire pour éviter la lucite ?
....
....

Vocabulaire

6. Que signifient les expressions en gras ?

a. L'éruption **s'atténue**.
....

b. L'allergie peut **persister** pendant toute la durée du séjour.
....

c. La lucite **récidive**.
....

d. Cette réaction est **bénigne**.
....

Production écrite

Lisez le texte et répondez aux questions.

> De nombreuses personnes utilisent aujourd'hui des objets connectés pour leur santé (tensiomètre, balance, montre…). Les applications à usage médical rendent la santé de plus en plus mobile et connectée. On peut ainsi faire des examens médicaux ou poser des diagnostics à distance. Que pensez-vous de ces nouveaux outils ? Est-ce un progrès pour la médecine et les soignants selon vous ? Les nouvelles technologies modifient-elles la relation médecin-patient ?

Exprimer votre point de vue sur le forum doctissimo.fr.

1 Charades. Qu'est-ce que c'est ?

a. Mon premier est une note de musique. ....
Mon deuxième est le contraire de rapide. ....
Mon troisième est un pronom sujet de la première personne du singulier. ....
Mon tout est une partie d'un doigt. ....

b. Mon premier est une boisson très consommée dans le monde entier. ....
Mon deuxième est un style de musique très apprécié de nos jours. ....
Mon troisième est une lettre grecque et un nombre utile en maths (3,14). ....
Mon tout est un traitement en général psychologique. ....

2 Retrouvez ce que dit Ursula à son médecin.

a	b	c	d	e	f	g	h	i	j	k	l	m
⊠	↑	~	☐	=	#	@	◀	⊥	>	○	↔	♣

n	o	p	q	r	s	t	u	v	w	x	y	z
☼	&	γ	Φ	↓	♥	☺	%	◊	♠	+	£	♪

" >'⊠⊥ %☼=   ♥⊠~↓==
☐&%↔= %↓ ⊠
↔'=♥☺&♣⊠~.

◊&%♥   γ&%◊=♪ ♣=
γ↓=♥~↓⊥↓= %☼
↓=♣=☐= ?

....
....
....

3 Complétez la grille en vous aidant des définitions et retrouvez l'expression mystère.

1. Partie du visage qui se trouve sous l'œil.
2. Poils au menton.
3. Partie colorée de l'œil.
4. Petit os du genou.
5. Manière de marcher.
6. Os qui retient le bras.
7. Os de la partie inférieure de la jambe.
8. Os qui ferme la cage thoracique.
9. Organe de la pensée.
10. Os de la colonne vertébrale.
11. Couvre les yeux quand on les ferme.

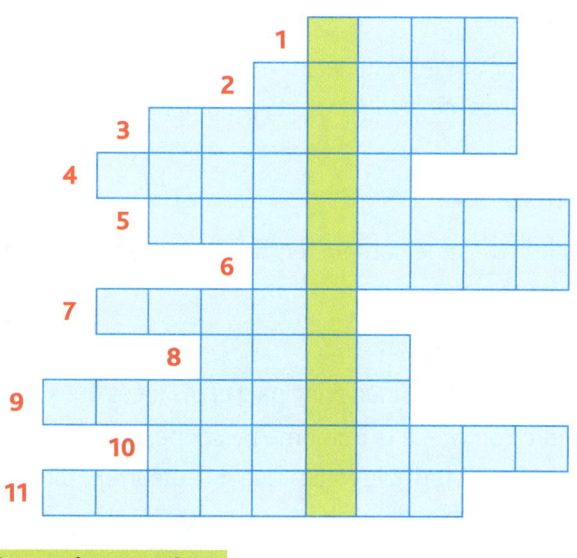

Expression mystère : ....

4 En bonne santé !

Un joueur A choisit un thème en rapport avec la santé parmi les 4 proposés et établit une liste de 3 ou 4 conseils à suivre. Les autres joueurs interrogent le joueur A pour deviner les conseils.

L'alimentation – La sédentarité – Le sommeil – Le soleil en été.

FICHE MÉTHODOLOGIQUE / 4

Rédiger un compte rendu

⇢ pour rapporter à l'écrit un texte en mettant en relief l'idée principale et toutes les idées qui s'y rapportent.

Le compte rendu ne suit pas systématiquement l'ordre du texte et rend compte à la troisième personne des pensées de l'auteur(e). L'objectivité reste de rigueur.

A. Comment faire ?

1. Bien **observer** le texte :
- Quelle est la nature du texte (journalistique, littéraire, administratif, etc. ?)
- A-t-il un titre ? Un sous-titre ? Comporte-t-il des paragraphes ?

Exemple : La nature du texte du document D de l'unité 7 est : un article de presse. Le chapeau est le premier paragraphe en gras, de la ligne 1 à 4. Il y a cinq paragraphes dans le texte.

2. Faire une **lecture globale** :
- Quelles indications donnent le titre et les sous-titres ?
- Quel est le sujet / l'idée dominante du texte ?
- Comment le texte est-il structuré ?

Pendant cette première lecture, ne prenez pas de notes.

Exemple : Dans le document D de l'unité 7, le titre donne le mot-clé du sujet de l'article : le multilinguisme. Le sujet est le renouvellement de l'auditoire de RFI en misant sur le multilinguisme.

3. Faire une **lecture analytique** :
- Le texte comporte-t-il des **connecteurs** ? Soulignez-les et indiquez leur valeur (cause, conséquence, etc..). Cela vous aidera pour comprendre la logique du texte.
- Repérer le **champ lexical** (l'emploi de mots ou d'expressions autour d'un même thème).

Pendant cette phase, vous prendrez des notes au brouillon : faites deux colonnes pour noter, à gauche, les mots ou phrases-clés du texte et, à droite, leur reformulation, c'est-à-dire les informations ou idées contenues dans ces phrases-clés.

Exemple : Dans le document D de l'unité 7, on trouve les connecteurs quand, car, même si… On trouve également le champ lexical de la radio : émet, programme, auditoire, écouter, RFI, journaliste, le journal, la rédaction, l'info…

B. À votre tour !

Vous allez rédiger le compte rendu d'un texte de l'unité 8. Votre compte rendu fera le tiers de la longueur du texte que vous avez choisi.

Pour ce faire, vous allez :
- mettre en relief l'idée principale et les idées qui s'y rapportent ;
- rendre compte, à la troisième personne, de la pensée de l'auteur(e) du texte, en utilisant des formules telles que « l'auteur(e) affirme que… pense que… », tout en restant objectif.

Conseil : ne suivez pas obligatoirement l'ordre du texte et ne recopiez pas des phrases intégrales.

> **» Remarque**
>
> Pour faire des transitions, vous aurez besoin de connecteurs. Vous pourrez vous aider du tableau des connecteurs de l'unité 1, page 20 du livre de l'élève.

Unité 9

La richesse en partage

Grammaire

▸ Le passif

 p. 134

1. Répondez aux questions en utilisant la forme passive.

Exemple : Vous avez déjà envoyé les invitations pour l'exposition ?
→ Oui, les invitations pour l'exposition ont déjà été envoyées.

a. Monsieur Lupin va publier un article sur notre tiers lieu ?
....

b. Madame Hugo lui a donné des conseils pour gérer les conflits ?
....

c. Arthur organisera une réunion la semaine prochaine ?
....

d. Guy vient de fermer la maison de la culture du village ?
....

e. Nous les avions prévenus que le projet était subventionné ?
....

2. Complétez les phrases avec *par* ou *de* selon le sens.

a. Le bâtiment de la mairie a été conçu ………….. un jeune architecte.
b. J'ai été surpris ………….. l'attitude d'Angela pendant l'assemblée.
c. Notre leader est admiré ………….. tous les membres de l'association.
d. La cérémonie d'ouverture a été suivie ………….. de nombreux téléspectateurs.
e. L'attachée culturelle est appréciée ………….. tous.

3. Dans les phrases suivantes, soulignez les verbes qui ont un sens passif.

a. Les ateliers sur le vivre-ensemble se développent ces derniers temps.
b. Ils se sont rencontrés dans le métro et ils se sont plu tout de suite.
c. Un espace détente se créera bientôt au tiers lieu de Versailles.
d. Xavier s'est spécialisé dans la gestion de conflits.
e. La mairie s'est vraiment modernisée cette année.

cent sept | 107

Grammaire

4. Reformulez les phrases au passif comme dans l'exemple.

Exemple : On ne finance pas une association sans subventions. → Une association, ça ne se finance pas sans subventions.

a. On n'invente pas le vivre-ensemble.
....

b. Il ne peut pas refuser le prix Nobel.
....

c. Un musée ne peut pas emmagasiner des œuvres d'arts, il doit les exposer.
....

d. Un budget doit être géré sérieusement.
....

e. On ne peut pas faire des reproches injustifiés.
....

5. Mettez le texte suivant au passif. Utilisez un verbe pronominal à sens passif quand cela est possible.

La mairie a fermé le tiers lieu

Le projet de tiers lieu de Mont-sur-Lie a été terminé. Les bénévoles ont été lassés de ne pas recevoir de soutien des autorités locales. L'association avait accumulé les dettes et ne gérait pas bien le budget. En plus, on avait largement entendu les plaintes du voisinage. On aurait pu régler les conflits avec un bon médiateur, mais les membres ne partageaient plus l'énergie du début.

6. Complétez les phrases en utilisant les formes passives *se faire*, *se laisser*, *se voir* ou *s'entendre* conjuguées au passé composé.

a. Je .... faire un nouveau passeport.

b. Les jeunes de moins de 18 ans .... refuser l'entrée du tiers lieu.

c. Elles .... remarquer au conseil municipal.

d. Lucas .... dire qu'il n'avait pas les compétences requises.

e. Viviane .... séduire par cette publicité.

f. Il .... couper les cheveux pour ce travail.

Vocabulaire

▶ Le vivre-ensemble — p. 136

1. Complétez le texte avec des mots de la liste en mettant au pluriel si nécessaire : *bureau – décoration – loyer – plancher – chez-soi – accueillir – héberger – domicile – carton – designer – architecte – cohabiter – studio – surface – bâtiment – plafond.*

Ève vient de trouver un appartement dans le centre de Marseille. Elle va pouvoir enfin habiter seule, avoir son propre ...., elle en avait assez de devoir .... avec d'autres personnes. Le logement n'a pas une .... très grande, mais c'est quand même un deux pièces, elle pourra donc .... ses amis en visite dans son salon. Le loyer est un peu cher, mais elle a vraiment été séduite par la hauteur de ...., le .... en bois et surtout le .... ancien. Elle est impatiente de poser ses .... Elle imagine déjà comment sera la ...., elle se demande même si elle ne va pas faire appel à un ....

2. Barrez l'intrus dans chaque série de mots.
   a. le lieu de culte – le couvent – le manoir – le presbytère
   b. le studio – la maison – le garage – la demeure
   c. rendre visite – héberger – accueillir – recevoir
   d. le café – l'épicerie – le théâtre – la maison de retraite
   e. la collectivité – le compagnon – la coopération – l'entraide
   f. la bénévole – la militante – la sympathisante – la bonne volonté

3. Retrouvez dans le nuage de mots ceux qui correspondent aux définitions suivantes.

> *convivialité   inclusif   territoire   coopération   commun   cantine   covoiturage   entraide   collectivité   rencontre   association   politesse   catégorie   volonté*

   a. Caractère chaleureux des relations entre les personnes dans un groupe : ....
   b. Soutien mutuel : ....
   c. Qui intègre au groupe : ....
   d. Action de participer à une œuvre commune : ....
   e. Partage d'un véhicule pour un trajet donné : ....
   f. Groupe de personnes réunies par un intérêt commun ou habitant un même lieu : ....

4. Entourez le mot correct dans les phrases suivantes.
   a. Ce qui fait marcher une association, ce sont *les bonnes volontés / le bien commun*.
   b. Dans cette association, ce sont les *bénévoles / sympathisants* qui organisent les activités culturelles.
   c. Favoriser l'égalité de chances permet de construire *une société inclusive / un espace commun*.
   d. Il faut prendre en compte *la place publique / l'impact territorial* des associations.
   e. Dans ce tiers lieu, les bénévoles mangent ensemble à *la cantine / dans un fablab*.
   f. Cette photographe a terminé son projet dans une résidence *d'artiste / caritative*.

Vocabulaire

5. Reliez les éléments.

a. Nicolas ne m'a pas prévenu de sa visite,
b. Marcel était fatigué,
c. François est revenu de son long voyage,
d. Christian a enfin trouvé un appartement,
e. Évite d'inviter Martin,
f. Cyril s'ennuie chez lui,

1. il était content de rentrer dans ses pénates.
2. il a pu poser ses cartons.
3. il reste toute la journée entre ses quatre murs.
4. il a pris congé et il est parti tôt.
5. il a débarqué à l'improviste.
6. il prend vraiment trop ses aises.

6. Complétez les phrases suivantes avec des verbes de la liste et conjuguez-les au temps ou à la forme correct(e) si nécessaire : *accueillir – embarrasser – prévenir – rendre visite – se comporter – faire*.

Quelques règles de savoir-vivre pour favoriser la convivialité

Si vous voulez .... chaleureusement chez vos amis, suivez les conseils suivants.

a. .... de votre visite, votre hôte n'appréciera par forcément de vous voir débarquer à l'improviste.

b. Faites des compliments sur la décoration et la cuisine, les critiques .... votre hôte.

c. Soignez vos manières à table, ne .... pas comme un cochon si vous voulez être à nouveau invité.

d. Quand votre hôte vous dit de « .... comme chez vous », l'expression n'est pas à prendre au pied de la lettre. Il ne s'agit pas de prendre ses aises comme si vous étiez vraiment chez vous.

e. Si vous .... régulièrement à vos amis, invitez-les aussi chez vous pour leur rendre la pareille.

7. Donnez les mots correspondant aux définitions suivantes.

a. Très grande maison, souvent ancienne, entourée de terres : ....
b. Lieu de résidence pour personnes très âgées, qui ne peuvent plus vivre seules : ....
c. Somme d'argent que l'on doit payer à la copropriété : ....
d. Petit appartement d'une seule pièce : ....
e. Personne avec qui l'on vit sans être en couple : ....
f. Caractère d'une collectivité qui s'organise elle-même : ....
g. Lieu où on prend ses repas en commun : ....
h. Recevoir une personne chez soi pour la nuit : ....
i. Somme d'argent que l'on doit verser tous les mois au propriétaire quand on est locataire : ....
j. Groupement de personnes qui se réunissent dans un but précis : ....

Vocabulaire

▸ Les quantités

 p. 140

1. Dans les phrases suivantes, relevez les quantités précises et celles qui sont imprécises.

   a. Il y avait une dizaine de personnes à la réunion.
   b. Nous avons tout juste doublé nos effectifs de bénévoles cette année.
   c. Mon nouvel appartement a une surface de 35 mètres carrés.
   d. Chaque année, à la fête des voisins, ma voisine nous invite à boire un thé avec un nuage de lait.
   e. La station de métro se trouve à environ 2 kilomètres.
   f. Il ne reste aucune place de libre dans la salle des fêtes.
   g. Sophie ? Elle est jeune pour être bénévole, elle n'a même pas la vingtaine.

Quantités précises	Quantités imprécises

2. Complétez les phrases en conjuguant les verbes *additionner*, *ajouter*, *diviser*, *multiplier* ou *soustraire*.

   a. On .... 10 euros de la part de l'association pour le cadeau de la directrice.
   b. .... 60 à 100 et tu obtiens 40.
   c. Si on .... le nombre d'adultes et d'enfants, on arrive quand même à 50 invités.
   d. Pour calculer ce que chacun devait payer, nous .... l'addition par cinq.
   e. Il n'y avait pas assez à manger, si j'avais mieux prévu, j'........................... les quantités par deux.

3. Entourez la bonne réponse dans les phrases suivantes.

   a. Nous avons reçu une *masse / cascade* de compliments pour notre concert.
   b. Je n'ai pas bu *un soupçon / une goutte* d'eau de toute la journée.
   c. Nina a eu *un tas / une ribambelle* de problèmes pendant son voyage en Europe.
   d. Il y avait *une flopée / un déluge* d'enfants au parc.
   e. Avec la crise, les touristes *se raréfient / pullulent* dans la région.

4. Retrouvez l'unité de mesure dont il est question dans les phrases suivantes.

   a. Pour calculer la quantité de liquide dans une recette de cuisine, on parle en ....
   b. Pour décrire un logement, on donne sa surface en ....
   c. Pour se rendre compte du poids d'un véhicule comme une voiture, on parle en ....
   d. Pour donner le tarif du bois de chauffage, on parle du prix en ....
   e. Pour se rendre compte de la taille d'une ville, on parle de sa surface en ....

Grammaire

▶ L'expression de la proportion — p. 142

1. Reliez les éléments.

a. La plupart des associations
b. Une minorité de bénévoles
c. La moitié des jeunes de moins de 25 ans
d. Les trois quarts des Parisiens
e. La plupart du personnel
f. Le dixième des usagers

1. utilisent les transports en commun.
2. n'est pas satisfait des conditions de travail.
3. se plaint de la qualité des transports.
4. fonctionne avec des bénévoles.
5. s'engage par ennui.
6. a déjà fait du covoiturage.

2. Complétez les phrases avec les expressions de la liste et en fonction des informations données dans le schéma : *les deux tiers – 10 % – plus d'un tiers – une minorité – environ le tiers.*

a. .... des séniors cherchent à payer moins cher et à se sentir moins seuls.
b. .... de séniors vit en colocation pour bénéficier d'un espace plus grand.
c. .... des personnes interrogées déclare vouloir faire des économies dans le budget logement.
d. .... est intéressé par le côté pratique de la colocation.
e. .... se sentent seuls et trouvent dans la colocation un moyen d'y remédier.

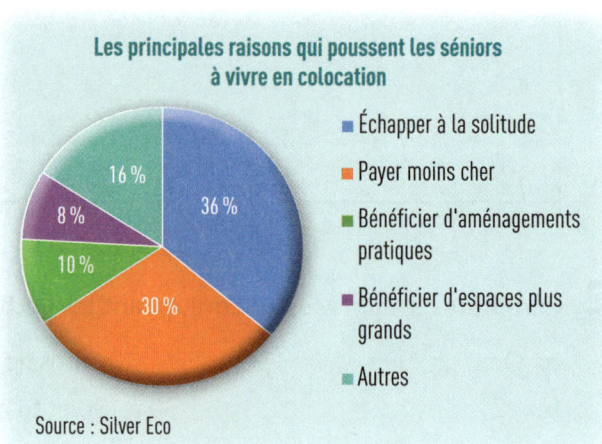

3. Conjuguez les verbes entre parenthèses au présent.

a. La plupart des gens .... la convivialité. (*apprécier*)
b. La plupart de mon travail .... à faire des recherches sur Internet. (*consister*)
c. Les Français veulent une société inclusive, la plupart .... en faveur de cette idée dans le sondage. (*se prononcer*)
d. Dans le questionnaire, la plupart des questions .... sur le vivre-ensemble. (*porter*)
e. En général, la plupart de mon temps .... entre des réunions et des appels à des clients. (*se répartir*)
f. La plupart du pays .... favorable à une simplification des démarches administratives. (*être*)

4. Complétez les phrases avec *une* ou *la* selon le cas.

a. .... minorité de Français s'engage vraiment dans une association.
b. En France, ... grande majorité de gens reconnaissent le travail des ONG.
c. Le maire ne comprend pas que .... majorité des habitants ne soient pas satisfaits de sa politique.

Grammaire

d. Le droit à une bourse d'étude concerne .... minorité d'étudiants.

e. .... majorité des Européens aimeraient voir se réduire les inégalités sociales.

f. Dans la manifestation, il y avait .... majorité de jeunes précaires.

g. Il faut prendre en compte .... majorité des gens qui n'ont pas voté.

h. .... majorité des citoyens à l'origine d'initiatives solidaires sont des personnes actives.

5. Entourez la bonne réponse et justifiez votre choix.

a. La moitié du pays *a déclaré* / *ont déclaré* être contre le projet de référendum.

b. Les frigos solidaires sont un succès, le tiers *a* / *ont* été installé(s) pendant l'hiver.

c. Les neuf dixièmes des bénévoles *sont* / *est* des femmes.

d. Le pays sera coupé en deux demain, 40 % *va* / *vont* être sous la pluie.

e. Le quart des étudiants *veut* / *veulent* s'engager dans un projet solidaire.

f. La quasi-totalité des étrangers qui demandent la nationalité française *vit* / *vivent* déjà en France.

g. La majorité *s'est* / *se sont* exprimée(s) lors du vote.

h. La totalité de la somme collectée *sera* / *seront* reversée(s) à des personnes dans le besoin.

i. Un cinquième des enfants de l'école ne *mange* / *mangent* pas à la cantine.

j. 18,75 % des livres vendus dans notre librairie *traite* / *traitent* de la culture française.

Phonétique

▸ Les sons f [f], v [v], p [p], b [b]

Repérage

🔊 31 1. Écoutez les phrases et dites si vous entendez f [f], v [v] ou b [b]. Dans quels mots ?

	J'entends le son :			Dans les mots :
	[f]	[v]	[b]	
a.	☐	☐	☐	....
b.	☐	☐	☐	....
c.	☐	☐	☐	....
d.	☐	☐	☐	....
e.	☐	☐	☐	....
f.	☐	☐	☐	....

Entraînement

🔊 32 2. Écoutez ces phrases puis répétez-les.

   a. Ce n'est pas facile de se retrouver tous ensemble.
   b. La convivialité, c'est vraiment important.
   c. Il y des appartements à vendre dans cette partie de la ville ?
   d. Mon père vient de refaire le plancher de sa baraque.
   e. Cet architecte a fait un triomphe au festival du logement partagé.
   f. Les frigos solidaires sont nombreux en Finlande.
   g. La fête des voisins a effectivement lieu en février.
   h. Il y a vingt-neuf enfants dans ce foyer parisien.
   i. J'ai fait comme chez moi en prenant un bain.
   j. On a baptisé cette place du nom d'un philosophe célèbre.

Dictée phonétique

🔊 33 3. Écoutez l'enregistrement, écrivez les phrases, puis vérifiez l'orthographe p. 163.

   a. ....
   b. ....
   c. ....
   d. ....
   e. ....
   f. ....
   g. ....
   h. ....

Compréhension écrite

Lisez ce document et répondez aux questions.

Vie de bureau : la politesse, du carburant pour le business

Savoir-vivre. Être poli au travail favoriserait la performance car la politesse permet aux salariés de bien vivre ensemble. Il ne s'agit pas de se sentir aimé, mais respecté.

« La politesse au travail, un axe de performance » titrait, au printemps dernier, eurecia.com, le site spécialisé dans les ressources humaines. Savoir bien se tenir au travail serait source de rentabilité pour nos entreprises. Tiens donc, comment un « bonjour », des « je vous en prie, passez devant » et des « merci » peuvent-ils fournir du carburant à la réussite ? « Parce que respecter des règles de politesse permet de faire cohabiter en harmonie des salariés. Une entreprise est une microsociété. Toute société a besoin de règles de vie sociales et rituelles pour progresser », note Dominique Picard, psycho-sociologue.

Signifier du respect

Un collectif poli garantirait un climat propice aux bonnes affaires, ce que confirme une étude du cabinet Eléas. Dans une enquête de 2015, 75 % des salariés déploraient les incivilités au travail limitant leur efficacité.

Baisse de motivation, de concentration, perte de confiance en soi… Excès de susceptibilité ? Pas vraiment, comme l'expliquait alors Xavier Alas Luquetas, le président d'Eléas : « Contrairement à d'autres formes de violences au travail, dont elles sont parfois annonciatrices, les incivilités sont moins spectaculaires, mais n'en constituent pas moins, par répétition, une pression insidieuse. »

Car qui dit politesse, dit faire attention à l'autre, à « le reconnaître, à lui montrer notre intérêt », ajoute Dominique Picard. Combien de salariés en burn-out se sont souvent sentis transparents, donc niés dans leur identité et leur compétence professionnelle… « Regardez d'ailleurs le glissement sémantique observé sur la politesse : elle est devenue de plus en plus synonyme de respect. » Alors même si, parfois, la politesse est supposée hypocrite, elle permet de réguler et de lisser les contacts sociaux. « La politesse, ce ne sont pas des règles pour garantir sincérité et authenticité, cela sert surtout l'efficacité. » Faire la bise ou serrer la main de ses collègues le matin, ce n'est pas pour leur quémander de l'amour, mais juste leur signifier du respect.

Certaines entreprises ont ainsi mis en place des chartes dites de courtoisie pour neutraliser les ambiances délétères. Première recommandation de l'une d'entre elles : « Dire bonjour en arrivant, au revoir en partant, un simple geste de la main pouvant suffire. »

Valérie Parlan, *Ouest France*, 3 février 2020.

Compréhension écrite

Compréhension

1. Dans cet article, il est question :

- ☐ **a.** du rôle des entreprises dans les problèmes d'incivilité de la société.
- ☐ **b.** de la politesse comme moyen d'améliorer la rentabilité des entreprises.
- ☐ **c.** des problèmes de violence quotidiennes dans les entreprises.

2. Pour être plus performants, les employés devraient :

- ☐ **a.** être estimés de leurs collègues.
- ☐ **b.** travailler avec des personnes qu'ils apprécient.
- ☐ **c.** apprendre à mieux connaître leurs collègues.

3. D'après Xavier Alas Luquetas, le président d'Eléas, l'impolitesse au travail est :

- ☐ **a.** à considérer au même niveau que les autres formes de violences.
- ☐ **b.** est un mécanisme à répétition qui constitue la forme de violence la plus fréquente.
- ☐ **c.** quelques fois un signe avant-coureur de violences plus graves.

4. D'après Dominique Picard, psycho-sociologue, la courtoisie permet aux salariés :

- ☐ **a.** de se sentir compétents.
- ☐ **b.** de se sentir reconnus.
- ☐ **c.** de se sentir importants.

5. Les informations suivantes sont-elles vraies ou fausses ? Justifiez votre réponse en citant un passage du texte.

a. Le journal *Ouest France* a fait une enquête dans plusieurs entreprises.   ☐ V ☐ F

....

b. Le mot de « politesse » tend à devenir un synonyme de « respect ».   ☐ V ☐ F

....

c. Un geste de la main n'est pas une manière polie de dire bonjour ou au revoir.   ☐ V ☐ F

....

d. Certaines entreprises encouragent leurs employés à être plus polis.   ☐ V ☐ F

....

Vocabulaire

6. Remplacez les mots en italique par un synonyme.

a. Un collectif poli garantirait un climat *propice* aux bonnes affaires : ....

b. 75 % des salariés *déploraient* les incivilités au travail : ....

c. Serrer la main de ses collègues, ce n'est pas pour leur *quémander* de l'amour : ....

d. Des chartes dites de courtoisie pour neutraliser les ambiances *délétères* : ....

Production orale

À partir du document suivant, vous exposerez votre point de vue de manière argumentée. Puis vous prendrez position et défendrez votre opinion si nécessaire.

Bénévolat : avantages et inconvénients

À première vue, l'engagement bénévole semble ne présenter que des bénéfices : pour le bénévole et pour la collectivité. N'est-on pas supposé donner en retour de ce que la société nous apporte ? Il est pourtant utile de réfléchir aux pièges ou mauvaises surprises du bénévolat avant de vous lancer.

AVANTAGES

- ✓ **C'est gratifiant :** c'est un travail non rémunéré, mais l'intérêt est plus personnel voire émotionnel que financier.

- ✓ **Cela améliore la santé physique et mentale :** surtout pour les personnes âgées.

- ✓ **On apprend à tous les âges de la vie :** on découvre ses compétences, on se forme à de nouvelles tâches.

- ✓ **On se fait des amis :** on rencontre de nouvelles personnes, on crée des liens durables avec des gens différents de nous.

INCONVÉNIENTS

- ✓ **Un engagement en temps fixé dès le départ :** informez-vous du temps que cette activité nécessite et indiquez dès le départ combien de temps vous pouvez y consacrer.

- ✓ **Mesurez votre implication personnelle :** l'implication émotionnelle peut être enrichissante, mais un trop grand engagement peut avoir des conséquences sur votre vie privée ou professionnelle.

- ✓ **La frustration :** un engagement complet, mais peu mis en valeur par la collectivité, c'est frustrant...

Donnez votre point de vue sur l'activité de bénévole en prenant en compte les avantages et les inconvénients présentés dans le document. Utilisez l'encadré ci-dessous pour noter vos idées.

Jeux

1. Retrouvez les 8 mots cachés. Il y a un mot mystère, le découvrirez-vous ?

SOMME   HECTARE
KYRIELLE   DENUEMENT
TRIPLE   DOUZAINE
RIBAMBELLE   LONGUEUR

Mot mystère : ....

A	Q	Z	R	I	B	A	M	B	E	L	L	E	X
D	L	X	A	A	B	Y	W	I	W	T	D	X	C
F	O	X	R	S	O	M	M	E	J	S	E	N	T
M	N	G	S	V	U	G	J	A	Q	S	N	B	N
B	G	J	H	E	C	T	A	R	E	M	U	P	T
U	U	O	V	V	Q	W	C	E	R	V	E	W	R
I	E	D	O	U	Z	A	I	N	E	K	M	S	I
P	U	D	T	F	O	V	E	D	N	H	E	A	P
P	R	O	F	O	N	D	E	U	R	U	N	X	L
R	W	L	K	E	Q	Y	V	C	A	R	T	R	E
X	E	G	K	Y	R	I	E	L	L	E	Q	Z	O

2. Certains mots indiquant des quantités très grandes ou très petites ont un sens imagé. Retrouvez-les dans les expressions suivantes.

a. Une .... de papiers.

c. Une .... de détails.

b. Une .... de café.

d. Un .... de lait.

3. Reconstituez les mots à partir des syllabes proposées en vous aidant des définitions.

| plan | ger | tion | clu | trai | dé | sif | ber |
| de | ra | in | cher | co | en | hé | |

a. le contraire d'exclusif : ....
b. Le sol d'une maison : ....
c. Inviter chez soi : ....
d. Agencement intérieur destiné à être joli : ....
e. Aide mutuelle : ....

4. Le pendu.

À deux. Le joueur A choisit un mot sur le thème du logement et de la convivialité et trace un tiret par lettre. Le joueur B propose des lettres. Si la lettre se trouve dans le mot, A l'écrit sur le(s) tiret(s) correspondant(s). Si la lettre n'est pas dans le mot, A dessine un trait du pendu. B gagne s'il trouve le mot avant que le pendu soit terminé.

Bilan linguistique

.... / 40

Unité 8 Prenez soin de vous !

1. Complétez les phrases avec une expression de temps de la liste et faites les élisions nécessaires (chaque expression ne peut être utilisée qu'une seule fois) : *pendant que – une fois que – une fois – d'ici à ce que – avant de – avant que – après – après que – maintenant que – lorsque.* .... / 5

a. Yves avait tout le temps mal au ventre .... il comprenne qu'il était intolérant au lactose.

b. Josiane s'est sentie beaucoup mieux .... avoir été voir un masseur.

c. .... Samia fasse un régime sans sucre, les poules auront des dents !

d. Nous pouvons voyager dans cette partie du monde .... nous sommes vaccinés contre la fièvre jaune.

e. Nicole a pu rentrer chez elle .... son traitement terminé.

2. Reformulez les phrases en utilisant le procédé de la mise en relief (plusieurs reformulations sont possibles). .... / 5

Exemple : Tu dois te placer dans cette position pour ne plus avoir mal au dos.
  → C'est dans cette position que tu dois te placer pour ne plus avoir mal au dos.
  → C'est pour ne plus avoir mal au dos que tu dois te placer dans cette position.

a. Vous auriez besoin d'aller faire une cure dans une station thermale.
....

b. La chercheuse Séverine Cholet a découvert par hasard de nouveaux effets de cette plante.
....

c. On cherche un vaccin contre le paludisme depuis des années.
....

d. Irène a pu faire des études de médecine grâce à ses grands-parents.
....

e. Fatiha est partie au Brésil dans l'intention d'étudier des maladies tropicales.
....

3. Complétez le texte avec des mots de la liste : *l'estomac – les épaules – le crâne – le cœur – la mâchoire – les poumons – les traits – les vertèbres – les paupières.* .... / 5

Armelle serre trop les dents la nuit et elle a vraiment mal à .... En plus, elle a .... en compote parce qu'elle est assise toute la journée à son bureau. Sans compter que son voisin met la musique très fort et elle a .... qui va exploser. Elle regrette d'avoir trop mangé pendant les fêtes de Noël, maintenant elle a .... tout retourné. En fait, c'est pas la forme ! Ça se voit, elle a .... très fatigués.

4. Complétez les phrases avec un mot commençant par la lettre indiquée. .... / 5

a. Lavez-vous les mains pour éviter d'attraper des m .... !

b. Lucie ne pourra pas aller à son rendez-vous, elle est s ....

c. J'ai dû me mettre au lit, j'avais 39 °C de f ....

d. Vous devez désinfecter cette p .... le plus vite possible.

e. Raphaël aimerait obtenir une c .... avec ce médecin mais il est très demandé.

Bilan linguistique

Unité 9 La richesse en partage

1. Reformulez les phrases avec un verbe pronominal à valeur passive. ..../5

    a. On peut visiter le vieux théâtre le matin.
    ....

    b. L'association a été organisée de manière autogérée.
    ....

    c. Je pense qu'on engagera les discussions avec la mairie la semaine prochaine.
    ....

    d. On ajouterait les dernières dépenses au budget annuel ?
    ....

    e. La situation financière de notre projet avait été réglée rapidement.
    ....

2. Conjuguez au présent les verbes entre parenthèses. ..../5

    a. La plupart des frigos solidaires (*se révéler*) .... être un grand succès.

    b. Les trois quarts des adhérents de l'association (*payer*) .... régulièrement leur inscription.

    c. Une minorité de personnes (*arriver*) .... à obtenir la nationalité française par rapport au nombre de demandes déposées.

    d. La plupart du pays (*se retrouver*) .... sous la pluie aujourd'hui.

    e. La totalité des papiers à fournir pour obtenir des subventions (*être*) .... des justificatifs de paiement.

3. Complétez le texte avec des mots de la liste : *bénévole – l'association – un couvent – un militant – l'entraide – accueillir – se rencontrer – se toucher – un compagnon – autogéré.* ..../5

Notre fablab est un endroit très spécial. Il est installé dans .... abandonné qui a été rénové. Nous pouvons y .... toutes sortes d'ateliers liés aux nouvelles technologies car le lieu est très grand. Ici, l'important c'est .... entre tous les participants, nous sommes tous solidaires les uns des autres ! L'espace est .... , les décisions sont prises lors d'assemblées auxquelles tous les membres sont invités à participer. Ils viennent pendant leur temps libre, chacun est ....

4. Reliez les éléments. ..../5

    a. un ensemble musical   **1.** une cascade
    b. une opération mathématique   **2.** en gros
    c. une grande quantité   **3.** un trio
    d. une quantité approximative   **4.** infime
    e. une petite quantité   **5.** soustraire

Unité 10

Parlez-vous français ?

Vocabulaire

▷ L'argot — p. 148

1. Reliez les expressions à leur équivalent en français standard et dites s'il s'agit de mots issus de l'argot, du verlan ou du parler jeune.

- **a.** la bagnole
- **b.** la teuf
- **c.** capter
- **d.** les pompes
- **e.** grave
- **f.** la tronche
- **g.** carotter
- **h.** chelou

- **1.** vraiment
- **2.** arnaquer
- **3.** louche
- **4.** les chaussures
- **5.** comprendre
- **6.** la voiture
- **7.** la tête
- **8.** la fête

2. Entourez le mot correct dans les phrases suivantes.

- **a.** Tu ne peux pas aller au boulot avec ce *froc / blaze* !
- **b.** J'ai rien *capté / bossé* au cours de français ce matin.
- **c.** Tu as fait zéro faute à la dictée *ouf / askip* ?
- **d.** Je me suis fait *chiller / carotter* en achetant ce portable.
- **e.** Cette fille, elle est vraiment *badass / archi*.
- **f.** J'ai oublié où j'ai garé ma *gratte / caisse*.

3. Réécrivez en français standard les phrases suivantes.

- **a.** Ta teuf a déchiré samedi, mais plein de meufs se sont tapé l'incruste.

- **b.** Après le taf, j'aime bien béqueter devant la télé.

- **c.** J'ai rencard avec un keum ce soir, il faut que je me lave les veuch.

- **d.** En général, le dimanche matin, je glande dans ma piaule.

cent vingt et un | 121

Grammaire

▶ Participe présent, gérondif et adjectif verbal — p. 150

1. Choisissez la bonne réponse entre participe présent et adjectif verbal dans les phrases suivantes.

   a. J'ai trouvé une expression en français standard *correspondant / correspondante* à ce mot d'argot.
   b. La traduction de ces mots familiers se trouve dans la colonne *suivant / suivante*.
   c. Les rédactions *excédant / excédantes* le nombre maximum de mots ne seront pas corrigées.
   d. J'ai trouvé mon voisin *suffoquant / suffocant* à l'entrée de l'immeuble.
   e. J'ai trouvé cette critique *choquant / choquante*.
   f. Le métier de correcteur est vraiment *fatigant / fatiguant*.
   g. Je n'ai pas trouvé Julien très *convainquant / convaincant* pendant son concours d'éloquence.
   h. Les personnes *résidant / résidentes* en France pourront participer au programme d'échange linguistique.
   i. Nous offrons un dictionnaire aux personnes *adhérant / adhérentes* à notre association de langue française.

2. Remplacez les énoncés soulignés dans les phrases suivantes par un participe présent ou un adjectif verbal.
   Exemple : Ces étudiants qui excellent iront loin. → Ces étudiants excellents iront loin.

   a. J'ai surpris mon fils qui chantait en allemand.

   b. C'est une enseignante qui a des exigences.

   c. Faites passer un test aux candidats qui prétendent parler couramment l'anglais.

   d. Les mois qui ont précédé mon concours, je me suis enfermée chez moi.

   e. C'est un diplôme qui équivaut à deux ans d'études de langues étrangères.

   f. Dans cette école, il n'y a que des gens qui enseignent par passion.

   g. Ces expressions québécoises qui diffèrent du français sont très imagées.

   h. C'est un orateur qui a beaucoup de talent.

   i. La semaine qui a suivi son intervention orale, il est parti en vacances.

   j. À cause de sa peur de parler en public, il refuse de faire des discours.

   k. Ne faites pas confiance aux gens qui savent très bien argumenter.

   l. Dans cette université internationale, il y a des professeurs qui parlent toutes les langues du monde.

Grammaire

3. Complétez les phrases avec un adjectif verbal ou un participe présent formé à partir du verbe entre parenthèses.

   a. La couverture de ce gros dictionnaire n'est pas vraiment .... (*résister*)

   b. Les élèves ont trouvé .... que l'enseignant soit interviewé à la télévision. (*surprendre*)

   c. Les manières de notre directrice sont .... (*révolter*)

   d. .... dans ses erreurs, elle ne progressera pas facilement. (*persister*)

   e. Michel a trouvé un appartement .... dans le quartier de son enfance. (*se trouver*)

   f. *L'Anomalie* de Hervé Le Tellier est un roman qui raconte une histoire .... (*étonner*)

4. Reformulez les gérondifs et les participes présents dans les phrases suivantes comme dans l'exemple.
   Exemple : Étant déjà bilingue, il n'a pas eu à étudier l'anglais à l'université.
   → Comme il était déjà bilingue, il n'a pas eu à étudier l'anglais à l'université.

   a. Cette entreprise cherche à recruter un traducteur parlant le japonais.

   b. Ayant déjà dépassé la quarantaine, il ne connaît rien au parler jeune.

   c. Ne cessant pas de parler familièrement, il a perdu ses chances d'obtenir ce poste de directeur.

   d. Manquant de vocabulaire, il a dû s'inscrire à un cours de remise à niveau en russe.

   e. N'arrivant pas à apprendre des mots d'argot, il s'est mis à écouter du rap.

   f. Même en restant trois ans dans le pays, il n'a jamais réussi à s'exprimer de manière fluide en allemand.

   g. Étant dyslexique, il fait beaucoup d'erreurs à l'écrit.

   h. C'est en prenant des cours de conversation qu'il a amélioré son accent en français.

5. Reformulez les phrases suivantes pour exprimer la relation de cause à effet avec un gérondif.
   Exemple : C'est grâce à la lecture de livres anciens que Delphine a appris des expressions idiomatiques.
   → Delphine a appris des expressions idiomatiques en lisant des livres anciens.

   a. Si Rachel veut perdre son accent du Sud, elle devra s'installer à Paris.

   b. Estelle a appris des mots d'allemand grâce à un voyage avec un groupe d'Autrichiens.

   c. Grâce à ses recherches sur Internet, Bruno a retrouvé son ancien professeur de français.

   d. L'enseignant sait si ses élèves ont progressé ou non quand il les évalue.

   e. Apprendre le jargon médical ne vous permettra pas de communiquer en anglais.

Grammaire

▸ Le participe passé et le participe composé — p. 154

1. Accordez si nécessaire les participes passés soulignés dans les phrases suivantes.

La langue française a été réformé....... en 1990. Il s'agissait surtout de rectifications orthographiques qui avaient été recommandé....... par le Conseil supérieur français de la langue française. L'Académie française en avait approuvé....... le principe à l'époque, mais s'était interrogé....... en 2016 sur la pertinence d'une orthographe jamais vraiment rentré....... dans l'usage. L'orthographe de 1990 est qualifié....... de nouvelle, contrairement à l'orthographe dit....... ancienne. Enseigné....... et inclus......... dans les programmes scolaires, la nouvelle orthographe peine à rentrer dans les habitudes de l'ensemble de la population.

2. Expliquez l'accord des participes passés dans les phrases suivantes.

   a. Vous ne faites pas d'erreurs d'accords en général, mais j'en ai trouvé beaucoup dans vos derniers mails.

   b. Elles se sont rappelé la règle du participe passé sans problème.

   c. Après avoir fait une dictée sans faute, ils se sont embrassés.

   d. Nous nous sommes fait corriger nos CV avant de les envoyer.

   e. Les règles d'orthographe que j'ai apprises plus jeune ne sont plus les mêmes qu'aujourd'hui.

   f. Vous vous êtes téléphoné pour vous souhaiter la bonne année ?

3. Mettez les verbes soulignés au passé composé et accordez le participe passé si nécessaire.

   a. Les dictionnaires que tu me prêtes m'aident beaucoup.

   b. Ils se demandent si les linguistes étaient sérieux.

   c. C'est la vérité sur mon niveau en orthographe qu'elle me dit.

   d. Des dictionnaires en papier, ça fait longtemps que je n'en vois plus.

   e. Nous nous faisons reprocher notre faible vocabulaire en anglais.

   f. Ses erreurs de syntaxes, je les lui fais souvent remarquer.

Grammaire

4. Formez des phrases avec un élément de chaque colonne.

a. Les étrangers	ayant critiqué	à l'étranger a une éloquence très originale.
b. L'étudiante	ayant été dépassé	traducteur, il est polyglotte.
c. Le sociologue	ayant étudié	en retard, elle n'a pas pu participer au concours d'éloquence.
d. Ce linguiste	ayant été critiquée	la grammaire française ne lui trouve aucune logique.
e. Le temps imparti	ayant réussi	par de nombreux enseignants, il faut la simplifier.
f. La candidate	ayant été formée	l'écriture inclusive n'en comprend pas les enjeux.
g. L'orthographe française	étant arrivée,	son concours est soulagée.
h. Cette avocate	ayant été	je dois interrompre votre intervention.

5. Complétez les phrases suivantes en mettant le verbe entre parenthèses au participe composé.

Exemple : Le nombre de demandeurs d'asiles **ayant augmenté**, la procédure administrative sera rallongée. (*augmenter*)

a. Les conférences TEDx .... beaucoup de succès, elles sont maintenant diffusées sur internet. (*avoir*)

b. L'écriture inclusive .... beaucoup de critiques, elle ne sera pas enseignée dans les écoles. (*recevoir*)

c. Le secteur de l'interculturel .... , j'ai décidé de changer de métier. (*se développer*)

d. Le monde .... globalisé, les langues étrangères sont essentielles dans les formations universitaires. (*devenir*)

e. L'anglais et le français .... en contact depuis toujours, il est normal qu'il y ait des emprunts d'une langue à l'autre. (*être*)

f. Les habitants .... dans la commune depuis moins d'un an sont invités au tiers lieu. (*s'installer*)

g. Déborah .... les formulaires pour demander la nationalité française, elle n'a plus qu'à les déposer à la préfecture. (*remplir*)

h. Les inégalités sociales .... , le gouvernement devra prendre des mesures fortes. (*s'aggraver*)

6. Complétez le texte en mettant les verbes entre parenthèses au participe passé ou au participe composé.

.... (*devenir*) un spécialiste de la linguistique française, James a eu l'occasion de retourner dans la ville où il avait étudié : Marseille. Fraîchement .... (*arriver*) des États-Unis et .... (*ne pas apprendre*) le français avant, il découvrait le quartier du vieux port avec émerveillement. .... (*publier*) un livre récemment, il était invité à s'exprimer lors d'une conférence .... (*consacrer*) à la réforme de l'orthographe. .... (*garder*) contact avec un de ses anciens professeurs et des amis linguistes de cette époque, il est sorti le soir même pour retrouver ses vieilles connaissances. .... (*enchanter*) de retrouver l'ambiance multiculturelle de Marseille, James n'a pas vu l'heure passer. .... (*se coucher*) très tard, il n'a pas entendu le réveil le lendemain et il n'est pas arrivé à l'heure pour la conférence. Il devra revenir à Marseille.

Vocabulaire

▸ Les langues vivantes — p. 156

1. Complétez les phrases avec des mots de la liste en mettant au pluriel si nécessaire : *néologisme – antonyme – connotation – homonyme – franglish – synonyme – nuance – jargon – anglicisme.*

Réinventer la langue française

Ces dernières décennies, on ne compte plus les .... dans tous les domaines, de la culture aux jeux, à la nourriture, etc., que les francophones ont adoptés. Finira-t-on par parler .... ? Non ! L'Office québécois de la langue française propose régulièrement des équivalents français, en particulier pour le .... informatique. Dernièrement, ce sont les mots « partage d'écran », « travail en mode hybride » ou la « nuagisation » qui ont été proposés aux usagers du français. Ces expressions ont une .... moins moderne qu'en anglais, mais il faut les adopter. C'est en enrichissant notre langue que nous pourrons mieux exprimer les .... de notre pensée. Soyons ouverts non seulement à la francisation des mots anglais, mais aussi aux .... poétiques ou non pour toujours mieux décrire la réalité qui nous entoure.

2. Complétez le texte avec les mots de la liste en accordant si nécessaire : *accroche – attention – argument – assurance – éloquence – discours – généralisation – transition.*

Pour s'exprimer en public avec aisance, il ne suffit pas d'avoir de l'...................., de ne pas avoir le trac. Si vous devez faire un ...., pensez à bien préparer vos notes. Il vous faut un schéma simplifié qui vous permettra de ne pas perdre le fil de votre argumentation. Imaginez une phrase d'.................... pour commencer. Vous captiverez l'.................... du public. Évitez les idées toutes faites et les ...., et soignez les .... pour aider votre public à suivre votre raisonnement. Étayez les .... pour être plus convaincant, c'est comme cela que vous montrerez que vous avez de l' ....

3. Reliez les éléments correspondants.

a. une accroche
b. une problématique
c. une transition
d. une anecdote
e. un développement
f. un questionnement

1. C'est l'exposé détaillé d'un sujet.
2. Elle consiste à faire le lien entre deux parties d'un raisonnement ou d'une argumentation.
3. C'est ce qui consiste à poser un ensemble de questions sur un problème.
4. C'est une phrase d'une publicité ou d'un article qui a pour but d'attirer l'attention.
5. C'est l'ensemble des questions posées par une situation ou un problème donné.
6. C'est un récit bref d'un fait particulier et qui est susceptible d'amuser.

Vocabulaire

4. Complétez les phrases avec le substantif correspondant aux verbes de la liste : *analyser – concevoir – déduire – démontrer – généraliser – synthétiser – reformuler.*

a. En mathématiques, on montre la valeur d'un raisonnement grâce à une .... rigoureuse.
b. Ton argumentation révèle une .... binaire de la réalité.
c. Avec toutes les informations données, je vais procéder à une .... approfondie de la situation.
d. Une .... de tes idées est nécessaire pour que ton explication soit plus claire.
e. Une bonne .... vous permettra de mieux structurer vos connaissances et de rendre votre propos plus cohérent.
f. Avec ce raisonnement, nous tirons des .... utiles pour prendre ensuite les décisions nécessaires.
g. Évitez les .... dans votre discours, les simplifications ne sont pas convaincantes.

5. Quel est le sens des mots soulignés dans les phrases suivantes ?

a. Au Québec, quand on a faim mais qu'on est pressé, on mange un sous-marin. ....
b. Même en Suisse, manger une chiclette en classe, ce n'est pas très poli. ....
c. J'ai rencontré une fille belge exceptionnelle, j'en suis complètement bleu. ....
d. Je ne comprends pas pourquoi il m'a dit « bienvenu » quand je lui ai dit merci. ....
e. C'était vraiment au boute ce séjour à Montréal. ....
f. On se retrouve samedi chez toi. Tchô ! ....
g. Service, ça me fait plaisir. ....

6. Complétez les phrases avec les mots-valises de la liste : *clavardage – divulgâcher – égoportrait – pourriel – service-au-volant – hameçonnage.*

a. Grâce au ...., ce restaurant a doublé sa clientèle.
b. J'en ai vraiment assez de tout ce .... dans ma boîte mail.
c. J'utilise ce logiciel de .... pour garder le contact avec mes amis.
d. Quand je rencontre une personne célèbre, je lui demande de faire un .... avec moi.
e. Il faut faire attention aux arnaques, le .... est de plus en plus fréquent.
f. Tu n'aurais pas dû .... la fin du film, je n'ai pas du tout eu peur.

7. Barrez l'intrus dans chaque série de mots.

a. l'antonyme – le néologisme – le synonyme – l'homonyme
b. le plan – la transition – le développement – l'accroche
c. reformuler – démontrer – induire – déduire
d. le clavardage – le schlouk – le pourriel – le hameçonnage
e. concevoir – étayer – conceptualiser – analyser

Phonétique

▷ Les liaisons

Repérage

 1. Écoutez les phrases suivantes et relevez les liaisons faites par les locuteurs.

    a. Les étudiants ont rendez-vous à neuf heures pour le concours d'éloquence.
    b. Elles apprécient les conférences et elles assistent régulièrement à des TEDx.
    c. Juliette préfère regarder des conférences en ligne de chez elle.
    d. Nous sommes vraiment heureux de rencontrer ce journaliste.
    e. Les jeunes s'expriment plus en verlan qu'en argot.
    f. Au Moyen Âge, la rhétorique était très importante.
    g. Il y a eu un léger incident au premier acte de la pièce de théâtre.
    h. Je vous aurais invité à la conférence sur la glottophobie.
    i. Les héros modernes sont ceux qui savent argumenter.
    j. Pour accrocher vos auditeurs, racontez des histoires, des anecdotes.

> **Rappelez-vous**
>
> À partir des phrases de l'activité 1, rappelez quelles sont les principales liaisons obligatoires et quelles sont les liaisons facultatives et interdites.

Entraînement

 2. Marquez les liaisons à effectuer dans les phrases suivantes, lisez-les puis écoutez l'enregistrement pour vérifier.

    a. Oublie ta peur de parler en public ! Vas-y !
    b. Tu as des idées pour ton sujet au concours d'éloquence ?
    c. Il faut atteindre un certain âge pour comprendre ces concepts.
    d. Les derniers autobus de nuit ont été annulés.
    e. On a pris rendez-vous à l'heure du brunch dans une semaine.
    f. Nous avons beaucoup amélioré notre accent en un mois seulement.
    g. Ce concours est trop important pour que tu le rates.
    h. Mes parents dorment ici, et il s'y sentent comme chez eux.
    i. Il faudrait que le cours soit mieux adapté au niveau des élèves.
    j. Mon voisin est hollandais, mais il parle très bien français.

Dictée phonétique

 3. Écoutez l'enregistrement, écrivez les phrases, puis vérifiez l'orthographe page 163.

    a. ....
    b. ....
    c. ....
    d. ....
    e. ....
    f. ....
    g. ....
    h. ....

Compréhension orale

Le *Dictionnaire amoureux de la langue française*

🎧 37 Écoutez l'enregistrement et répondez aux questions.

Compréhension

1. Jean-Loup Chiflet est :
- ☐ **a.** journaliste et libraire.
- ☐ **b.** écrivain et professeur.
- ☐ **c.** auteur et éditeur.

2. Que pense-t-il de la semaine de la langue française ?
- ☐ **a.** Elle est indispensable.
- ☐ **b.** Elle n'est pas très utile.
- ☐ **c.** Elle devrait protéger la langue française.

3. Pense-t-il que la langue française est en danger ? Justifiez votre réponse.
- ☐ **a.** Oui.
- ☐ **b.** Non.

....

4. Il affirme que la langue est (deux réponses) :
- ☐ **a.** vénérée.
- ☐ **b.** malmenée.
- ☐ **c.** unique.
- ☐ **d.** diverse.

5. Qu'est-ce qui le passionne dans la langue française ?
- ☐ **a.** Les effets poétiques.
- ☐ **b.** Les bizarreries de la langue.
- ☐ **c.** Les mots étranges.

6. Pour Jean-Loup Chiflet, une « redondance tautologique » c'est une expression :
- ☐ **a.** très utilisée mais qui n'a aucun sens.
- ☐ **b.** dans laquelle un mot est inutile car c'est une redite.
- ☐ **c.** qui a perdu son sens premier dans l'usage.

7. Donnez une « redondance tautologique » citée dans le document.

....

Vocabulaire

8. Quels sont les deux mots cités qui peuvent s'écrire de la même manière et se prononcer différemment ?

....

Production écrite

Lisez le texte et répondez à la question.

L'Académie française n'accepte pas la nouvelle carte d'identité.

La nouvelle version de la carte d'identité française inclut des mentions en anglais comme « surname » à côté de « nom ». Cela ne plaît pas du tout à l'Académie française qui est prête à aller en justice pour les faire supprimer. L'institution estime en effet que ce changement est contraire à la Constitution qui indique que « la langue de la République est le français ». L'académicienne Hélène Carrère d'Encausse se demande d'ailleurs : « qui a décidé de mettre à égalité le français et l'anglais dans ce document ? »

Que pensez-vous de la réaction de l'Académie française à propos de la nouvelle version de la carte d'identité française. Quel devrait être le rôle de cette institution selon vous ?

Jeux

1 Remplissez la grille avec des mots d'argot.

2 Retrouvez 10 mots qui sont des variantes francophones des 4 mots proposés issus du français de France.

chewing-gum – sandwich – super – au revoir.

SKFCHIQUEKAJRBONNARDJABCPTSCHÜSSAEDPAESOUSMARINYZBMSACHICLETTE

HABEOAUBOUTEKQVCPAUGOMMELZCWUCHOUETTEZNGDOADIEUBVLUEPISTOLETNCHDAI

3 Retrouvez 6 mots ou expressions en verlan à l'aide des étiquettes.

| LOU | CHE | RE | CHAN | MON | VA |
| GUE | MÉ | DIN | STRE | LOU | ZI |

① .... ④ ....
② .... ⑤ ....
③ .... ⑥ ....

4 Trop ouf !

Choisissez un mot en français de 2 ou 3 syllabes et mettez-le à l'envers selon le procédé du verlan. Votre voisin(e) doit retrouver le mot dont il s'agit.

cent trente et un | 131

FICHE MÉTHODOLOGIQUE / 5

Faire un résumé

⇢ pour réduire un texte à l'écrit en suivant le cours et l'enchaînement des idées du texte original.

A. Comment faire ?

1. Bien **observer** le texte :
- Quelle est sa nature ? (journalistique, littéraire, administratif, etc. ?)
- Quelle est sa structure ? (Y a-t-il un titre ? Un sous-titre ? Des paragraphes ?)

2. Faire une **lecture globale** :
- Exprimez en une phrase ce que vous avez compris du texte.

3. Faire une **lecture analytique** :
- Quelles phrases peuvent être supprimées parce qu'elles sont superflues pour la compréhension de l'ensemble ? Soulignez-les.
- Notez les mots et groupes de mots-clés en suivant l'ordre du texte. Trouvez-leur un équivalent, un synonyme.
- Réduisez ensuite chaque paragraphe du texte en gardant bien l'idée essentielle contenue dans chacun d'entre eux.

Pour rédiger un résumé, on peut par exemple **faire une synthèse** de plusieurs phrases, **supprimer des passages** qui n'apportent pas d'informations essentielles ou encore **alléger des phrases longues** tout en restant clair, précis, et fidèle au texte. Différents procédés sont utiles pour transformer des énoncés longs : la nominalisation, l'emploi du participe, la synonymie…

Exemple (extrait du doc E de l'unité 10, ligne 39) : **C'est en valorisant davantage les langues et cultures** de leur famille que l'on sécurise les enfants, qu'ils **réussissent mieux à l'école** et que, in fine, on **évite le communautarisme**.
▶ La valorisation des langues et des cultures facilite la réussite scolaire et in fine l'intégration.

B. À votre tour !

Vous allez rédiger un bref résumé d'un texte de l'unité 10. Votre résumé fera le quart de la longueur du texte que vous avez choisi. Vous devrez :
- suivre obligatoirement l'ordre du texte,
- éviter de recopier des phrases intégrales du texte.

Unité 11

Jusqu'où irons-nous ?

Grammaire

▸ Le futur ———————————————————— p. 165

1. Conjuguez les verbes au futur simple pour marquer le résultat de la condition nécessaire.

a. Si on poursuit le développement des formations en ligne, les salariés ……………………….. des compétences nouvelles tout au long de leur carrière. (*acquérir*)

b. Baissez les tarifs des voyages spatiaux et vous ……………………….. une clientèle variée. (*avoir*)

c. Si tout le monde adopte un régime végan, de nombreux animaux d'élevage ……………………… . (*mourir*)

d. Interrogez les auteurs de science-fiction et ils vous ……………………….. (*répondre*) que nos interactions avec les intelligences artificielles ……………………….. (*être*) de plus en plus riches.

e. En proposant des alternatives innovantes au transport en voiture individuelle, nous ……………………….. à réduire fortement les pollutions urbaines. (*parvenir*)

f. Si tu achètes un smartphone reconditionné, tu ……………………….. baisser ton empreinte carbone. (*pouvoir*)

g. Grâce aux découvertes scientifiques, on ……………………….. de nouveaux types de vaccin efficaces contre les mutations des nouveaux virus. (*développer*)

2. Conjuguez les verbes au futur simple ou au futur proche.

a. Attends, je ……………………….. le rapport et je reviens. (*imprimer*)

b. Je suis convaincu que la communauté scientifique ……………………….. un traitement efficace. (*trouver*)

c. Si vous améliorez les performances des robots humanoïdes, vous ……………………….. les problèmes de pénurie de main d'œuvre dans les services à la personne. (*résoudre*)

d. Le vieillissement de la population est une donnée dont nous ……………………….. tenir compte dès à présent. (*devoir*)

e. Dépêche-toi, les ingénieurs ……………………….. ! (*arriver*)

f. Nous ……………………….. nous habituer à la vie sur une autre planète. (*ne jamais pouvoir*)

g. Ce constructeur automobile garantit que le nouveau véhicule qu'il développe ……………………….. de gaz à effet de serre. (*ne pas émettre*)

h. Les robots ……………………….. s'adapter aux besoins des élèves comme un professeur peut le faire ! (*ne jamais savoir*)

cent trente-trois | **133**

Grammaire

3. Conjuguez les verbes au futur antérieur.

a. Elle me préviendra dès que les clients .... (*arriver*)
b. Une fois que le satellite ...., nous diffuserons le communiqué de presse aux agences. (*lancer*)
c. Quand la nouvelle loi ...., les industriels devront garantir la durabilité de leurs produits. (*voter*)
d. Quand cette machine .... tous les contrôles techniques requis, elle facilitera les opérations de nettoyage des plages. (*passer*)
e. Aussitôt que le brevet ...., nous informerons les journalistes sur notre découverte. (*déposer*)
f. Nous organiserons une conférence de presse après que le rapport .... (*publier*)
g. D'ici quelques années, les hommes .... la majorité des ressources fossiles mondiales. (*exploiter*)
h. Nous pourrons évaluer la viabilité du projet lorsque vous .... le prototype. (*élaborer*)

4. Rédigez les démarches à effectuer sur cette plateforme de financement participatif pour projets innovants en reliant les phrases avec les conjonctions entre parenthèses et en transformant comme dans l'exemple. Conjuguez les verbes au futur antérieur et au futur simple.

Exemple : envoi d'une confirmation / réception des documents (dès que)
→ Nous vous enverrons une confirmation dès que les documents auront été reçus.

Découvrir les projets | Rechercher | **Devenir partenaire** | **Se connecter** | **Lancer un projet**

Côté porteurs de projet

a. possibilité de contact avec nos conseillers / rédaction d'une présentation du projet (*lorsque*)

b. mise en ligne d'un appel de fond / estimation des coûts (*quand*)

c. réception des fonds sur votre compte bancaire / réponse des investisseurs à votre appel (*après que*)

d. remboursement des investisseurs / atteinte du seuil de rentabilité défini (*une fois que*)

Côté investisseurs

e. envoi d'un code d'activation sécurisé / création d'un compte sur la plateforme (*aussitôt que*)

f. détermination du montant attribué / choix du projet dans lequel investir (*quand*)

g. information au bénéficiaire / sélection du type de financement souhaité (*dès que*)

h. réception de comptes-rendus réguliers sur l'avancement du projet / intégration dans la liste des parrains (*une fois que*)

Vocabulaire

▶ La technologie

p. 166

1. Associez les mots à leur définition.

a. désertification
b. famine
c. sécheresse
d. pénurie
e. inondation
f. érosion
g. fonte des glaces
h. catastrophe naturelle

1. manque, quantité insuffisante
2. usure, dégradation, notamment des roches
3. passage à l'état liquide sous l'effet de la chaleur
4. disparition de la végétation
5. débordement d'un cours d'eau
6. tremblements de terre, cyclones, éruptions volcaniques
7. malnutrition
8. absence de pluie

2. Entourez le mot ou l'expression qui convient dans les phrases suivantes.

a. Cette *imprimante / application* met en relation des particuliers pour partager outils et matériel électroménager.
b. Grâce à la reconnaissance *faciale / vocale*, les contrôles aux frontières sont plus rapides.
c. À cause de *la sécheresse / l'inondation*, nous subissons une pénurie d'eau.
d. *L'algorithme / Le pixel* utilisé par cette entreprise est un secret bien gardé.
e. La fonte des glaces entraîne *l'érosion / la hausse* du niveau de la mer.
f. Ce réseau *social / connecté* est très populaire parmi les jeunes générations.
g. Cette ONG prône *la décroissance / l'innovation* pour lutter contre la surconsommation responsable du réchauffement climatique.
h. *Le logiciel / L'objet connecté* qui a été installé par le service comptabilité est très apprécié des équipes.

3. Dites quels sont les noms qui correspondent aux verbes ci-dessous.

a. bondir : ....
b. reconnaître : ....
c. innover : ....
d. progresser : ....
e. exploiter : ....
f. découvrir : ....
g. fondre : ....
h. dérégler : ....
i. éroder : ....
j. perfectionner : ....

4. Complétez le texte avec les mots suivants en faisant les accords si nécessaire : *orbite – fusée – astronaute – pesanteur – station – mission – lancement*.

Une ...., transportant deux .... canadiens, a quitté avec succès la base de .... hier. Ils rejoindront dans quelques heures la .... internationale où ils sont chargés d'une .... spatiale de 6 mois. Ce séjour en .... terrestre permettra également d'approfondir les études sur l'adaptation de l'être humain à l'absence de ....

Grammaire

▶ Exprimer la manière — p. 170

1. Transformez l'adjectif entre parenthèses en adverbe en *-ment* et placez-le dans la phrase.

a. Le jeune entrepreneur a présenté son projet. (*brillant*)

....

b. Il a remercié les chercheurs qui avaient permis cette avancée médicale. (*vif*)

....

c. Vous présenterez les avantages de votre innovation. (*bref*)

....

d. Le système de santé va être modifié par le numérique. (*profond*)

....

e. Il faut améliorer les outils de mesure de la biodiversité. (*vrai*)

....

f. Nous sommes encore dépendants des énergies fossiles. (*fort*)

....

g. De nombreux projets sont en gestation pour décarboner les vols long-courriers. (*heureux*)

....

2. Complétez avec la préposition correcte : *à, avec, sans, en, de/d', par*.

a. Le retour des récoltes .... la main est plébiscité par les consommateurs éco-responsables.

b. Il faut agir d'urgence alors que les déchets augmentent .... cesse !

c. Ce logiciel espionne .... cachette votre activité en ligne.

d. J'ai travaillé .... arrache-pied pour concevoir ce projet.

e. Il a accepté .... contrecœur de partager le résultat de ses travaux.

f. Il prétend que son innovation bénéficiera à tous mais en fait, il a agi .... intérêt.

g. Elle a cherché .... vain à convaincre les usagers que leurs données ne risquaient pas d'être piratées.

h. Nous sommes parvenus .... peine à boucler le projet dans les délais.

3. Remplacez les expressions soulignées par un des adverbes suivants, en le plaçant en position correcte :
énormément – aimablement – brillamment – fréquemment – discrètement – précisément – absolument – apparemment.

a. La protection des données doit être garantie <u>à 100 %</u>.

....

b. <u>Il paraît que</u> cet algorithme permet une nette amélioration du service.

....

c. Concernant la reconnaissance faciale, les réactions varient <u>du tout au tout</u> selon le public que l'on interroge.

....

d. On réévalue l'impact du numérique <u>de manière régulière</u>.

....

e. Les drones ont livré les colis <u>sans faire de bruit</u>.

....

Grammaire

f. Ces robots humanoïdes peuvent accueillir les visiteurs <u>avec courtoisie</u>.

g. Ces modélisations permettent d'imaginer <u>dans les détails</u> les divers scénarios possibles.

4. Écrivez le contraire des phrases données en utilisant un adverbe en *-ment* basé sur les adjectifs suivants : *lent – franc – énorme – entier – suffisant – rare – graduel – systématique.*

    a. Nous n'avons pas assez de recul pour évaluer l'impact du développement de l'intelligence artificielle sur nos vies.
Nous avons ....

    b. Le ministère de la Défense a peu investi dans l'analyse prospective.
Le ministère de la Défense a ....

    c. Les dépôts de brevets augmentent vite.
Les dépôts de brevets augmentent ....

    d. La consommation de carburants fossiles se réduira d'un seul coup.
La consommation de carburants fossiles ....

    e. Son discours manquait de franchise sur le probable nombre de réfugiés climatiques.
Il a parlé ....

    f. La technologie n'est pas toujours synonyme de progrès.
La technologie apporte ....

    g. Les scénarios d'anticipation sont souvent erronés.
Les scénarios d'anticipation ....

    h. Les achats immobiliers dans le métavers sont en partie responsables d'un nouveau type de spéculation.
Les achats immobiliers dans le métavers sont ....

5. Conjuguez le verbe au temps indiqué et modifiez la place de l'adverbe si nécessaire.

    a. Le nombre d'internautes ayant un avatar augmente fortement. (passé composé)

    b. Nos modes de vies consuméristes changeront drastiquement. (futur proche)

    c. Les interactions sociales se modifient radicalement sur les espaces virtuels. (conditionnel passé)

    d. Les transactions sur mobile permettent notamment de pallier le manque d'infrastructures bancaires. (futur antérieur)

    e. La voiture autonome révolutionne également la vie quotidienne de nombreux citoyens. (passé composé)

Vocabulaire

▶ Le changement, le processus de transformation ———— p. 172

1. Associez les mots de sens opposés.

a. l'augmentation
b. la modification
c. l'accélération
d. le déclin
e. le grossissement
f. la hausse
g. l'extension
h. le renforcement

1. le maintien
2. l'essor
3. l'amaigrissement
4. le raccourcissement
5. l'affaiblissement
6. la diminution
7. le ralentissement
8. la baisse

2. Choisissez le mot qui convient dans les phrases suivantes.

a. Pourrais-tu *agrandir* / *accélérer* la police ? Le texte n'est pas très lisible comme ça.
b. Nous ne pouvons accepter une telle *croissance* / *stagnation* de notre chiffre d'affaires !
c. Les crypto-monnaies connaissent des *fluctuations* / *multiplications* importantes de valeur.
d. Les voyages dans l'espace sont en plein(e) *essor* / *décadence*.
e. La *croissance* / *régression* du PIB ne peut plus être l'unique indicateur de progrès.
f. L'*étalement* / *élargissement* urbain entraîne de la déforestation.
g. La *progression* / *modernisation* du parc automobile pourrait permettre de réduire les émissions de CO_2.
h. Le climat connaîtra des *bouleversements* / *révolutions* majeur(e)s dans les années à venir.

3. Indiquez les verbes et les noms qui dérivent des adjectifs suivants.

	Verbes	Noms
a. clair		
b. sombre		
c. maigre		
d. gros		
e. long		
f. large		
g. faible		
h. moderne		
i. pâle		
j. rouge		
k. biodégradable		

Vocabulaire

4. Trouvez le mot correspondant à la définition.

a. multiplication par deux : ....

b. transformation en vapeur : ....

c. maintien dans le même état : ....

d. fait d'aller plus vite : ....

e. baisse brutale : ....

f. changement : ....

g. transformation totale : ....

5. Associez les descriptions aux graphiques correspondants.

a. On observe une forte augmentation du nombre de voitures électriques produites dans le monde sur la période. On constate un doublement des stocks entre 2018 et 2020.
Graphique ....

b. Le coût des batteries a chuté et continuera à baisser fortement dans les années à venir.
Graphique ....

c. Les ventes de thermiques et d'électriques vont s'équilibrer. La part des véhicules essence et diesel décroît fortement tandis que celle des hybrides et électriques connaît un essor important.
Graphique ....

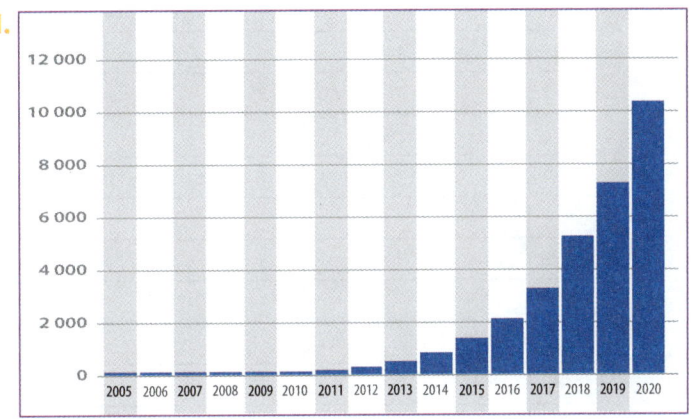

Source : Statista, 2022

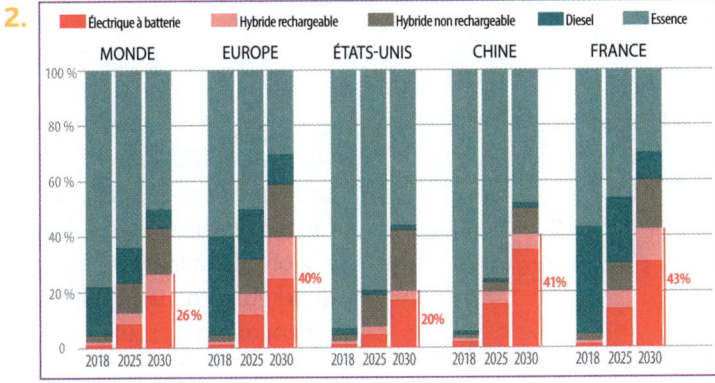

Source : L'Usine Nouvelle, 2019

Source : L'Usine Nouvelle, 2019

6. Complétez le texte avec les mots suivants en faisant les accords si nécessaire : *complexe – allongement – bouleversement – transformation – développement – augmentation – dégradation*.

La .... du parc automobile liée au .... des véhicules électriques permettra-t-elle de lutter contre le réchauffement climatique et les .... qu'il entraîne ? La question est plus .... qu'il n'y paraît. D'une part, les composants des batteries peuvent entraîner une .... de l'environnement là où ils sont extraits. D'autre part, seul un .... de la durée d'utilisation permettra de compenser l'........................... des émissions à la production par rapport à celles émises pour fabriquer un véhicule thermique.

Phonétique

▸ Le son r [ʁ]

Repérage

 38 **1.** Écoutez les mots et indiquez la position du r [ʁ].

	[ʁ] en position finale absolue	[ʁ] en position finale de syllabe après voyelle	[ʁ] en position intervocalique	[ʁ] en position initiale d'énoncé	[ʁ] après consonne
a.					
b.					
c.					
d.					
e.					
f.					
g.					
h.					
i.					
j.					
k.					
l.					
m.					
n.					

Entraînement

 39 **2.** Prononcez à voix haute les phrases suivantes, puis écoutez l'enregistrement pour vérifier.

a. La voiture électrique nécessitera l'exploitation de terres rares.
b. Ce chercheur a reçu un prix international.
c. La rénovation énergétique permettra de réduire les factures.
d. Qui pourra prévoir l'avenir dans les domaines sécuritaire et stratégique ?
e. Trois astronautes français rejoindront quatre astronautes russes.

> **Rappelez-vous**
> • Le r peut se prononcer de façon très différente selon les régions de la francophonie : le [ʁ] guttural, le [ʀ] parisien ou encore le [r] roulé !

Dictée phonétique

 40 **3.** Écoutez l'enregistrement, écrivez les phrases, puis vérifiez l'orthographe p. 164.

a. ....
b. ....
c. ....
d. ....
e. ....
f. ....

Compréhension écrite

Lisez ce document et répondez aux questions.

société · politique · écologie · international · économie · opinions · culture · en 2049 · services · CONNEXION

2049 : Du tourisme de masse au voyage éthique

> Dans trente ans, aurons-nous réussi à rendre le tourisme plus vertueux… sans pour autant tuer la poule aux œufs d'or ?

Faut-il se résoudre à plier bagage ? Le tourisme subit depuis deux ans une crise sans précédent, mais beaucoup d'observateurs s'accordent à dire que ce secteur ne peut pas recommencer « comme avant ». Mauvaise insertion dans les économies locales, rôle de l'avion dans le réchauffement climatique, ravages écologiques… De nombreux facteurs pointent les limites du tourisme de masse – ou « surtourisme » – tel qu'il s'est développé depuis des décennies. Aujourd'hui, la promotion du voyage éthique est sur toutes les lèvres mais comment y parvenir ?

Selon Rémy Knafou, « en 2049, la planète ne comptera pas loin de 10 milliards d'habitants. On peut s'interroger sur les flux de voyageurs avec d'éventuelles nouvelles pandémies qui viendront perturber nos déplacements. Sans oublier les conséquences du réchauffement climatique, et la gestion des flux de population qui pourrait devenir l'une des nouvelles armes géopolitiques de certaines puissances, entre crispation identitaire et nationalisme. »

Mais on peut aussi imaginer un futur moins sombre « avec une nouvelle génération plus solidaire, plus investie dans les enjeux écologiques, où les voyages se feront au travers de plateformes collaboratives à but non lucratif. » En attendant, aujourd'hui, 40 % des *millenials* s'inspirent des réseaux sociaux pour choisir où prendre le large, dans un océan de conformisme et de belles photos filtrées. Qui vivra verra. Néanmoins, on s'interroge, on fait son mea culpa, on plante des arbres pour compenser son bilan carbone et on attrape le virus du *flygskam*, la « honte de prendre l'avion » en langage suédois version Greta Thunberg.

La solution radicale, pour diminuer son empreinte carbone, c'est de voyager … tout en restant dans son canapé ! Les spécialistes de la réalité virtuelle l'ont bien compris, et proposent déjà les voyages de rêve que nous ferons dans la peau de nos avatars numériques. Le virtuel, une déclinaison de slow tourisme ? L'idée fait bondir Jean-François Rial, PDG du groupe Voyageurs du Monde. Pour lui, tant qu'on n'aura pas réussi à décarboner le transport aérien – ce qui pourra prendre une quinzaine d'années –, « il faudra mettre en place des taxes écologiques, quitte à augmenter les prix. » Jean-Pierre Nadir, patron de FairMoove, est moins pessimiste : « Il y a plein de solutions pour l'aérien : utiliser des biocarburants, prendre des vols directs sans escale… Mais il est vrai que quand on ne paie pas le juste prix, quelqu'un le paie. Et ce sera la planète ! » Sa philosophie, c'est de « voyager mieux, moins souvent mais plus longtemps. »

Il reste que si le tourisme écologiquement et socialement responsable fait le buzz médiatique, il ne décolle pas vraiment. Espérons que, dans trente ans, les jeunes générations, elles, seront passées à l'acte. ■

Dorane VIGNANDO, *L'Obs*, 24 février 2022

Compréhension écrite

Compréhension

1. Les principales limites du tourisme de masse évoquées dans l'article sont de nature :

- ☐ **a.** démographiques.
- ☐ **b.** écologiques.
- ☐ **c.** économiques.
- ☐ **d.** sociales.

2. Associez les thèses soutenues à leur auteur.

a. Rémy Knafou
b. Jean-Pierre Nadir
c. Jean-François Rial

1. Il faut privilégier la qualité sur la quantité.
2. Des maladies risquent de rendre la mobilité difficile.
3. De nombreuses possibilités existent pour que l'avion pollue moins.
4. Les voyages virtuels ne sont pas une solution.
5. Les jeunes font plus attention à l'environnement.
6. Les vols devraient coûter plus cher.

3. Vrai ou faux ? Justifiez.

a. Le sujet de l'écotourisme est très tendance. ☐ V ☐ F

....

....

b. De nos jours, les réseaux sociaux ont peu d'influence sur les décisions de voyages des jeunes. ☐ V ☐ F

....

....

c. L'écotourisme est déjà un succès commercial. ☐ V ☐ F

....

....

Grammaire et Vocabulaire

4. Relevez dans l'article les neuf verbes au futur simple et les trois verbes au futur antérieur, puis expliquez leur utilisation.

a. Verbes au futur simple : ....

....

b. Verbes au futur antérieur : ....

....

5. Cherchez dans le texte des expressions idiomatiques qui signifient :

a. détruire une source de profit important : ....
b. partir (deux réponses) : ....
c. faire l'objet de nombreuses conversations : ....
d. reconnaître ses torts : ....
e. faire parler de quelque chose, notamment sur les réseaux sociaux : ....
f. dont l'objectif n'est pas la rentabilité : ....
g. on ne sait pas comment la situation évoluera : ....

Production orale

À partir du document suivant, vous exposerez votre point de vue de manière argumentée. Puis vous prendrez position et défendrez votre opinion si nécessaire.

> Vous avez monté une start-up et décidez d'être exposant au salon de la technologie de fabrication de Montréal (STFM) qui se tient chaque année en janvier. Choisissez un secteur d'activité (transports, santé, énergie …) puis imaginez un produit ou un service innovant. Précisez son fonctionnement, le besoin auquel il répondra, sa cible et ses avantages.

Réalisez votre présentation en donnant tous les éléments demandés et en expliquant les choix que vous avez faits pour votre start-up. Utilisez l'encadré ci-dessous pour noter vos idées.

Jeux

1
En regroupant et en mélangeant les lettres de chaque mot donné avec la lettre qui le suit, trouvez un nouveau mot.

a. U S É E + F = ...
b. D O S E + N = ...
c. R U S É E + A = ...
d. M A N I F + E = ...
e. O R T I E + B = ...
f. N A T T E E + V = ...
g. T I T A N S + O = ...
h. R U I N É E + P = ...
i. P I L A T E S + A = ...

2 Charades. Qu'est-ce que c'est ?

a. Mon premier caractérise ce qui contient de l'huile ou du beurre : ....

Mon deuxième est le contraire de « habillé » : ....

Mon troisième est l'article défini masculin : ....

Mon tout caractérise des substances fragmentées, formées d'aspérités :
....

b. Mon premier désigne ce qui n'est plus et a précédé : ....

On mesure mon deuxième avec une montre ou une horloge :
....

Mon troisième permet de formuler des hypothèses : ....

La rumeur est répandue par mon quatrième : ....

Mon tout donne une plus grande dimension : ....

3 Que savez-vous sur la conquête spatiale ?

a. Le premier satellite artificiel a été lancé en :
☐ 1952   ☐ 1957   ☐ 1967

b. L'assemblage en orbite de la station spatiale internationale débute en :
☐ 1983   ☐ 1998   ☐ 2011

c. Quelle sonde spatiale a été envoyée sur mars en 2021 dans le but d'y collecter des échantillons ?
☐ Sojourner   ☐ Perseverance   ☐ Curosity

d. La majorité des exoplanètes sont découvertes grâce à :
☐ l'observation directe par téléscope.
☐ une méthode de calcul basée sur la luminosité des étoiles.

4 Mots tabous !

En 2 groupes. Chaque groupe prépare son lot de cartes. Sur chaque carte : le groupe A inscrit un mot choisi dans le vocabulaire de la p. 166 du livre et 3 mots tabous ; le groupe B procède de même avec des mots de vocabulaire de la p. 172 du livre.

Chaque groupe utilise les cartes de l'autre groupe. À tour de rôle, en 2 minutes maximum, les joueurs devront deviner les mots choisis sans prononcer les mots interdits !

Exemple :

BLANCHIR	RÉDUCTION	APPLICATION
couleur	prix	smartphone
argent	diminution	télécharger
noir	augmentation	soin

Bilan linguistique

.... / 40

Unité 10 Parlez-vous français ?

1. Complétez les phrases avec un adjectif verbal, un gérondif ou un participe présent formé à partir des verbes entre parenthèses. .... / 5

   a. Cet article sur la réforme du participe passé est (*provoquer*) ....
   b. (*exceller*) .... en langues anciennes, il est évidemment devenu professeur de latin et de grec.
   c. Vous rirez beaucoup et vous apprendrez des choses (*aller*) .... à cette conférence sur la linguistique.
   d. Les dictionnaires francophones sont (*différer*) .... des autres dictionnaires.
   e. Cet étudiant (*ne pas avoir*) .... la moyenne en anglais n'a pas eu son diplôme.

2. Reformulez les phrases avec un participe passé ou un participe composé. .... / 5

   a. Comme les enfants sont tous assis, la leçon peut commencer.
   ....
   b. Il est fâché avec la grammaire et il ne veut plus apprendre l'allemand.
   ....
   c. Noémie a fait beaucoup de dictées chez elle, alors elle va avoir une bonne note au concours d'orthographe.
   ....
   d. Les enseignants de notre école ne sont pas tous convaincus par l'écriture inclusive, ils ont décidé de ne pas l'appliquer dans leurs cours.
   ....
   e. Les cours de français m'ont intéressée, alors je vais me réinscrire l'année prochaine.
   ....

3. Remplacez les mots entre parenthèses par un mot de la liste. Mettez au pluriel si nécessaire :
bagnole – piaule – fringue – pompe – bosse – glande – bouquin – baraque – boîte. .... / 5

Je suis employé dans une (*entreprise*) .... qui fabrique des (*chaussures*) .... Je (*travaille*) .... toute la semaine et le samedi, quand il fait beau, j'aime bien m'asseoir dans un parc pour lire un (*livre*) .... Le dimanche, je prends ma (*voiture*) .... et je vais faire un tour à la campagne.

4. Entourez le mot qui convient dans chaque phrase. .... / 5

   a. Choisissez bien votre vocabulaire dans vos écrits, il y a toujours une *nuance* / *connotation* entre deux mots qui paraissent synonymes.
   b. Commence ton discours par une *transition* / *anecdote*, ça éveillera l'attention de ton public.
   c. Pour que tout le monde comprenne bien mon raisonnement, il faudrait que *j'explicite* / *je conçoive* mes idées principales.
   d. On dirait qu'il va *péguer* / *dracher* cet après-midi.
   e. Dans l'émission *Le Masque et la Plume*, les journalistes ne *divulgâchent* / *clavardent* jamais la fin des films.

cent quarante-cinq | 145

Bilan linguistique

Unité 11 Jusqu'où irons-nous ?

Grammaire

1. Conjuguez les verbes entre parenthèses au futur simple, au futur proche ou au futur antérieur. Faites les élisions nécessaires. ..../5

   a. Un jour, je/j' (aller) .... au musée de l'Espace avec mes enfants.
   b. Lorsque les informaticiens (trouver) .... une solution, la fabrication du prototype pourra être lancée.
   c. Ces voyages dans l'espace m'intéressent. Je (se renseigner) .... sur Internet en rentrant.
   d. Nous reprendrons les essais du prototype quand les premiers résultats (arriver) ....
   e. Le comité scientifique ne pourra pas commencer ses recherches tant qu'il (ne pas recevoir) .... de subventions.

2. Reformulez les phrases en mettant les verbes au passé composé et en ajoutant un adverbe formé à partir de l'adjectif entre parenthèses. ..../5

   a. Le drone livre des paquets. (rapide)
   ....
   b. Cette entreprise fait des bénéfices grâce à son pôle innovation. (régulier)
   ....
   c. Le chef de projet répond aux questions des journalistes sur le nouveau prototype. (bref)
   ....
   d. L'ingénieure présente son projet révolutionnaire aux actionnaires de l'entreprise. (brillant)
   ....
   e. Les voitures autonomes ne provoquent pas d'accident. (fréquent)
   ....

Vocabulaire

3. Complétez les phrases avec des mots de la liste. Ajoutez un article et mettez au pluriel si nécessaire :
virtuelle – artificielle – robotique – algorithme – orbite – astronaute – aérospatiale – pixel. ..../5

   a. Un nouveau satellite a été mis en ....
   b. .... est un secteur qui a fait un bon en avant ces dernières années.
   c. Des ONG attirent l'attention sur des entreprises qui font un usage abusif des ....
   d. .... français est bien arrivé à la station spatiale internationale.
   e. Pour beaucoup d'ingénieurs, l'avenir est dans le développement de l'intelligence ....

4. Barrez le mot incorrect dans chaque phrase. ..../5

   a. La *mutation / variation / transformation* de notre société vers le tout digital n'est pas sans risque.
   b. Nos bénéfices sont liés sans aucun doute *au progrès / à la modernisation / à la rénovation* de nos installations.
   c. Le directeur agit pour *le maintien / la préservation / la stagnation* des emplois dans son entreprise.
   d. *L'essor / La multiplication / L'agrandissement* des bactéries est un problème sérieux.
   e. *La baisse / Le ralentissement / La réduction* des subventions nous a empêchés d'avancer dans nos recherches sur une tasse innovante.

146 I cent quarante-six

Unité 12

La force des arts

Grammaire

▸ Indicatif, subjonctif ou infinitif ? —— p. 178

1. Barrez l'expression incorrecte.

a. *À moins que / Au cas où* elle accepterait mon offre, prévenez-moi.

b. *Une fois que / Avant que* j'aurai terminé cette aquarelle, je commencerai une peinture à l'huile.

c. J'ai lu ce livre *si bien qu' / sans qu'* elle le sache.

d. Cet artiste est sympathique, *tandis qu' / quoiqu'* il soit très timide.

e. Il vend des peintures aux touristes *pour que / afin de* nourrir sa famille.

f. Je t'accompagnerai à l'expo *pourvu que / car* ce ne soit pas de l'art moderne.

g. *Alors qu' / Bien qu'* il soit sensible aux couleurs de cette toile, il ne veut pas l'acheter.

h. *Pour / Après* avoir vu l'expo, nous dînerons chez Mayana.

i. *En attendant que / Puisque* l'on sache la vérité sur ce vol de tableaux, il faut fermer le musée.

j. *Alors que / Lorsque* la plupart des artistes ne vivent pas de leur art, d'autres gagnent des millions.

2. Mettez le verbe à l'indicatif ou au subjonctif.

a. Passe voir Tania et Omar à la galerie avant qu'ils s'en .... (*aller*)

b. Je trouve cette œuvre ravissante alors que vous ne l'........................... pas. (*apprécier*)

c. Parce qu'il nous .... de ressentir des émotions et des sentiments, l'art développe en nous l'empathie. (*permettre*)

d. Après que Lou et moi .... notre diplôme, un artisan nous a proposé de faire un stage dans son atelier. (*obtenir*)

e. Bien que j'........................... peu d'argent, je cours les expositions. (*avoir*)

f. J'attendrai ici jusqu'à ce que la directrice du musée me .... (*recevoir*)

g. Que se passe-t-il dans notre cerveau lorsque nous .... une œuvre d'art ? (*contempler*)

h. L'entrée est gratuite à condition que vous .... étudiant. (*être*)

i. Puisque vous .... d'être en retard au vernissage, partons de suite. (*craindre*)

j. Pour que tu .... travailler à la billetterie du musée, il faut que tu sois trilingue. (*pouvoir*)

k. Elle dessinait chaque soir quand elle était enfant, de sorte qu'elle .... dessinatrice de BD. (*devenir*)

l. Emma ne dit pas à ses parents qu'elle souhaite être actrice de peur qu'ils ne .... pas qu'elle mène une vie de bohème. (*vouloir*)

Grammaire

3. Formez une phrase en utilisant la conjonction ou la préposition correcte et en choisissant entre infinitif ou subjonctif.

Exemple : Je t'écris ce courriel ; tu comprends la situation. (*pour que / pour*)
→ Je t'écris ce courriel pour que tu comprennes la situation.

a. Je réalise des quantités d'autoportraits. Je me comprends mieux. (*pour que / pour*)
....

b. Tu devrais appeler Mona ; tu viens me voir. (*avant que / avant de*)
....

c. Vous devriez passer chez Appolinaire ; il s'en va. (*avant que / avant de*)
....

d. On pourrait créer un compte Instagram pour ta galerie ; ton ordinateur est réparé. (*à condition que / à condition de*)
....

e. On ne peut pas avoir de places pour cet opéra ; on a un abonnement pour la saison. (*à moins que / à moins de*)
....

f. Je propose de petits prix pour mes tableaux. Je les vendrai facilement. (*afin que / afin de*)
....

g. Un voleur est entré dans mon atelier. Je ne m'en suis pas rendu compte. (*sans que / sans*)
....

4. Remplacez les noms par des verbes ou des expressions verbales, en faisant les changements nécessaires.

Exemple : Il faut l'inscrire à l'école de musique avant notre départ.
→ Il faut l'inscrire à l'école de musique avant que nous partions. / avant de partir.

a. Je ne l'ai pas revu après son arrivée.
....

b. Cet artiste est admiré en raison de son génie.
....

c. Fred continue de peindre malgré sa maladie.
....

d. J'ai tout fait pour ma réussite au concours d'entrée à l'école Art Plus.
....

e. Il ne faut pas déranger César pendant son stage de sculpture.
....

f. Depuis le changement de direction, le musée propose des tarifs réduits.
....

g. Vous devez patienter en attendant la réponse du collectionneur.
....

h. Elle est crainte à cause de son autorité.
....

Vocabulaire

▸ L'art, l'appréciation p. 180

1. Désignez la personne qui pourrait prononcer les phrases suivantes : *un artiste – un expert – un collectionneur – un amateur d'art – un critique d'art – un marchand d'art – un mécène.*

a. J'ai décidé de soutenir financièrement cet artiste prometteur.
....

b. Ce paysage pittoresque sera parfait pour enrichir ma collection.
....

c. La nature est une source d'inspiration unique.
....

d. C'est la troisième magnifique expo que je vois cette semaine.
....

e. J'ai fait une affaire en achetant cette sculpture 300 € et en la revendant 3 000 €.
....

f. Quelle déception ! Une exposition à oublier très vite…
....

g. On m'a demandé d'authentifier une signature sur une toile afin d'en déterminer sa valeur.
....

2. Complétez avec les mots manquants en mettant au pluriel si nécessaire : *peinture – bande dessinée – caricature – fresque – installation – performance – portrait – jeux vidéo.*

a. Au XIXᵉ siècle, Hegel, un philosophe allemand, a classifié cinq arts dans l'ordre suivant : l'architecture, la sculpture, la ...., la musique et la poésie. Par la suite, on a aussi inclus les arts de la scène (théâtre, danse, mime, cirque) et le cinéma.

À la fin du XXᵉ siècle, la .... et les arts médiatiques (télévision, radio, photographie) se sont ajoutés à la liste.

En 2012, les États-Unis ont reconnu un dixième art : les ....

b. Cet artiste a spécialement conçu cette .... en trois dimensions pour le musée de Liège.

c. Honoré Daumier a peint de nombreuses .... du roi Louis-Philippe. Il l'a représenté sous forme de poire.

d. Dans le passé, la diffusion du .... d'un roi ou d'une reine permettait d'affirmer son pouvoir.

e. Pour ses .... artistiques, l'artiste Sophie Calle invite souvent des inconnus à se mettre en scène avec elle.

f. Michel-Ange a peint les .... de la chapelle Sixtine.

Vocabulaire

3. Reliez les verbes suivants aux mots de la colonne de droite. Plusieurs réponses sont possibles.

a. encadrer
b. esquisser
c. exposer
d. graver
e. peindre
f. tracer
g. dessiner
h. sculpter
i. photographier
j. caricaturer

1. un visage
2. un graffiti
3. une ligne
4. une photographie
5. une aquarelle
6. une médaille
7. un portrait
8. une nature morte
9. une main dans la pierre

4. Classez les adjectifs suivants : *inoubliable – scandaleux – ravissant – unique – affreux – attrayant – kitsch – laid – lamentable – exceptionnel – fabuleux – moche – nul – adorable – enchanteur – excellent – impressionnant – grotesque – magique – snob – vulgaire – merveilleux – original – pittoresque – artificiel – banal – confus – ennuyeux.*

plutôt positif 😊	plutôt négatif 😞

5. Retrouvez l'expression adaptée à la situation : *Ça ne m'emballe pas. – Il est au sommet de son art. – C'est une croûte. – Ça fait un tabac. – Vous avez un excellent coup de crayon. – Ça sort de l'ordinaire. – C'est de premier ordre.*

a. Ce designer est le meilleur dans son domaine. ....
b. Ce portrait est très réussi. ....
c. Cette œuvre est complètement ratée ! ....
d. Son expo remporte un grand succès. ....
e. Ses peintures sont très différentes de ce qui se fait actuellement. ....
f. Je n'aime pas les installations dans ce musée. ....
g. Ceci est un chef-d'œuuuuuuvre ! ....

Vocabulaire

▸ Les sentiments

 p. 184

1. Reliez les sentiments à leurs manifestations.

- a. la joie
- b. la colère
- c. l'espoir
- d. la haine
- e. l'inquiétude
- f. l'énervement
- g. la peur
- h. la tristesse
- i. la surprise
- j. l'amour
- k. la gêne

1. la mélancolie
2. la tendresse
3. l'embarras
4. l'optimisme
5. l'anxiété
6. l'aversion
7. l'euphorie
8. l'agressivité
9. le trac
10. la crispation
11. la stupéfaction

2. Désignez le sentiment éprouvé par la personne qui prononce ces phrases.

Exemple : Je me sens abattu. → La tristesse.

a. Ça alors ! Je n'en crois pas mes yeux ! ....
b. J'ai le cœur en fête. ....
c. Je me sens mal à l'aise. ....
d. Je me fais du souci pour toi. ....
e. Il voit rouge. ....
f. Ça me prend trop la tête ! ....
g. J'ai le cafard ce soir. ....
h. Cette nouvelle m'a stupéfait ! ....
i. Arrête, ça m'effraie ! ....
j. Tu m'agaces ! ....
k. Quel plaisir d'être parmi vous ! ....

3. Indiquez quels verbes ou expressions verbales correspondent aux noms suivants.

a. l'anxiété : ....
b. la surprise : ....
c. l'affolement : ....
d. la crispation : ....
e. le désespoir : ....
f. l'inquiétude : ....
g. l'étonnement : ....
h. l'embarras : ....
i. le souci : ....
j. la stupéfaction : ....
k. la tension : ....
l. le tourment : ....
m. la confusion : ....
n. l'indignation : ....

Vocabulaire

4. Barrez l'intrus dans les listes de mots ou d'expressions.

a. l'étonnement – la stupéfaction – la peine
b. rire jaune – être aux anges – sauter au plafond
c. l'agacement – la contrariété – la bonne humeur
d. la mélancolie – la fureur – la nostalgie
e. se prendre le chou – être un boute-en-train – se rendre fou
f. la stupéfaction – la préoccupation – le tourment
g. bouillir de colère – voir rouge – faire grise mine
h. ressentir – éprouver – surprendre
i. le chagrin – l'embarras – la tristesse
j. se réjouir – s'emporter – s'indigner

5. Complétez les phrases avec un des mots suivants : *moral – émotions – affolement – souci – panique – affligé – chagrin – anxiété – joie – confiance – bouleversé.*

a. Il se fait du .... pour sa femme. Elle ne vend aucun tableau.
b. Fais-moi .... Je vais réussir.
c. Quand on m'a demandé de faire un discours, ç'a été la .... totale.
d. Je ne vais pas bien, je n'ai pas d'inspiration. Je n'ai pas le ....
e. Pas d' .... , il y aura de la place pour tout le monde.
f. J'ai raté mon oral d'admission à cette école d'art. Je suis ....
g. Je suis .... par ce film. J'en ai les larmes aux yeux.
h. Elle déteste se laisser aller à ses .... en public.
i. Il est accablé de .... suite à l'annonce de la mauvaise nouvelle.
j. Les émotions de base sont la colère, la peur, la .... et la tristesse.
k. Quand tout va mal, je ressens une grande sensation d' ....

6. Donnez les contraires des mots ci-dessous.

a. gai ≠ ....
b. apaisé ≠ ....
c. détendu ≠ ....
d. serein ≠ ....
e. à l'aise ≠ ....
f. affolé ≠ ....
g. surpris ≠ ....
h. contrarié ≠ ....

7. Complétez les phrases avec un des mots suivants : *procure – suis ému – me sens – génère – éveille – me rend – ressens.*

a. Devant une œuvre d'art, je .... parfois une grande émotion.
b. Voir une bonne comédie au cinéma me .... un immense plaisir.
c. Je .... apaisé après ma séance d'art-thérapie.
d. Je .... par tant de beauté.
e. L'art .... les sens.
f. La musique classique .... souvent mélancolique.
g. L'art .... des émotions positives.

Grammaire

▸ Les pronoms relatifs — p. 186

1. Complétez les phrases avec *qui, que, dont, où.*

a. Sa collection, ... compte 120 tableaux et 45 dessins, est de mauvais goût.

b. Elle vit avec un artiste nigérian .... la réputation a dépassé l'Afrique.

c. Partout .... Ada expose, ses œuvres se vendent comme des petits pains.

d. Les neurosciences nous enseignent .... l'art stimule des émotions profondes.

e. J'ai pris un rendez-vous avec un art-thérapeute .... j'ai oublié le nom.

f. J'ai vu une superbe expo au Mucem .... je te recommande vivement.

2. Complétez les phrases avec des pronoms relatifs composés. Choisissez parmi les prépositions proposées : *sans – selon – pendant – chez – parmi – pour.*

a. C'est bien le spectacle .... j'ai le plus ri de ma vie !

b. Rita vient de contacter une galerie .... elle aimerait travailler.

c. Voici différents dessins .... vous pouvez choisir.

d. J'ai une grande admiration pour Léon .... je n'aurais pas réussi dans ce domaine.

e. L'argument .... l'art-thérapie ne sert à rien est faux.

f. C'est un couple d'amis artistes .... nous allons dîner samedi.

3. Faites une seule phrase avec un pronom relatif en faisant les changements nécessaires.

Exemple : Je tiens beaucoup à ce livre. C'est un livre ancien. → C'est un livre ancien auquel je tiens beaucoup.

a. Une revue d'art a publié un article. D'après cet article, mes œuvres seraient vulgaires.

b. J'ai reçu une invitation. L'adresse du théâtre se trouve au bas de l'invitation.

c. Les Guéguin sont des mécènes. J'ai obtenu un soutien financier grâce aux Guéguin.

d. Les employés du musée ont un nouveau directeur. Ils se plaignent beaucoup de ce nouveau directeur.

e. Les deux hommes sont des auteurs de BD. Les deux hommes sont à côté de Charlie.

4. Complétez le texte avec les pronoms relatifs simples et composés manquants.

Lire les mails | Écrire

Salut Hermine,

Tu connais ma passion pour l'art, n'est-ce pas ?
Hier soir, j'ai assisté à un vernissage .... l'artiste était présente. J'ai pu discuter avec elle de .... a inspiré son travail et de la façon .... elle a créé certaines sculptures. Les défis .... elle a été confrontée ont été énormes ! Léti Hego est vraiment une artiste aux talents multiples. Elle expose également des photographies .... sont regroupées sur deux murs, sur .... ses photos en noir et blanc sont bien mises en valeur dans de jolis cadres. Lors de notre conversation, elle m'a précisé qu'elle était à la recherche d'un endroit calme .... trouver l'inspiration. Et j'ai pensé à la maison de vacances .... tu possèdes au bord de la mer. Est-elle libre en ce moment ? Serais-tu d'accord pour la lui louer pendant trois mois ? J'ai une grande admiration pour cette artiste en .... tu peux avoir toute confiance.
Si tu es d'accord, réponds-moi vite et je te transmettrai son mail.

Ton ami Orso

Phonétique

▷ Méli-mélo de sons

Repérage

 41 **1.** Écoutez les phrases et répétez-les, puis vérifiez l'orthographe page 165.

Entraînement

 42 **2.** Écoutez ce poème de Paul Verlaine et répétez-le.

Mon rêve familier

Je fais souvent ce rêve étrange et pénétrant
D'une femme inconnue, et que j'aime, et qui m'aime
Et qui n'est, chaque fois, ni tout à fait la même
Ni tout à fait une autre, et m'aime et me comprend.

Car elle me comprend, et mon cœur, transparent
Pour elle seule, hélas ! cesse d'être un problème
Pour elle seule, et les moiteurs de mon front blême,
Elle seule les sait rafraîchir, en pleurant.

Est-elle brune, blonde ou rousse ? - Je l'ignore.
Son nom ? Je me souviens qu'il est doux et sonore
Comme ceux des aimés que la Vie exila.

Son regard est pareil au regard des statues,
Et, pour sa voix, lointaine, et calme, et grave, elle a
L'inflexion des voix chères qui se sont tues.

Dictée phonétique

 43 **3.** Écoutez l'enregistrement, écrivez les phrases, puis vérifiez l'orthographe page 165.

a. ....
b. ....
c. ....
d. ....
e. ....
f. ....
g. ....
h. ....
i. ....

Compréhension orale

Quand le dunk devient un art

🎧 44 Écoutez l'enregistrement et répondez aux questions suivantes.

1. *Dunk or Die* est un documentaire :
- ☐ **a.** sur les influenceurs du XXIe siècle.
- ☐ **b.** sur le parcours de Kadour Ziani.
- ☐ **c.** sur les artistes influents du siècle dernier.

2. Qui est Kadour Ziani selon le chroniqueur ?
- ☐ **a.** Un basketteur.
- ☐ **b.** Un influenceur.
- ☐ **c.** Un artiste.
- ☐ **d.** Un athlète.

3. Qu'est-ce qu'un dunk ?
- ☐ **a.** Une figure de basket-ball.
- ☐ **b.** Un saut avec les mains en l'air.
- ☐ **c.** Un ballon de basket français.

4. Vrai ou faux ?
- **a.** Avec Kadour Ziani, le dunk est devenu une discipline artistique. ☐ V ☐ F
- **b.** Avec sa troupe, la Slamnation, il s'est produit dans le monde entier. ☐ V ☐ F
- **c.** Il mesure seulement 1,50 m et saute pourtant très haut. ☐ V ☐ F
- **d.** Il saute très gracieusement telle une étoile filante dans le ciel. ☐ V ☐ F

5. Sa passion pour le dunk lui a permis de :
- ☐ **a.** s'élever.
- ☐ **b.** se faire connaître.
- ☐ **c.** se réconcilier avec ses proches.
- ☐ **d.** se libérer.

6. Quelle est l'origine de Kadour Ziani ?
....

7. Son adolescente a été :
- ☐ **a.** sans histoire.
- ☐ **b.** difficile.
- ☐ **c.** épanouissante.
- ☐ **d.** normale.
- ☐ **e.** chaotique.

8. Vrai ou faux ? Il voulait voler tel un oiseau afin de :
- **a.** prendre de la hauteur et ne jamais avoir de problèmes. ☐ V ☐ F
- **b.** régler ses problèmes sans utiliser les armes. ☐ V ☐ F

9. Comment le chroniqueur qualifie-t-il les gestes de Kadour Ziani ?
....

10. Reformulez les deux énoncés ci-dessous.
- **a.** Il a failli sombrer dans le grand banditisme.
....
- **b.** Je suis ravi qu'on puisse mettre de la lumière sur ce parcours.
....

Production écrite

Lisez le texte et rédigez votre participation.

Dans le cadre d'un concours « **Les émotions et les arts** », exprimez-vous dans une lettre au sujet de votre d'œuvre d'art préférée. Un prix sera offert à la lettre qui séduira le plus le jury.

Vous décidez d'envoyer votre lettre de participation à ce concours. Dans une première partie, vous faites une description objective d'une œuvre (le type d'œuvre, son auteur, la date, le courant artistique…). Dans une deuxième partie, vous proposez au jury votre interprétation personnelle et argumentée de l'œuvre : les raisons pour lesquelles vous l'aimez particulièrement et ce que vous ressentez en l'admirant.

Testez vos connaissances culturelles et linguistiques.

a. Quelle forme d'expression artistique est également appelée le 7e art ?
- ☐ La poésie
- ☐ Le cinéma
- ☐ La bande dessinée

b. Quel est le prénom du peintre de *La Joconde* ?
- ☐ Gustavo
- ☐ Pablo
- ☐ Leonardo

c. Quelle ville ne possède pas de statue de la Liberté ?
- ☐ Montréal
- ☐ Paris
- ☐ New York

d. Quel est le livre le plus traduit dans le monde (hors textes religieux) ?
- ☐ Pinocchio
- ☐ Le Petit Prince
- ☐ Harry Potter

e. Quel peintre a réalisé le plafond du Palais Garnier en 1964 ?
- ☐ Pablo Picasso
- ☐ Piet Mondrian
- ☐ Marc Chagall

f. Quel est le musée incontournable de Bruxelles ?
- ☐ Le musée de la BD
- ☐ Le musée de la frite
- ☐ Le musée du parapluie

g. Que pourriez-vous dire face à une œuvre qui ne vous emballe pas ?
- ☐ Ça ne casse pas des pierres. C'est un croûton.
- ☐ Ça ne casse pas des briques. C'est une croûte.
- ☐ Ça ne casse pas des cailloux. C'est une tarte.

h. Ce peintre exposera ses toiles :
- ☐ dès qu'il aura trouvé une galerie.
- ☐ alors qu'il aura trouvé une galerie.
- ☐ tant qu'il aura trouvé une galerie.

i. Cette dessinatrice de BD est au sommet de son art. Elle a un bon coup de :
- ☐ main.
- ☐ barre.
- ☐ crayon.

j. Je prends mon déjeuner :
- ☐ jusqu'à ce que tu choisisses une expo.
- ☐ d'ici à ce que tu choisisses une expo.
- ☐ en attendant que tu choisisses une expo.

k. Ce débat sur l'art contemporain m'a pris :
- ☐ la chouette.
- ☐ le chou.
- ☐ la choucroute.

l. Jeff Koons est un artiste :
- ☐ duquel je m'intéresse de près.
- ☐ lequel je m'intéresse de près.
- ☐ auquel je m'intéresse de près.

m. La musique classique me rend mélancolique. J'ai le moral :
- ☐ dans les baskets.
- ☐ dans les sandalettes.
- ☐ dans les chaussettes.

FICHE MÉTHODOLOGIQUE / 6

S'exprimer pour convaincre et/ou persuader
⋯⋯> pour maîtriser les stratégies argumentatives à l'oral et à l'écrit.

Convaincre ou persuader consiste à faire adhérer son interlocuteur/trice à son message. Pour cela, il faut s'adapter au contexte de communication et choisir les arguments en fonction de ce contexte. La démarche d'argumentation sera différente si on veut convaincre ou persuader.

A. Comment faire ?

1. Pour convaincre, on doit connaître les clés de l'argumentation pour faire reconnaître ses idées, son point de vue.
- Structurez votre pensée en **hiérarchisant** les différents arguments. Donnez votre argument le plus incisif dès le début pour capter l'attention de votre interlocuteur/trice. Utilisez pour cela des connecteurs qui l'aideront à suivre le cheminement de votre pensée et illustrez vos arguments.
- Appuyez-vous sur des **chiffres** et des **données factuelles** : Pourquoi ? Comment ? Quand ? éventuellement Combien ? Les faits et les chiffres permettent d'affirmer vos idées, de donner de la crédibilité à vos propos.

2. Pour persuader, on fait appel aux **sentiments** et on sollicite l'émotion.
- Attirez l'attention de la personne avec des anecdotes pour créer du lien et de l'émotion (empathie, amusement…) et ainsi faciliter les interactions.
- Utilisez des **formules percutantes**, le lexique des émotions, des sentiments. Ne perdez pas de vue le fait que toucher la sensibilité de l'interlocuteur/trice doit avoir pour but de l'amener à réfléchir, voire à reconsidérer son point de vue.

B. À votre tour !

1. Lisez les citations du document A de l'unité 11 page 162, dans le livre de l'élève. Ces phrases permettraient-elles de persuader ou convaincre selon vous ?

2. Voici 4 sujets en relation avec les thématiques des unités 11 et 12. Choisissez une affirmation et dites si vous êtes d'accord.

Listez vos arguments. Pour chacun d'entre eux, précisez s'il sert à convaincre ou persuader votre interlocuteur.
- **a.** Les humains deviendront les esclaves de l'intelligence artificielle.
- **b.** La science dit toujours la vérité.
- **c.** La culture, c'est pour les riches.
- **d.** L'art, ça ne sert à rien.

Transcriptions Documents audios

Unité 1 Se mettre au vert

Phonétique

Page 12, Activité 1
a. que j'aie – b. qu'elle finisse – c. que tu attends – d. que nous allions – e. que je prenne – f. que vous faisiez – g. qu'on met – h. que tu conduises – i. qu'ils aillent

Page 12, Activité 2
a. Pensez-vous que les mesures adoptées aillent dans le bon sens ?
b. Il faudrait que vous alliez plus souvent au marché.
c. Je doute que vous ayez compris l'ampleur des changements nécessaires.
d. Croyez-vous que les ONG aient une véritable influence sur les décisions des députés ?
e. Je ne pense pas que tu aies compris.
f. Que faire pour que les industriels aient une prise de conscience de leur impact ?
g. Il faut que j'y aille tout de suite !
h. Il faudrait d'abord que nous ayons une vision commune des objectifs.
i. Le directeur aimerait que nous allions tous au travail à vélo.

Page 12, Activité 3
a. Il me semble que tu es sur la bonne voie !
b. Je ne crois pas qu'il ait raison.
c. Je suis convaincu que j'ai pris la bonne décision.
d. Cela me choque que tu aies acheté un SUV !
e. Je trouve révoltant que mes voisins n'aient pas trié leurs déchets.
f. Vous êtes sûr que l'appartement est bien isolé ?
g. Ma fille espère que j'ai acheté un vélo électrique.
h. Il y a des chances que j'aie oublié de jeter le verre.

Unité 2 Être ou avoir ?

Phonétique

Page 24, Activité 1
a. Elle est allée s'acheter une robe pour le mariage de sa fille.
b. Ce sac me plairait beaucoup ! Tu m'en fais cadeau ?
c. Bonjour madame, vous avez du pain sans gluten ?
d. Les voisins devaient venir passer l'après-midi mais ils sont en retard.
e. Est-ce que je peux vous être utile ?
f. Connais-tu ce couturier chinois ? Il est très doué !
g. J'ai tapé du poing sur la table pour que nous puissions reprendre la réunion.
h. Ils devraient déjà être revenus des courses.
i. Habituellement, mes enfants ne mangent pas de bonbons le soir.
j. Je t'ai déjà dit que je rentrerai tard.

Page 24, Activité 2
a. Je ne veux pas retourner le voir en concert.
b. J'ai froid. Ferme la fenêtre !
c. Ça marche ! On se retrouve au café à quatre heures.
d. Que veux-tu enfin ? Que je rentre tout de suite à la maison ?
e. Il revient dans une minute.
f. Je me rends compte qu'il a oublié son portefeuille.
g. Il m'appelle ce matin.
h. Branche-toi sur cette chaîne de mode.
i. Ce livre de Marie-Aude Murail s'appelle *Le Hollandais sans peine*.
j. On se retrouve jeudi soir au gymnase.

Page 24, Activité 3
a. Qu'est-ce que vous en pensez ?
b. Si vous le voulez, vous pouvez le prendre sans problème.
c. Ils peuvent venir faire les soldes avec moi s'ils veulent.
d. L'espagnol est une langue assez facile à apprendre, plus que le hongrois.
e. La serveuse ne m'a pas encore rendu la monnaie.
f. Que faites-vous ce soir pour le dîner
g. Elle essaie d'enlever les taches sur sa manche mais c'est impossible.
h. J'adore ce hall d'immeuble, c'est un plus pour ce logement.

Compréhension orale

Page 25, L'Autre Librairie

Mathilde Munos : Esprit d'initiative, dernier épisode de notre série de reportages en Charentes. Bonjour Daniel Thompson.

Daniel Thompson : Bonjour Mathilde.

Mathilde Munos : Vous avez poussé la porte d'une librairie pas tout à fait comme les autres. L'Autre Librairie à Angoulême est une coopérative et les lecteurs sont aussi les associés.

Daniel Thompson : C'est une histoire qui commence il y a trois ans, quand une précédente librairie, emblématique à Angoulême, disparaît avec le départ en retraite du libraire. Les habitués du lieu décident alors de réagir.

Pierre-Jean Fichet : La librairie est née d'une initiative citoyenne au moment de la fermeture d'une autre librairie qui a provoqué une sorte d'émoi parmi ses clients qui étaient habitués à la qualité du lieu, à sa position dans la ville et qui regrettaient sa disparition. Ces personnes se sont réunies, rencontrées et petit à petit est né le projet de créer une nouvelle librairie.

Daniel Thompson : Ainsi naît L'Autre Librairie juste en face de l'ancienne, un choix qui ne doit rien au hasard poursuit Pierre-Jean Fichet, président du conseil d'administration.

Pierre-Jean Fichet : Nous avons choisi de nous installer dans la vieille ville d'Angoulême et dans une rue qui n'est plus le centre commercial d'Angoulême donc ça comportait une part de risque, mais qu'on souhaitait prendre parce que c'était dans notre projet de vitaliser cette partie d'Angoulême.

Daniel Thompson : Très rapidement, la forme aussi s'est imposée : une librairie coopérative dont les clients lecteurs peuvent aussi être sociétaires et qui compte désormais 240 souscripteurs.

Pierre-Jean Fichet : Au-delà du simple fait d'avoir des livres mis à disposition d'une clientèle, il y a le désir partagé par l'ensemble des sociétaires de créer autour de ces livres une vie culturelle commune. Et c'est ce qui permet à notre coopérative de fonctionner, c'est l'investissement des sociétaires, en argent mais aussi en temps. Ils participent aux décisions, ils participent aux activités, ils se rencontrent, ils discutent. Et en fait, c'est la vie culturelle de la librairie qui nous importe à tous.

Daniel Thompson : En apparence une librairie ordinaire donc, mais dans les faits un peu plus que cela et un fonctionnement très collectif pour tous les aspects de la vie du lieu, détaille Christian du Mottay, un des autres membres fondateurs.

Christian du Mottay : Il y a plusieurs comités : il y a un comité de lecture, un comité qui réfléchit aux animations et qui les réalisent, il y a un comité communication, il y a un comité bricolage, aménagements, relations humaines. Mais dans l'esprit, toujours, d'une économie sociale et solidaire.

France Inter.

Unité 3 Chercher sa voie

Phonétique

 Page 36, Activité 1
a. Paul investit en Asie et en Afrique.
b. Le concours sera en août.
c. Elle n'est plus sûre de son but.
d. Cela ne coûte pas un sou.
e. Il est sorti du système scolaire.
f. Elle est au bout de son parcours.

 Page 36, Activité 2
a. Il étudie la physique quantique sur une île.
b. Tu es sûr ou tu es sourd ?
c. C'est une structure culturelle d'apprentis clowns.
d. J'ai dû tout dire au jury en dix minutes !
e. Où as-tu mis cet outil inutile ?
f. J'ai eu une idée de génie dans la rue.
g. Il s'est tu ou il sait tout ?
h. Ce cours de foot n'est plus du tout de mon goût.
i. Ce type vend du riz ou du maïs ?

 Page 36, Activité 4
a. Tu as pu lire le sujet de la réunion du jour ?
b. Sur le document ci-dessous, tu verras tout.
c. La durée du parcours varie de six à dix mois.
d. Ce système privilégie la réussite d'une élite.
e. Il a obtenu un boulot à l'air pur dans la nature.
f. Y a-t-il une université publique à Toulouse ?
g. Avez-vous lu son analyse ?
h. J'ai mis mon ordi sous le bureau.
i. Une usine a brûlé dans le Sud du pays.

Unité 4 Être connecté ou ne pas être

Phonétique

 Page 50, Activité 1
a. Il n'aime pas les commentaires malveillants.
b. Je te redonne ton portable.
c. Il est mal à l'aise avec la technologie.
d. J'ai publié une vidéo.
e. Je te demande de tenir ta langue.
f. Les générations plus âgées sont en difficulté.

 Page 50, Activité 2
a. Je ne vais pas divulguer tes secrets et tes peines.
b. Elle déteste les objets connectés.
c. Grand-mère ne surfe pas sur le net dans la forêt.
d. J'ai rencontré Solène l'été dernier sur le net.
e. Nous faisons un atelier pour les séniors.
f. J'essaye cette tablette violette qui est très laide.
g. Joëlle a le nez collé à son écran.

 Page 50, Activité 3
a. Éric a payé l'accès internet à la médiathèque.
b. Je regarde mon écran dès le réveil.
c. Il commet une erreur en téléphonant à René.
d. Je voudrais récupérer mes données personnelles.
e. Quels secteurs sont touchés par la dématérialisation ?
f. Elle a fait une publication gênante à Noël.
g. Les commentaires méchants me prennent la tête.
h. Pouvez-vous numériser mes papiers s'il vous plaît ?
i. J'ai dévoré la dernière saison de ma série préférée.
j. La connexion est mauvaise, je vais devoir raccrocher.

Compréhension orale

 Page 51, Plus d'un Français sur cinq filtre ses appels

Journaliste : À votre tour, Julien Baldacchino, avec la chronique des nouvelles technologies, *Net Plus Ultra*. Alors en général, c'est la chronique la plus connectée du carrefour. Aujourd'hui, c'est plutôt une chronique déconnectée.

Julien Baldacchino : Eh oui, car l'Insee a publié cette semaine une étude très intéressante sur le rapport entre les Français et ce qu'on appelle les TIC, les technologies de l'information et de la communication. Cette enquête, il en ressort que 95 % des Français ont un portable (pour trois quarts des smartphones), et 90 ont un accès à Internet et une ligne fixe chez eux. Si l'on croise les deux, il reste une frange d'à peu près 1 % de la population qui n'a absolument pas accès à Internet, ni à domicile ni en mobilité. J'ai demandé à Stéphane Legleye, qui est chef de la division « conditions de vie des ménages » à l'Insee quel était le profil type de ces personnes.

Stéphane Legleye : Les personnes qui sont pas équipées d'internet à leur domicile, c'est des personnes qui sont plutôt âgées, et qui manquent de moyens financiers. Et celles qui ont pas le téléphone, en fait c'est des personnes qui sont plutôt peu éduquées, pauvres et âgées. Évidemment aujourd'hui, c'est un frein à beaucoup de démarches, ça c'est certain. La frange de la population qui n'est pas équipée, plus exactement qui ne peut pas accéder à Internet depuis chez elle ou avec son téléphone, se retrouve assez marginalisée pour recourir à beaucoup de services et faire valoir des droits.

Julien Baldacchino : Et la réciproque est vraie aussi, les classes d'âge les plus jeunes et les plus aisées sont les plus à même de détenir un smartphone : il y a une très grande

différence entre les plus démunis (73 % ont un téléphone connecté) et les très très riches, qui sont à 94 % équipés.
Journaliste : Est-ce qu'avoir un téléphone, ça veut forcément dire être facilement joignable ?
Julien BALDACCHINO : Eh bien, pas du tout. Sachez que si par exemple vous avez pris l'habitude de ne pas répondre systématiquement quand votre téléphone sonne, vous filtrez vos appels entrants y compris quand vos proches vous appellent. Eh bien, vous n'êtes pas les seuls, loin de là. Environ une personne sur cinq filtre systématiquement ses appels. Pour Stéphane Legleye, il y a un vrai changement dans les comportements.
Stéphane LEGLEYE : Le fait d'être équipé veut pas dire qu'on se sert du téléphone de manière directe et immédiate pour prendre des appels. Les gens ne laissent plus entrer d'appels dont ils ignorent la provenance. Il est d'usage de plus en plus de ne pas répondre. Et par ailleurs, on filtre aussi pour ses amis, on choisit les moments où l'on veut se rendre joignable : le téléphone est un moyen d'être prévenu d'une tentative de contact, mais sera pas nécessairement le moyen avec lequel, en tout cas la voix sur le téléphone, ne sera pas nécessairement le moyen avec lequel la communication s'établira par la suite.
Julien BALDACCHINO : Et la proportion augmente même chez les plus de 75 ans : à 32 % des personnes qui filtrent ou qui refusent systématiquement les appels. Hasard du calendrier, cette semaine sur les réseaux sociaux on a beaucoup vu tourner la proposition d'un chef d'entreprise pour les futures versions de l'iPhone, une suggestion adressée à Apple, visuel à l'appli, à l'appui pardon, qui permettrait d'écrire la raison d'un appel, qui s'afficherait donc avec le nom du correspondant sur le téléphone. Et vu les résultats de cette enquête, on se dit que ça peut être une bonne idée.
Journaliste : Julien Baldacchino et la chronique *Net Plus Ultra*.

France Inter.

Unité 5 Histoire au passé et au présent

Phonétique

 15 Page 62, Activité 1
a. Jean a chanté à Caen. Quelle ambiance !
b. Il a un bon nombre d'amis à Londres.
c. Souvent le vent souffle en novembre.
d. Il lira sa synthèse demain matin.
e. Raymond trompe son monde.
f. Lundi à Melun, j'ai vu Adrien.
g. Le montant de cette aide n'est vraiment pas suffisant.
h. Il m'indique cinq peintres impressionnistes.
i. Et la ponctualité alors ? Non mais voyons !
j. Ce doux parfum me donne faim.

16 Page 62, Activité 2
a. Sincèrement, vous pensez que c'est impossible ?
b. Tu es pompier volontaire ? Ah bon !
c. Pendant longtemps, Léon m'a menti effrontément.
d. Tu éteins la télé. Un point c'est tout !
e. Nathan sera présent ? Les copains comptent sur lui.
f. Quels sont les bienfaits d'une infusion de thym ?
g. Comprends-le ! Gontran a si mal aux dents !
h. Cet animal est un paon ? C'est surprenant !
i. Tu as faim ? Il faudra attendre encore un moment.
j. Passe-moi la synthèse de la réunion de lundi.

 17 Page 62, Activité 3
a. Sincèrement, vous pensez que c'est impossible ?
b. Tu es pompier volontaire ? Ah bon !
c. Pendant longtemps, Léon m'a menti effrontément.
d. Tu éteins la télé. Un point c'est tout !
e. Nathan sera présent ? Les copains comptent sur lui.
f. Quels sont les bienfaits d'une infusion de thym ?
g. Comprends-le ! Gontran a si mal aux dents !
h. Cet animal est un paon ? C'est surprenant !
i. Tu as faim ? Il faudra attendre encore un moment.
j. Passe-moi la synthèse de la réunion de lundi.

 18 Page 62, Activité 4
a. On se souviendra longtemps de ce champion.
b. Un bon chirurgien soutient son patient après l'opération.
c. En plein champ, je me sens bien.
d. Chacun prend un bon bain le matin.
e. Ce gamin blond a un accent parisien.
f. Ce petit ronron montre combien mon chaton est content.
g. L'entretien du jardin incombe à un jardinier.
h. En trente ans, on rencontre bien des gens sympathiques.
i. Dans un coin, il mange un sandwich au jambon blanc.
j. Simon et Alain ont emprunté un roman.

Unité 6 Lever l'ancre

Phonétique

 19 Page 76, Activité 1
a. C'est agréable de vivre à côté d'une forêt.
b. Cette activité sportive a du succès auprès des jeunes.
c. Il y a un très beau château féodal sur l'île où je suis allée cet été.
d. Un bon plat de pâtes redonne de l'énergie après une grande randonnée.
e. C'est la première fois qu'ils viennent dans ce massif.
f. Il était sûr d'être déjà passé à cet endroit-là.
g. Elle s'est fait mal aux pieds pendant le trekking.

20 Page 76, Activité 2
a. Ma mère m'empêche de faire de l'escalade.
b. Nous avions prévu d'aller à la mer et nous avons dû annuler.
c. Je suis allé à l'hôpital car je suis tombé sur la tête après une chute de vélo.
d. Ils prennent le métro pour être à l'heure à la compétition d'escalade.
e. Nous emportons de la vaisselle en plastique pour pique-niquer chez nos amis.
f. J'espère que le temps sera ensoleillé pour la randonnée d'après-demain.
g. Tu achètes les billets de train pour le séjour à la mer ?

 21 Page 76, Activité 3
a. Au-delà de cette montagne, il y a l'océan.
b. Mon frère pêche dans la rivière d'à côté depuis des années.
c. Tu as pris ton piolet et des bâtons de marche ?
d. La température est fraîche depuis hier.
e. Nous allons dormir à la belle étoile près d'un sentier.
f. La prochaine expédition va être extrêmement dure.
g. Où partez-vous l'été prochain ?
h. Le trajet est très long pour aller à Rennes.

Compréhension orale

 22 Page 77, Vacances compliquées

Apolline de Malherbe : Et aujourd'hui, on commence avec l'histoire de Mounir.

Marie Dupin : Oui, alors Mounir, il lui est arrivé une histoire pas très marrante et franchement à peine croyable. Il est parti en vacances au mois d'août avec toute sa petite famille : ses deux petites filles en bas âge, sa nièce, sa femme et sa belle-mère. Il avait réservé ses vacances sur le site *Lastminute*, qu'on connaît tous très bien. Direction un super camping à la Rochelle, le grand bungalow, la piscine, la mer juste à côté, juste à côté sauf qu'en fait ben, il y avait pas de camping pour Mounir et sa famille.

Mounir : C'est à ce moment-là que j'ai appris que j'avais pas de réservation en fait, que ça avait été annulé. Ça a commencé à midi, on a passé toute la journée sur un parking avec les enfants, sans réponse. On a eu une proposition qui nous a été faite, il était 21 heures. Donc de La Rochelle, ils ont voulu, ils ont trouvé un hôtel à Cognac, donc à une heure et demie. Et là en fait, on a pris soin d'appeler cet hôtel en fait parce qu'on sentait bien que ça avait l'air d'être compliqué et ça avait l'air d'être mal géré et là on est vraiment tombés des nues quand on a appelé l'hôtel qu'ils nous avaient proposé et que là l'hôtel nous dit qu'ils sont complets depuis une semaine.

Marie Dupin : Donc voilà : pas d'hôtel, pas de camping. Du coup après une journée bien longue et bien pénible avec les deux petites filles en bas âge dans la voiture sur le parking, bah Mounir et Mélanie ont réservé un hôtel à leurs frais, évidemment, à 45 minutes de là, dans les terres, et ils ont pas vraiment passé les vacances qu'ils avaient prévues.

Mélanie : On avait réservé dans un camping 4 étoiles à côté de La Rochelle avec des espaces pour les enfants, une piscine et toboggan. Finalement on a dû aller dans un hôtel où les gens étaient fort chaleureux mais bon, pas du tout le même standing. On était dans trois chambres différentes, on faisait 45 minutes de route aller-retour pour pouvoir aller à La Rochelle tous les jours à deux voitures avec les enfants, donc c'était compliqué, ils étaient fatigués. C'était beaucoup plus fatigant et contraignant que ce qu'on avait espéré.

Apolline de Malherbe : Et depuis, évidemment, Mounir et Mélanie, ben, sont sans nouvelles de *Lastminute*.

Marie Dupin : Alors ils étaient sans nouvelles jusqu'à vendredi, jusqu'à ce que nous, on appelle et évidemment ça a fait un petit peu bouger les choses. C'est dommage mais c'est comme ça. *Lastminute* m'a promis que Mounir serait remboursé, même dédommagé pour le préjudice subi. Il y a carrément une enquête interne qui est en cours pour tenter de comprendre ce qui s'est passé.

RMC.

Unité 7 Le sens de l'actu

Phonétique

 23 Page 88, Activité 1
a. David a le regard fatigué.
b. Le décor du plateau est clinquant.
c. Ce canular est catastrophique.
d. Ce garçon aime les ragots.
e. Éric développe son esprit critique.
f. Cette nouvelle négative m'angoisse.

 24 Page 88, Activité 2
a. Redis-moi la durée du film.
b. La culture, c'est toute l'année !
c. Ce journal est danois ou suédois ?
d. Un cadeau pour Didier ? Merci !
e. Il écoute une émission politique.
f. La caricature remonte à l'Antiquité.

 25 Page 88, Activité 3
a. Cette grille de programmes manque de qualité.
b. C'est un journal satirique grec.
c. Malgré la cadence intenable, Agathe tient le coup.
d. Edgar manque cruellement de positivité.
e. Ce périodique édite des contenus inégaux.
f. Octave Legai écoute des podcasts grotesques.
g. Ce geek se coupe des médias d'actualité.
h. Le dessin d'actu est également un art éditorial.
i. C'est une chronique gastronomique de deux minutes trente.
j. Ma gourde est tombée sur le disque. Quelle galère !

26 Page 88, Activité 4
a. L'auditeur écoute une radio thématique.
b. Gaston rédige un article sur le quai de la gare.
c. Les médias traditionnels ne gagnent plus de lecteurs.
d. Ce programme d'investigation propose des enquêtes.
e. À Dakar, la rédaction de RFI est multilingue.
f. Tony me demande de traduire l'édito d'un magazine.
g. Une dame sénégalaise déguste une mangue devant la télé.
h. C'est une radio récente en langue locale.
i. J'aime l'information de qualité, indépendante et pluraliste.

Unité 8 Prenez soin de vous !

Phonétique

 27 Page 102, Activité 1
a. Mon médecin est très fatigué, il travaille sans cesse.
b. J'ai des boutons rouges sur le visage. Je devrais m'inquiéter ?
c. Savez-vous si ce plat est sans gluten ?
d. Ce médecin est bizarre, il a toujours besoin de faire du zèle.
e. Elles disent qu'elles ont acheté des roses pour mettre les malades à l'aise.
f. Chaque dimanche, ma mère voit son amie Charlotte qui est infirmière.
g. Ma plus jeune fille gère un programme de jeux pour enfants malades.
h. Nous cherchons la chambre de madame Dumont.

28 Page 102, Activité 2
a. J'aime les chats mais j'y suis allergique.
b. Où as-tu rangé le chéquier et le carnet de santé ?
c. Ces symptômes ne sont pas très gênants.
d. Isabelle est intolérante au fromage ?
e. Ce spécialiste de la digestion m'a donné rendez-vous pour jeudi soir.
f. J'ai chaud ! Jusqu'à quelle heure va-t-on attendre ?
g. La zoologie est une autre approche de l'anatomie.
h. Jean cherche un emploi d'aide-soignant.
i. En médecine, on ne juge jamais l'attitude des patients.

29 Page 102, Activité 3
a. Je cherche le chef du magasin.
b. Vous pensez que les jeunes apprennent mieux en jouant ?
c. Ce serait bien de perdre ces mauvaises habitudes.
d. Vous êtes sûr que c'est le bon chemin ?
e. Julien n'est pas sûr de pouvoir participer au jeu.
f. Elle a décidé de ne pas poursuivre ses études de chirurgie.
g. La gestion de cet hôpital laisse à désirer.
h. On ne porte pas de jupe pour monter à cheval.

Compréhension orale

 30 Page 103, L'allergie au soleil
Le journaliste : Votre santé. On retrouve à présent le docteur Brigitte Milhau qui nous conseille comme chaque matin. Bonjour docteur.
Brigitte Milhau : Bonjour Théo.
Le journaliste : On peut être allergique à beaucoup de choses, on l'a découvert avec vous tout cet été, mais on peut même être allergique au soleil. Alors ça, c'est vraiment pas de chance !
Brigitte Milhau : Oui, on fait on dit tous une allergie au soleil, mais le terme exact c'est « lucite ». En fait c'est une inflammation de la peau qui est due aux rayons du soleil. Et pour être plus juste, on parle de lucites au pluriel, il y en a plusieurs. Et on va parler de la plus fréquente ce matin, c'est la lucite estivale bénigne. Elle survient dans la fréquente majorité des cas chez la femme jeune, entre 25 et 35 ans. L'éruption apparaît en quelques heures, habituellement moins de 12 heures, après une exposition intense et prolongée. C'est la classique allergie solaire du premier ou du deuxième jour des vacances.
Le journaliste : Oui.
Brigitte Milhau : La localisation des lésions est très évocatrice. Elle domine au niveau des régions habituellement couvertes hein le reste de l'année, surtout au niveau du décolleté, les épaules, un peu les membres supérieurs, parfois, mais c'est exceptionnel, le dos des mains et des pieds. Mais généralement, et ça c'est important pour le diagnostic, elle épargne le visage.
Le journaliste : D'accord.
Brigitte Milhau : L'éruption est faite la plupart du temps de petites plaques bulles rouges, pointues, à un demi-millimètre de diamètre, donnant une sensation, vous voyez quand vous touchez, ça fait un peu comme du granité sous les doigts. Ça démange très fort, c'est très désagréable, ça peut même empêcher de dormir et si c'est vraiment insupportable, votre médecin pourra vous prescrire une crème à la cortisone à appliquer le soir.
Le journaliste : Elles peuvent durer longtemps ces allergies, ces lucites estivales ?
Brigitte Milhau : Bravo ! Lucites estivales bénignes. Habituellement, l'éruption s'atténue en une dizaine de jours pour s'effacer en même temps que le bronzage apparaît. Mais parfois elle peut persister pendant toute la durée du séjour et là, ça gâche les vacances hein. Mauvaise nouvelle : elle récidive au cours des étés suivants. Si vous avez commencé à faire une lucite estivale, vous pouvez être sûr que l'été d'après, au premier soleil, vous allez refaire une lucite.
Le journaliste : Alors est-ce qu'on peut tenter de l'éviter malgré tout ?
Brigitte Milhau : Ben toujours des mesures de bon sens hein. Une exposition très progressive qui va permettre au bronzage d'apparaître sans passer par la case coup de soleil car, on le rappelle, le bronzage c'est un mécanisme de défense, hein. Il existe aussi des crèmes spéciales LEB, comme lucite estivale bénigne qui laissent passer une partie des UV tout de même pour que la peau puisse s'habituer au soleil. Donc on le voit, même si cette réaction est bénigne, elle est très désagréable alors il vaut mieux prévenir que guérir.
Le journaliste : Le conseil santé tous les matins signé du docteur Brigitte Milhau. Merci beaucoup docteur, à demain.
Brigitte Milhau : Merci, à demain.

Europe 1.

Unité 9 La richesse en partage

Phonétique

 31 Page 114, Activité 1
a. Valérie est venue hier.
b. Béatrice et Bruno ont eu un bébé qui s'appelle Basile.
c. Mon siège est dans le wagon numéro vingt.
d. Comment feras-tu pour passer ton diplôme de philosophie ?
e. Il bosse sur son bilan hebdomadaire.
f. J'ai fini par soigner ma fièvre.
g. Vous voudrez un verre de jus de pomme ?
h. Mon frère Félix est toujours fidèle en amitié.
i. Bernard observe des bactéries dans son laboratoire.
j. Vous avez vu le vélo de Victor ?

 32 Page 114, Activité 2
a. Ce n'est pas facile de se retrouver tous ensemble.
b. La convivialité, c'est vraiment important.
c. Il y des appartements à vendre dans cette partie de la ville ?
d. Mon père vient de refaire le plancher de sa baraque.
e. Cet architecte a fait un triomphe au festival du logement partagé.
f. Les frigos solidaires sont nombreux en Finlande.
g. La fête des voisins a effectivement lieu en février.
h. Il y a vingt-neuf enfants dans ce foyer parisien.
i. J'ai fait comme chez moi en prenant un bain.
j. On a baptisé cette place du nom d'un philosophe célèbre.

 33 Page 114, Activité 3
a. Tu as fait beaucoup d'activités au bord de la mer ?
b. Ne te fais pas de bile, il va arrêter de pleuvoir !
c. Vérifie que j'ai bien fermé la voiture.
d. Ce que je préfère, c'est le bœuf bourguignon.
e. Ne te fâche pas pour ça, je file chercher du pain à la boulangerie.
f. Pour les fêtes, je voudrais aller visiter Vienne.
g. Viens prendre un verre avec mes parents.
h. Elle est forcément coupable, toutes les preuves sont contre elle.

Unité 10 Parlez-vous français ?

Phonétique

 34 Page 128, Activité 1
a. Les étudiants ont rendez-vous à neuf heures pour le concours d'éloquence.
b. Elles apprécient les conférences et elles assistent régulièrement à des TEDx.

c. Juliette préfère regarder des conférences en ligne de chez elle.
d. Nous sommes vraiment heureux de rencontrer ce journaliste.
e. Les jeunes s'expriment plus en verlan qu'en argot.
f. Au Moyen Âge, la rhétorique était très importante.
g. Il y a eu un léger incident au premier acte de la pièce de théâtre.
h. Je vous aurais invité à la conférence sur la glottophobie.
i. Les héros modernes sont ceux qui savent argumenter.
j. Pour accrocher vos auditeurs, racontez des histoires, des anecdotes.

35 Page 128, Activité 2
a. Oublie ta peur de parler en public ! Vas-y !
b. Tu as des idées pour ton sujet au concours d'éloquence ?
c. Il faut atteindre un certain âge pour comprendre ces concepts.
d. Les derniers autobus de nuit ont été annulés.
e. On a pris rendez-vous à l'heure du brunch dans une semaine.
f. Nous avons beaucoup amélioré notre accent en un mois seulement.
g. Ce concours est trop important pour que tu le rates.
h. Mes parents dorment ici, et ils s'y sentent comme chez eux.
i. Il faudrait que le cours soit mieux adapté au niveau des élèves.
j. Mon voisin est hollandais, mais il parle très bien français.

36 Page 128, Activité 3
a. Revenez dans une minute, là, nous sommes occupés.
b. Je ne veux plus y aller.
c. Parlez-en à votre professeur, il pourra vous aider.
d. Pour le cours d'éloquence, nous aurions besoin d'un bon avocat.
e. J'ai revu mes anciens élèves, c'était très émouvant.
f. Ces conseils serviront aux étudiants.
g. Ils ont pris le train, ils étaient très bien installés.
h. Le premier étudiant était très convaincant.

Compréhension orale

37 Page 129, Le *Dictionnaire amoureux de la langue française*
Journaliste : C'est demain que débute la semaine de la langue française, à laquelle s'associe RTL, Bernard, et vous avez rencontré l'écrivain et éditeur Jean-Loup Chiflet.

Bernard Lehut : Oui, un passionné des mots, son *Dictionnaire amoureux de la langue française* vient de paraître en poche chez Plon. J'ai demandé à Jean-Loup Chiflet si cette semaine dédiée à notre langue lui paraît utile.

Jean-Loup Chiflet : Bien évidemment, elle est plus que nécessaire parce que c'est le moment, une fois de plus, de prouver que la langue française va très bien.

Bernard Lehut : Ah oui, vous ne faites pas partie de ce camp des inquiets.

Jean-Loup Chiflet : Justement, je fais pas partie du camp des inquiets, parce que, moi je ne suis qu'un grammairien buissonnier. Cette langue est bousculée, cette langue n'est pas une, et c'est très bon signe. Il y a des gens qui croient qu'en bousculant la langue, c'est très mauvais signe, pas du tout.

Bernard Lehut : Quel type d'amoureux êtes-vous, de la langue française ?

Jean-Loup Chiflet : Je suis un amoureux des curiosités de la langue française, c'est une obsession chez moi. C'est vrai que j'ai commis beaucoup de livres qui jouent toujours autour de la langue et des mots. Les poules du couvent couvent… Les poules du couvent couvent, bon.

Bernard Lehut : Deux mots qui s'écrivent exactement de la même manière, couvent et couvent, et qui ne se prononcent pas de la même façon et évidemment ont des sens différents.

Jean-Loup Chiflet : Exactement.

Bernard Lehut : Alors, il y a une entrée dans votre dictionnaire, justement, c'est spicilège. Donc rappelez-nous ce que sont les spicilèges et puis on va choisir quelques exemples ensuite.

Jean-Loup Chiflet : Oui, ça vient du latin *spicilum*, qui veut dire glaner. Dans cet article, j'ai fait des petits sous-articles qui m'amusent beaucoup, alors je sais pas celui qui vous…

Bernard Lehut : Ben on y trouve en effet plein de choses, notamment, alors ça, ça nous arrive au quotidien, y compris nous, gens de radio : les redondances tautologiques.

Jean-Loup Chiflet : Oui, un « bip sonore ». Quand on dit « des deux jumeaux », c'est une redondance.

Bernard Lehut : Oui, les jumeaux vont forcément par deux.

Jean-Loup Chiflet : Exactement ! La panacée universelle, la samba brésilienne. C'est un de ceux que je préfère, la samba brésilienne.

Bernard Lehut : La samba est toujours brésilienne.

RTL.

Unité 11 Jusqu'où irons-nous ?

Phonétique

38 Page 140, Activité 1
a. rouge – b. quarante – c. croissance – d. essor –
e. grossissement – f. ralentissement – g. révolution –
h. modernisation – i. élargissement – j. évaporation –
k. robotique – l. pénurie – m. blanchir – n. pesanteur

39 Page 140, Activité 2
a. La voiture électrique nécessitera l'exploitation de terres rares.
b. Ce chercheur a reçu un prix international.
c. La rénovation énergétique permettra de réduire les factures.
d. Qui pourra prévoir l'avenir dans les domaines sécuritaire et stratégique ?
e. Trois astronautes français rejoindront quatre astronautes russes.

40 Page 140, Activité 3
a. Que pourra-t-on faire lorsqu'on aura consommé toutes les ressources de la Terre ?
b. Rose te rappellera dès qu'elle aura reçu le rapport.
c. La préservation de la biodiversité représente une priorité.
d. Rémi participera à la conférence sur l'énergie nucléaire.
e. Je crois qu'on pourra respirer un air pur à l'avenir.
f. Le recours aux robots ne devrait pas empêcher les recrutements.

Unité 12 La force des arts

Phonétique

 41 Page 154, Activité 1
a. *Le jeune Werther* est libre comme l'air.
b. Mes yeux sont fatigués, je les ai trop écarquillés.
c. Tu travailles jusqu'à dix-huit heures trente ?
d. Le cirque est arrivé, le chapiteau est monté.
e. Jean-René est un troubadour des temps modernes.
f. Les acrobates enfermés dans une boîte crient au secours.
g. Un songe n'est qu'un petit mensonge.
h. Les artistes ont travaillé pour nous émerveiller.

 42 Page 154, Activité 2
Mon rêve familier de Paul Verlaine

Je fais souvent ce rêve étrange et pénétrant
D'une femme inconnue, et que j'aime, et qui m'aime
Et qui n'est, chaque fois, ni tout à fait la même
Ni tout à fait une autre, et m'aime et me comprend.

Car elle me comprend, et mon cœur, transparent
Pour elle seule, hélas ! cesse d'être un problème
Pour elle seule, et les moiteurs de mon front blême,
Elle seule les sait rafraîchir, en pleurant.

Est-elle brune, blonde ou rousse ? – Je l'ignore.
Son nom ? Je me souviens qu'il est doux et sonore
Comme ceux des aimés que la Vie exila.

Son regard est pareil au regard des statues,
Et, pour sa voix, lointaine, et calme, et grave, elle a
L'inflexion des voix chères qui se sont tues.

 43 Page 154, Activité 3
a. Vous connaissez le magazine spécialisé *Forum d'Art* ?
b. Le quatorze juillet, c'est l'occasion de faire la fête.
c. Son enfance est très présente dans ses livres.
d. C'est un film bizarre dont l'ambiance est électrique.
e. Son mari est moins intéressé par la culture qu'elle.
f. Cette femme est chef d'orchestre ou compositrice d'opéra ?
g. C'est une sage décision de supprimer la télévision à la maison.
h. Je suis très fleur bleue pour la Saint-Valentin.
i. Ce monument est caractéristique de l'architecture française du XVIIe siècle.
j. J'aime la dimension idéologique et politique de cette œuvre.

Compréhension orale

 44 Page 155, Quand le dunk devient un art

Dorothée Barba : On passe au Capture d'écrans avec vous, Redwane Telha, et votre conseil du jour *Dunk or Die*. C'est un documentaire à retrouver sur myCanal.

Redwane Telha : C'est l'histoire de Kadour Ziani. Alors, je suis sûr que vous ne le connaissez pas et pourtant, c'est selon moi l'un des artistes français les plus influents du XXIe siècle. Ce n'est pas un écrivain, il ne fait pas de musique ni de peinture. Son truc à lui, c'est le dunk. Une figure spectaculaire du basket-ball qui consiste à sauter très haut pour accompagner de la main le ballon jusqu'au panier.

Dorothée Barba : Donc c'est un basketteur.

Redwane Telha : Bah non pas du tout. Kadour Ziani ne joue pas au basket. Il ne fait pas de match. Ça ne l'intéresse pas. Il ne vit que pour le dunk et a fait de ce geste une discipline artistique à part entière. Avec sa troupe, la Slam Nation, il a organisé pendant des années des spectacles partout dans le monde, où il réalisait des dunks phénoménaux. Sautant par-dessus plusieurs de ses camarades, réussissant même des sauts à 360 degrés, parvenant à faire des figures que personne n'avait réussies avant lui. C'est simple, on se dit qu'il défie à chaque instant les lois de la gravité. 1 m 50 de détente sèche pour 1 m 79, c'est du jamais vu et pourtant c'est pas le plus impressionnant chez lui. Ce qui a fait de lui un artiste plutôt qu'un athlète, c'est l'intention qu'il met dans chacun de ses dunks. Il y a de la grâce dans ses sauts, comme si un danseur étoile planait dans le ciel. Et puis, il y a une rage folle dans cette façon qu'il a de claquer le ballon dans le panier. Comme si c'était un moyen pour lui de se libérer de ses démons.

Kadour Ziani : Cette passion, c'était un moyen pour m'élever, un moyen pour me réconcilier avec moi-même, une sorte de super psychanalyse avec le deuil. Maintenant que j'ai fait ce travail-là, je suis libéré.

Redwane Telha : Kadour Ziani a grandi dans une famille nombreuse. Ses racines sont algériennes mais il est né à Saint-Dizier. Il vient de ces quartiers populaires du Grand Est dont on ne parle jamais. Une adolescence compliquée, une relation explosive avec ses grands frères. Des armes, des braquages, il a failli sombrer dans le grand banditisme. Et puis, le dunk l'a sauvé.

Kadour Ziani : Je me suis mis à pratiquer du sport, à essayer de devenir un cascadeur. Je voulais voler. Voler c'est s'élever, c'est prendre de la hauteur. Les oiseaux, ils m'ont toujours fasciné. Je me dis ouah, moi je veux être comme eux. Tu as jamais de problèmes. Quand tu as des ailes, tu peux pas avoir de problèmes. Y a un problème, tu voles au-dessus du problème. Les ailes comme une arme absolue pour triompher de tout.

Redwane Telha : Un documentaire tout en noir et blanc, et moi je suis ravi qu'on puisse mettre de la lumière sur ce parcours. L'homme ne saute plus aujourd'hui. Il a près de 50 ans. Il était donc temps de rassembler toutes les archives de sa carrière car il y avait quelque chose de jouissif de voir ce petit gabarit avec sa gueule cassée s'affranchir de toutes les règles en s'envolant vers le panier. Regardez ce doc pour le voir sauter encore et encore. Il y a de la poésie dans chacun des gestes de Kadour Ziani.

Dorothée Barba : *Dunk or Die* de Nicolas de Virieu. Le documentaire est à découvrir sur myCanal. Merci Redwane Telha.

France Inter.

Corrigés

Bilan linguistique B1

1. Quand j'avais dix ans, pour Noël, mes parents m'ont offert un skate. J'étais super content ! J'ai voulu le tester immédiatement et suis sorti à toute vitesse de chez moi. Malheureusement, comme il neigeait et que la route était glissante, je suis tombé au bout de la rue. J'ai cassé mon skate et je me suis cassé la jambe !

2. a. Juliette me dit qu'avant, elle n'aimait pas la glace à la fraise.
b. Ma mère me répète tous les jours de ranger ma chambre.
c. Mes grands-parents nous annoncent qu'ils partent vivre en Australie.
d. Mon frère demande où nous avons prévu de manger dimanche.
e. Marc demande à Angela ce qu'elle pense de sa nouvelle veste.
f. Anne demande à Sylvie si elle a pris son imperméable.
g. Les gens qui ont visité la galerie me disent que mon travail est remarquable.
h. Je me demande ce qu'ils iront faire à Marseille ce week-end.
i. Mon père m'appelle pour me dire de penser à apporter un dessert pour la fête.
j. Monsieur Jean dit à son voisin de le laisser porter ses sacs.

3. a. où – **b.** dont – **c.** que – **d.** qui – **e.** dont

4. a. l' – **b.** lui – **c.** j'y – **d.** j'en – **e.** ne la

5. a. iront – **b.** devriez – **c.** paieraient – **d.** ferons, jetterons – **e.** Pourrais – **f.** serait – **g.** recevra, comprendra – **h.** nous verrions

6. a. pendant – **b.** depuis – **c.** en – **d.** dans – **e.** Pour

7. a. tous – **b.** toute – **c.** tout – **d.** toutes – **e.** tous

8. a. meilleurs – **b.** aussi – **c.** la meilleure ... de – **d.** plus – **e.** mieux

9. a. m'amener – **b.** car – **c.** reviens – **d.** sa candidature – **e.** aller – **f.** rendre visite – **g.** rarement – **h.** espèces – **i.** en ce moment – **j.** soit

Unité 1 Se mettre au vert

Page 5, Grammaire
Exprimer son point de vue

1. a. Je trouve scandaleux – **b.** Je ne crois pas – **c.** Personnellement – **d.** Il considère – **e.** J'estime – **f.** Les gens risquent – **g.** J'ai la conviction – **h.** À ma connaissance

2. a. devons **b.** se réduisent **c.** parviendrez **d.** peux **e.** réussisse **f.** soient **g.** négligez **h.** fasse

Page 6, Grammaire
Exprimer son point de vue

3. a. 3 – **b.** 1 – **c.** 6 – **d.** 2 – **e.** 4 – **f.** 5

4. a. je doute – **b.** à ce qu'il me semble, – **c.** j'ai la conviction – **d.** je trouve normal – **e.** peut-être – **f.** J'en mettrais ma main au feu – **g.** C'est hors de question

5. a. Crois-tu que l'énergie nucléaire puisse participer à la réduction des émissions ?
b. Pensez-vous que l'industrie textile doive être mieux régulée ?
c. Croit-il qu'un changement profond des mentalités soit souhaitable ?
d. Les citoyens considèrent-ils que la loi permette d'imposer le respect de l'environnement aux producteurs ?
e. Trouve-t-elle que la prime à l'isolation thermique réponde aux besoins des citoyens ?
f. Estimez-vous que les citoyens soient prêts à consommer moins ?
g. Croyez-vous que le covoiturage permette de faire une différence notable ?
h. Trouvez-vous que le compostage ait une chance d'être adopté par les foyers urbains ?

Page 7, Grammaire
Exprimer son accord ou son désaccord

1. a. exprime le désaccord, informelle
b. exprime l'accord, formelle
c. exprime le désaccord, formelle
d. exprime le désaccord, informelle
e. exprime l'accord, formelle

2. a. 4 – **b.** 1 – **c.** 5 – **d.** 3 – **e.** 2

3. *Propositions :*
a. C'est une vraie question car il nous resterait à peine quelques années selon les experts. / Je ne partage pas votre avis parce qu'il est de notre devoir d'agir pour changer le cours des choses.
b. N'importe quoi ! Jouer sur le taux de natalité ne changera rien ! / Je suis d'accord avec le fait que la démographie a un impact majeur sur le réchauffement climatique.
c. Et puis quoi encore ! De nombreux pays y sont parvenus ! / J'accepte l'idée que le nucléaire est une énergie très peu émettrice en CO_2.
d. Je n'y crois pas trop. En effet, se passer des protéines animales pose de nombreux problèmes parmi les populations souffrant déjà de malnutrition… / Ça ne fait aucun doute. Notre consommation de chair animale entraîne des émissions très importantes !
e. Je n'en suis pas si sûr, étant donné que les investissements sont déjà très nombreux dans ces secteurs. / Je vous approuve sans réserve puisque les investissements dans les énergies fossiles bloquent actuellement le processus de transition.

Page 8, Grammaire
Argumenter

1. a. Bien que l'énergie nucléaire soit peu émettrice en CO_2, elle produit des déchets dont la gestion soulève de nombreux problèmes.

b. Certes, l'énergie nucléaire est peu émettrice en CO_2, mais / néanmoins / cependant elle produit des déchets dont la gestion soulève de nombreux problèmes.
c. La déforestation de l'Amazonie se poursuit à cause de la production d'huile de palme.
d. Puisque des agriculteurs produisent de l'huile de palme, la déforestation de l'Amazonie se poursuit.
e. On construit des infrastructures de transport. Par conséquent, des forêts sont détruites.
f. Des forêts sont détruites. En effet, on construit des infrastructures de transport.
g. L'industrie textile est responsable de nombreuses pollutions telles que celles liées à la surconsommation d'eau pour produire les matières premières, au rejet des déchets toxiques des teintures ou encore aux émissions de CO_2 lors du transport des articles.
h. L'industrie textile est responsable de nombreuses pollutions, en particulier celles liées à la surconsommation d'eau pour produire les matières premières, au rejet des déchets toxiques des teintures ou encore aux émissions de CO_2 lors du transport des articles.

2. a. telles que – **b.** Bien que – **c.** de manière à – **d.** En règle générale – **e.** En effet – **f.** En bref – **g.** alors qu' – **h.** en d'autres termes

Page 9, Grammaire
Argumenter

3. En premier lieu, le tourisme peut sembler avoir un impact positif sur nos vies : découverte d'autres cultures, contemplation de paysages naturels incitant au respect de la planète, visite de sites classés au patrimoine mondial. Toutefois, quand on observe le phénomène de plus près, on s'aperçoit qu'il cause de graves dégâts. Autrement dit, le tourisme est nocif pour la planète.
D'une part, les déplacement long courrier émettent des quantités importantes de CO_2. D'autre part, les afflux de visiteurs sur les sites dégradent et abîment ces derniers. D'une façon générale, on observe une augmentation du coût de la vie dans les zones d'accueil à cause des inégalités de pouvoir d'achat entre touristes et locaux. En conclusion, il faudrait redéfinir de fond en comble notre façon de voyager.

4. Ordre : c-f-a-e-b-g-d.

5. *Propositions* :
a. je ne vois pas pourquoi j'arrêterais de prendre l'avion !
b. elles fonctionnent de façon intermittente et sont responsables de nuisances sonores.
c. celles concernant nos achats de vêtements.
d. calculer mon bilan carbone quotidien.
e. le coût de la dépollution n'est pas assuré par ceux qui en sont responsables mais incombe à la puissance publique.
f. je pense qu'il faut être conscient du caractère énergivore des plateformes de vidéos en streaming.

Page 10, Vocabulaire
L'environnement et l'écologie

1. a. le tri – **b.** le recyclage – **c.** l'achat – **d.** la réduction – **e.** la pollution – **f.** l'émission – **g.** le réchauffement – **h.** l'extinction

2. a. le réchauffement climatique – **b.** la réserve naturelle – **c.** la marée noire – **d.** en vrac – **e.** la déforestation – **f.** le tri des déchets – **g.** la biomasse – **h.** l'invertébré

3. a. 5 – **b.** 4 – **c.** 1 – **d.** 3 – **e.** 2

Page 11, Vocabulaire
L'environnement et l'écologie

4. a. thon – **b.** algue – **c.** jeter – **d.** transition – **e.** réserve

5. a. biologique – **b.** climatique – **c.** réutilisables – **d.** environnementaux – **e.** écologique – **f.** non gouvernementale – **g.** naturelle – **h.** alimentaire

6. a. une marée noire – **b.** le réchauffement climatique – **c.** l'extinction – **d.** la déforestation – **e.** les émissions de CO_2

7. La réduction de la biodiversité est un phénomène très visible à toutes les échelles. Elle désigne aussi bien la diversité des milieux que celles des espèces qui y vivent. Elle a atteint un rythme tel qu'on parle aujourd'hui de sixième extinction de masse. Les principales causes sont la déforestation liée notamment à l'urbanisation, les pollutions de l'eau, des sols et de l'air.
Les écosystèmes marins et côtiers sont particulièrement menacés. Plus de la moitié des récifs de corail risqueraient de disparaître à moyen terme.

Page 12, Phonétique
La prononciation du subjonctif

1. a. que j'aie – **b.** qu'elle finisse – **c.** que tu attends – **d.** que nous allions – **e.** que je prenne – **f.** que vous faisiez – **g.** qu'on met – **h.** que tu conduises – **i.** qu'ils aillent

3. a. Il me semble que tu es sur la bonne voie !
b. Je ne crois pas qu'il ait raison.
c. Je suis convaincu que j'ai pris la bonne décision.
d. Cela me choque que tu aies acheté un SUV !
e. Je trouve révoltant que mes voisins n'aient pas trié leurs déchets.
f. Vous êtes sûr que l'appartement est bien isolé ?
g. Ma fille espère que j'ai acheté un vélo électrique.
h. Il y a des chances que j'aie oublié de jeter le verre.

Page 14, Compréhension écrite

1. c. Le logement.

2. a. Devenir végétarien.

3. a. Faux : « La fabrication d'une voiture électrique émet 1,5 à 2 fois plus de CO_2 que celle d'une voiture électrique. »
b. Vrai : « Une requête Google émet 6,65 g eq CO_2 » (donc deux requêtes quotidiennes en émettent 13,3) ou « parcourir 50 km seul en voiture entraîne l'émission de 10 kg eq. CO_2. »
c. Faux : « Expédier un mail nécessite deux fois plus d'énergie que pour le stocker pendant un an. »

5. a. à noter que (3A) – **b.** ainsi (3A) – **c.** alors que (1A) – **d.** notamment (6A) – **e.** mais (6A)

6. a. un long courrier – **b.** entraîne – **c.** carbonée – **d.** aux alentours de – **e.** l'unité de mesure – **f.** par jour – **g.** passager – **h.** voiture

Page 15, Production orale
Réponses libres.

Page 16, Jeux

1. tortue marine (tort - tu - mare - i - nœud)

2.

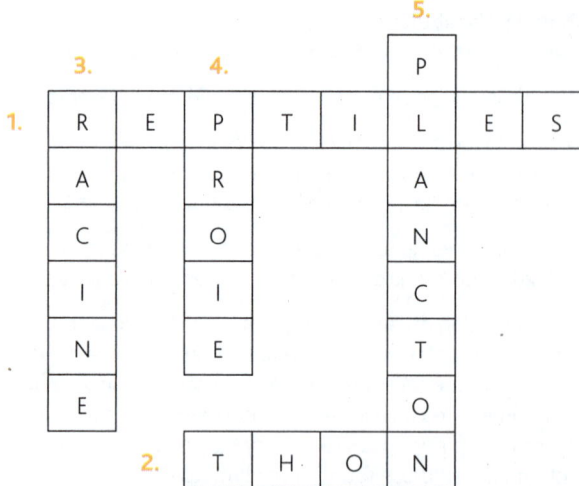

3. Réduisons les emballages en plastiques ! (ré - d' - huit - z - on - lait - z - an - balle - âge - an - p - la -sss - tique !)

Unité 2 Être ou avoir ?

Page 17, Grammaire
Les doubles pronoms

1. a. 3 – **b.** 5 – **c.** 6 – **d.** 2 – **e.** 4 – **f.** 1

2. a. Non, je ne le lui ai pas écrit.
b. Non, nous ne la lui avions pas donnée.
c. Non, elle ne la lui a pas prêtée.
d. Non, il ne me/nous l'a pas rendue.
e. Non, il ne le leur a pas présenté.

Page 18, Grammaire
Les doubles pronoms

3. a. Vous pourriez leur en parler.
b. Ils me l'avaient conseillé.
c. Elle a pu m'y inviter.
d. Je le lui ai proposé.
e. Tu pourrais retourner à la boutique pour me les échanger ?
f. J'étais contre mais ils la lui ont offerte quand même.

4. a. 5 – **b.** 4 – **c.** 1 – **d.** 2 – **e.** 3

5. a. le lui – **b.** les y – **c.** vous le – **d.** leur en – **e.** l'y

Page 19, Grammaire
Les doubles pronoms

6. a. Ils ont décidé de les y emmener.
b. Il n'a pas su me la réparer.
c. Elle ne voudra pas t'en reparler.
d. Elle a accepté de le leur expliquer.
e. Ils peuvent t'y aider.

7. a. Tu as dit aux enfants qu'on irait au centre commercial ?
b. Il a retrouvé ses amis au concert ?
c. Vous avez proposé des chocolats à notre invité ?
d. Il a montré sa nouvelle voiture à sa petite amie ?
e. Elles avaient promis des bons d'achat aux clients ?

8. Cher Mickaël,
Comme je te l'avais annoncé, j'ai fait du rangement chez moi et j'ai mis de côté plein de choses qui m'encombrent. Peut-être que quelque chose pourrait t'intéresser. J'ai retrouvé un vieux vase kitch, c'est ma mère qui me l'avait rapporté de voyage. Et puis plusieurs montres : mon oncle m'en offre une chaque année ! J'ai fait le tri dans mes vêtements et j'ai trop de t-shirts. Tu m'avais dit que tu aimais ceux du musée du Prado, je te les donne si tu veux. J'ai aussi des lunettes de piscine pour ton fils. Tu les lui proposeras. Et puis, les vêtements chauds iront à une association d'aide aux étudiants précaires. Je connais un des bénévoles, je les leur apporterai dans la semaine. Ça va être lourd, pourrais-tu m'y aider ?

Page 20, Vocabulaire
Les verbes et les prépositions

1. a. d' / d' – **b.** à / de – **c.** de / à – **d.** de / à – **e.** à / à – **f.** à / de

2. a. s'abstiennent – **b.** persiste – **c.** se charge – **d.** ont convenu – **e.** parvenons – **f.** a achevé

3. a. Cette opération a pour but d'inciter les consommateurs à essayer les circuits courts.
b. J'ai suggéré à ma mère de privilégier le coton bio.
c. La boutique sans argent contribue à créer du lien.
d. Il y a de nombreuses raisons de se plaindre de l'obsolescence programmée.
e. La nouvelle collection tarde à arriver dans les magasins.
f. Je crains de ne pas terminer la collection à temps.
g. Ma fille m'a persuadé de n'acheter que du bio.
h. Il faudrait songer à changer nos modèles de consommation.

Page 21, Vocabulaire
La consommation

1. a. 3 – **b.** 1 – **c.** 5 – **d.** 4 – **e.** 2

2. a. panier percé – **b.** souci d'économie – **c.** prix fort – **d.** prix de gros – **e.** jeter l'argent par les fenêtres

3. J'ai décidé de mener une vie plus sobre, de me débarrasser du superflu, autant pour mes finances que pour la planète. J'ai arrêté de faire mes courses dans le circuit de la grande distribution. Pour la nourriture, j'essaie en effet de privilégier les magasins indépendants. Je me suis également inscrite sur une plateforme d'achat qui met en relation directe les producteurs et les consommateurs. Cela élimine les intermédiaires et on peut avoir accès à des produits de qualité à moindre coût. Pour les objets dont j'ai besoin, je chine dans les recycleries. C'est bien plus drôle que de faire les magasins. En gros, je suis vraiment dans une démarche écoresponsable !

4. a. l'inflation – **b.** les prix – **c.** rentabilité économique – **d.** la demande – **e.** la crise

Page 22, Grammaire
Indicatif ou subjonctif ?

1. a. 5 – **b.** 3 – **c.** 1 – **d.** 6 – **e.** 2 – **f.** 4

2. a. est – **b.** veulent – **c.** puisse – **d.** aient – **e.** rejoignions – **f.** sera

3. a. Les consommateurs préfèrent que les aliments viennent de la région.
b. Le paysan confirme que les achats locaux dynamisent les territoires.
c. La productrice de fromage sait qu'elle peut fixer ses prix grâce aux circuits courts.

d. Le fermier trouve dommage que les petites exploitations ne soient pas encouragées.
e. Les mairies souhaitent que le phénomène des circuits courts prenne de l'ampleur.

4. a. Je ne suis pas certain que ce soit une bonne idée.
b. Il est vraisemblable qu'il y a des gens très sympas dans ce genre d'association.
c. Tous les habitants attendent qu'une nouvelle association se crée prochainement.
d. Il est peu probable qu'il l'écrive.
e. Il paraît que les avis de consommateurs sur Internet sont parfois truqués.

Page 23, Grammaire
Indicatif ou subjonctif ?

5. a. sont devenus – **b.** ait atteint – **c.** aient perdu – **d.** ont pu – **e.** ait eu – **f.** aient trop éloigné

6. Les employés ont trouvé la porte forcée et les rayons de bonbons vides ce matin en arrivant au travail. « Il est préférable que le supermarché <u>reste</u> fermé aujourd'hui », d'après l'inspecteur de police chargé de l'enquête qui a également déclaré que tous les employés <u>allaient</u> être entendus comme témoins dans la journée. Ces derniers redoutent que de nouveaux cambriolages <u>aient lieu</u> prochainement. Il semble en effet que les voleurs <u>aient coupé</u> le système électrique avant de pénétrer dans le supermarché, or ce système est très complexe. Il est probable qu'il <u>s'agisse</u> de professionnels du vol de bonbons. Il va falloir s'attendre à ce que les enfants du quartier <u>fassent</u> la grimace : plus de bonbons pour la fête d'Halloween ce soir.

7. a. Je suis sûr que les circuits courts sont l'avenir de la consommation de masse.
b. Il est dommage que les monnaies locales soient limitées à certains territoires.
c. Il est rare que les clients des supermarchés se posent des questions sur leur mode de consommation.
d. Il est probable que les influenceurs font de la publicité cachée.
e. Avec la mode du bio, il faut s'attendre à ce que certaines grandes marques se lancent dedans.

Page 24, Phonétique
Le [ɛ] élidé et les lettres finales

1. a. Elle es~~t~~ allé~~e~~ s'achete~~r~~ une robe~~ ~~pour le mariage de sa fille.
b. Ce sac me plairai~~t~~ beaucou~~p~~ ! Tu m'en fai~~s~~ cadeau ?
c. Bonjour madame, vous ave~~z~~ du pain san~~s~~ gluten ?
d. Les voisins devaien~~t~~ venir passer l'après-midi mais ils son~~t~~ en retar~~d~~.
e. Es~~t~~-ce que je peu~~x~~ vous être utile ?
f. Connai~~s~~-tu ce couturier chinois ? Il es~~t~~ très doué !
g. J'ai tapé du poin~~g~~ sur la table pour que nous puission~~s~~ reprendr~~e~~ la réunion.
h. Ils devraien~~t~~ déjà être revenu~~s~~ des courses.
i. ~~H~~abituellement, mes enfan~~ts~~ ne mangen~~t~~ pa~~s~~ de bonbons le soir.
j. Je t'ai déjà dit que je rentrerai tar~~d~~.

2. En général ne se prononcent pas :
• le « e » final (sauf si le mot ne comporte qu'une syllabe) : madame / que ;
• les terminaisons des verbes en « -e », « -es », « -ent » : les enfants mangent –
• les consonnes finales « d, n, p, s, t, x, z » (sauf quelques exceptions comme sac), mais le « n » modifie la prononciation de la voyelle précédente : enfants, très, poing, puissions, beaucoup ;
• le « r » dans la syllabe finale « -er » (sauf cher, hier, hiver, mer) et dans monsieur : acheter ;
• la lettre finale des chiffres six, huit et dix devant une consonne.

3. a. Qu'est-ce que vous en pensez ?
b. Si vous le voulez, vous pouvez le prendre sans problème.
c. Ils peuvent venir faire les soldes avec moi s'ils veulent.
d. L'espagnol est une langue assez facile à apprendre, plus que le hongrois.
e. La serveuse ne m'a pas encore rendu la monnaie.
f. Que faites-vous ce soir pour le dîner.
g. Elle essaie d'enlever les taches sur sa manche mais c'est impossible.
h. J'adore ce hall d'immeuble, c'est un plus pour ce logement.

Page 25, Compréhension orale

1. a. C'est une librairie gérée par les clients.

2. c. Le projet est né quand un libraire d'Angoulême est parti à la retraite.

3. b. Dans le but de redonner de la vie au quartier.

4. b. L'Autre Librairie fonctionne grâce aux sociétaires qui donnent de l'argent et de leur temps.

5. a. Le travail est réparti entre des commissions thématiques.

6. a. emblématique – **b.** émoi – **c.** vitaliser – **d.** souscripteur – **e.** comité

Page 26, Production écrite
Réponses libres.

Page 27, Jeux

1. croissance – paiement – billet – grossiste – intermédiaire – superflu – inflation – rentabilité – traçabilité – virement.

2. a. importer – **b.** dématérialisé – **c.** provenance – **d.** encaisser – **e.** démarche – **f.** plateforme

3. a. Acheter au détail – **b.** Jeter l'argent par les fenêtres – **c.** être un panier percé – **d.** Payer le prix fort – **e.** Faire un prix de gros

Fiche méthodologique 1

1. À un champ sémantique.

2. *Exemples* :
La biodiversité : la biomasse, l'habitat
La faune : la proie, le prédateur
Le mode de vie écolo : bannir les objets à usage unique, acheter en vrac
Les enjeux environnementaux : la transition écologique
La flore : la végétation, la racine
La dégradation de l'environnement : la pollution atmosphérique, la marée noire

Unité 3 Chercher sa voie

Page 29, Grammaire
Exprimer le but

1. a. réussisse – **b.** fassent – **c.** oublie – **d.** devienne – **e.** puisse – **f.** sont – **g.** soyez – **h.** se mette – **i.** dois / devrais

2. a. Le but – **b.** à – **c.** afin de – **d.** en sorte – **e.** de crainte – **f.** à – **g.** L'enjeu – **h.** intention – **i.** de – **j.** le dessein

Page 30, Grammaire
Exprimer le but

3. *Propositions* :
a. Je prends des cours d'italien en vue de mon année Erasmus à Rome.
b. Il vise à obtenir une très bonne note pour avoir une mention.
c. J'ai acheté mes livres en ligne afin de ne pas me déplacer à la librairie.
d. Elle fait des économies dans l'intention de s'acheter un ordinateur.
e. Je révise jour et nuit de peur de rater l'examen.
f. Faire un stage au Canada lui permettra de parler anglais couramment.
g. Il participe à un séminaire de formation de façon à évoluer professionnellement.
h. J'écris une lettre de demande de bourse afin d'obtenir une aide financière pour mes études.

4. – Gaëlle, quelle était votre intention en effectuant un service civique après vos études ?
– Lorsque j'ai fini mes études, j'avais besoin de compléter ma formation. À cette fin, le service civique constituait une bonne transition entre l'université et mon premier emploi. Mon objectif principal, c'était de me rendre utile, mais aussi d'acquérir des compétences.
C'est tout naturellement que j'ai décidé de l'effectuer dans le domaine du social afin d'aider les autres et de rester en lien avec ma formation universitaire.
J'ai effectué mon service à l'association LogeAction. Elle a pour but d'aider les personnes sans-abri. C'est une asso de terrain qui fait tout pour que les personnes à la rue retrouvent un logement et un emploi. L'ambition de l'association est de lutter contre l'exclusion et la précarité. Elle vise aussi à changer le regard que l'on porte sur les personnes sans domicile fixe et se bat pour faire bouger les politiques.
Mes responsabilités étaient diverses : par exemple, l'hiver dernier étant très froid, je faisais en sorte de fournir des couvertures, des gants, des bonnets…
Le but parfois était simplement d'établir un premier contact bienveillant de façon que les gens acceptent ensuite d'être accompagnés dans une démarche de réinsertion.
Le service civique, je l'ai vécu comme un engagement citoyen et je recommande vivement cette expérience.

Page 31, Vocabulaire
La formation et les études

1. a. éducation / instruction – **b.** cursus – **c.** exonérés – **d.** autonomie – **e.** la discrimination – **f.** le capital – **g.** L'insertion

2. a. la boursière – **b.** l'apprenti – **c.** l'enseignant – **d.** la lycéenne – **e.** le jeune sans qualification – **f.** le tuteur – **g.** l'étudiant – **h.** la stagiaire

3. un lycée : témoignage **d** – une école élémentaire : témoignage **c** – une université : témoignage **a** – une école de la 2ᵉ chance : témoignage **e** – une grande école : témoignage **h** – une classe préparatoire : témoignage **g** – une entreprise : témoignage **f**

Page 32, Vocabulaire
La formation et les études

4. a. 2 – **b.** 3 – **c.** 5 – **d.** 9 – **e.** 7 – **f.** 6 – **g.** 8 – **h.** 4 – **i.** 1

5. a. Cher professeur,
Je suis une étudiante ERASMUS de Grèce et je ne comprends pas ce qu'est un TD ? Pourriez-vous m'expliquer s'il vous plaît ?
Bien à vous,
Marianthi

Chère Marianthi,
Les travaux dirigés sont des cours d'approfondissement d'une matière. Ils ont lieu en petit groupe et permettent de mettre en pratique les enseignements vus en cours magistral.
C'est aussi l'occasion d'effectuer des travaux de groupes (dossiers, présentations, recherches…), et de poser des questions au professeur.
Les TD sont généralement évalués en contrôle continu pendant le semestre (interrogations ponctuelles, exposés, partiels à la fin du semestre).
Cordialement,
Daniel Modard.

b. Monsieur,
Je vous remercie pour votre réponse. Une dernière question : qu'entendez-vous par « contrôle continu » ?
Bien à vous,
Marianthi

Chère Marianthi,
C'est un système d'évaluation quotidien des étudiants pendant leurs différents semestres.
Ces évaluations peuvent prendre la forme d'examens sur tables, de dossiers de recherche, de devoirs à rendre, de questionnaires, d'examens oraux, etc. Cela dépend de la formation suivie et des enseignants.
Les notes obtenues en contrôle continu s'ajoutent à celles des examens de fin de semestre, et permettent d'améliorer sa moyenne générale dans les différentes matières.
Cordialement,
Daniel Modard.

Page 33, Grammaire
L'expression de l'hypothèse

1. a. veux – **b.** aurais postulé – **c.** acceptez – **d.** était venue – **e.** connaissais – **f.** serait – **g.** dites – **h.** avait été – **i.** pourrais – **j.** avais passé – **k.** ferais – **l.** accorde

2. a. Si je signe ce contrat, je pourrai travailler à Berlin. A
b. Si tu m'avais écouté hier, tout cela ne serait pas arrivé. C
c. Si je savais parler le chinois, je pourrais postuler à un poste à Shanghai. B
d. Au cas où vous changeriez d'avis, n'hésitez pas à me recontacter. A

e. À moins que tu aies des projets pour le week-end, tu pourrais m'accompagner à ce séminaire. A
f. Si tu avais décroché ce job, tu gagnerais beaucoup plus d'argent. C
g. En supposant que je parte travailler à Montréal, je devrai vendre mon appartement à Nice. A

Page 34, Grammaire
L'expression de l'hypothèse

3. a. à condition d' – **b.** Sans – **c.** Au cas où – **d.** À moins d' – **e.** À supposer qu' – **f.** Avec – **g.** En l'absence de

4. a. Si cet emploi vous intéresse, appelez-nous.
b. Si je pars à 7 heures, j'arriverai vers 9 h 30.
c. Il ne serait pas venu s'il n'avait pas obtenu l'autorisation.
d. Si tu faisais un stage dans cette boîte, tu développerais tes compétences.
e. Si tu arrivais de bonne heure, on pourrait prendre un café ensemble.
f. Si tu obtenais ton Master, que ferais-tu après ?
g. Si vous ne courez pas, vous arriverez en retard !
h. Ce paquet est pour vous, si le livreur ne s'est pas trompé.
i. Si vous n'avez pas de pièce d'identité, je ne pourrai pas vous inscrire à la formation.
j. Je t'aurais téléphoné si j'avais eu moins de travail.
k. S'il y a un problème de connexion à internet, on risque l'annulation de la visioconférence.

Page 35, Vocabulaire
Le monde du travail

1. a. Homme/Femme – **b.** 3 années d'études après le Bac – **c.** Salaire Minimum Interprofessionnel de Croissance – **d.** 19 kilo euros = 19 000 euros – **e.** contrat à durée déterminée – **f.** contrat à durée indéterminée – **g.** curriculum vitae – **h.** Direction, Directrice/Directeur des Ressources Humaines

2. a. 3 – **b.** 4 – **c.** 8 – **d.** 7 – **e.** 6 – **f.** 9 – **g.** 1 – **h.** 2 – **i.** 5

3. a. changer d'orientation professionnelle – **b.** recruter – **c.** inactivité forcée due au manque de travail, d'emploi – **d.** être d'affectation, de poste – **e.** personne qui crée une entreprise individuelle – **f.** ensemble des services et agents de l'État (les fonctionnaires) – **g.** être renvoyé

Page 36, Phonétique
Les sons i [i], u [y] et ou [u]

1. a. [i] : investit, Asie, Afrique
b. [u] : concours, août
c. [y] : plus, sûre, but
d. [u] : coûte, sou
e. [i] : Il, sorti, système
f. [u] : bout, parcours

3. – Le son [i] peut s'écrire **i** (*il, étudie, physique, quantique, apprentis, études, dire, minutes*...) - **y** (*physique, jury, type*) - très rarement **ï** (*maïs*).
– Le son [y] peut s'écrire **u** (*étudie, russe, sur, une, tu*...) - **û** (*sûr, dû*) - exceptionnellement **eu** (*eu*).
– Le son [u] peut s'écrire **ou** (*sourd, roumain, tout, cours*) - **oû** (*goût*) - **oo** (*foot*) - **ow** (*clown*).

4. a. Tu as pu lire le sujet de la réunion du jour ?
b. Sur le document ci-dessous, tu verras tout.
c. La durée du parcours varie de six à dix mois.

d. Ce système privilégie la réussite d'une élite.
e. Il a obtenu un boulot à l'air pur dans la nature.
f. Y a-t-il une université publique à Toulouse ?
g. Avez-vous lu son analyse ?
h. J'ai mis mon ordi sous le bureau.
i. Une usine a brûlé dans le Sud du pays.

Page 38, Compréhension écrite

1. b. Reprendre ses études est excitant et enrichissant, mais pas si simple.

2. Elle était responsable administrative.

3. b. Elle ne se sentait plus à sa place à son poste.

4. e. une Licence et **f.** un Master

5. a. Vrai : « Elle obtient un financement. »
b. Vrai : « Ce parcours se dessine avec l'aval de son mari et de ses trois enfants. »
c. Faux : « sept heures de cours par jour. »
d. Vrai : « La mobilité géographique parfois nécessaire pour se rendre en cours. »
e. Vrai : « Il faut apprendre à gérer son temps et son organisation, mais aussi ménager des moments pour ses proches. »
f. Vrai : « n'oubliez pas non plus que la reprise d'études peut générer d'autres inconvénients, dépenses supplémentaires et baisse de revenus notamment. »

6. une formation, retourner sur les bancs de l'université, BEP compta, jeunes diplômés, passer un BTS, diplôme, une Licence, un Master, la rentrée, parcours, cours, la reprise d'études, une formation longue

7. a. gare – **b.** épanouissement – **c.** gravir les échelons – **d.** recruter – **e.** par correspondance – **f.** mûrir – **g.** l'aval

Page 39, Production orale
Réponses libres.

Page 40, Jeux

1. Hier, à 9 h du matin, j'étais à la faculté où j'avais un (cours de) travaux dirigés de géographie. À midi, j'ai déjeuné rapidement au restaurant universitaire du campus et l'après-midi, j'avais un (cours de) travaux pratiques avec un professeur trop sympathique. En fin de journée, j'ai déposé mon curriculum vitae chez McDonald's pour décrocher un contrat à durée déterminée. J'espère y bosser à temps partiel pour financer mon parcours Licence, Master et Doctorat à l'université.

2. a. le certificat, le concours, le contrôle, le crédit, l'épreuve, l'examen, la mention, le partiel
b. l'activité, le boulot, la branche, la fonction, l'intérim, le poste, le secteur, la tâche
Intrus : le boursier

3. a. Vrai – **b.** Vrai – **c.** Faux : il s'agit de la fête du travail – **d.** Faux : il s'agit du salaire minimum – **e.** Faux : il s'agit d'une lettre de candidature.

4. a. communication **b.** administration **c.** industrie **d.** numérique **e.** artisanat

Bilan linguistique

Page 41, Unité 2
Être ou avoir

1. a. Oui, elle va la lui prêter.
b. Non, je ne lui en ai pas parlé.
c. Oui, je les y emmène.
d. Non, elle ne le leur a pas envoyé.
e. Oui, elle lui en a préparé une.

2. a. Il était peu probable qu'il vienne.
b. Il arrive que la boutique sans argent ne reçoive pas beaucoup de visiteurs.
c. Il est possible que les circuits courts créent du lien.
d. Il se peut que les supermarchés perdent une partie de leur clientèle.
e. Il semblerait que le projet de circuit court n'ait pas intéressé le conseiller municipal.

3. a. à – **b.** d' – **c.** à – **d.** de – **e.** à

4. a. les conditions de fabrication – **b.** l'inflation – **c.** la grande distribution – **d.** un virement bancaire – **e.** le pouvoir d'achat

Page 42, Unité 3
Chercher sa voie

1. a. but / objectif – **b.** de manière / de façon – **c.** pour que / afin que / de façon que / de manière que / de sorte que – **d.** histoire / afin / dans le but / dans l'intention / en vue / dans le dessein – **e.** faire en sorte

2. a. Si j'étais à ta place, je ferais la même chose que toi.
b. Si vous souhaitez me contacter, je vous laisse ma carte.
c. Si elle obtenait ce travail à Dublin, je l'accompagnerais.
d. S'il n'avait pas eu/reçu de convocation, il ne serait pas venu.
e. Si Ali est au congrès, il faudra lui transmettre ces documents.

3. Madame, Monsieur,
Je vous soumets ma lettre de candidature pour une demande d'admission en licence professionnelle. Après avoir terminé mon cursus en gestion commerciale, je souhaite continuer à approfondir mes connaissances. Votre formation en alternance me permettra d'intégrer plus facilement la vie professionnelle. Sérieuse et appliquée, je souhaite donc poursuivre mes études dans votre centre de formation. Ce diplôme constitue pour moi une suite logique par rapport à mes précédentes études et sera une véritable passerelle vers l'emploi.
J'espère que ma candidature retiendra votre attention.
Veuillez agréer, Madame, Monsieur, l'expression de mes sincères salutations.
Héloïse Lecarpentier

4. Appel à la grève le 18 mai de l'ensemble des salariés du secteur médico-social pour demander une hausse de nos salaires et exiger une amélioration de nos conditions de travail qui ne cessent de se dégrader.
Alors que nos salaires sont gelés depuis 5 ans, la charge de travail ne cesse d'augmenter ! Beaucoup de postes sont vacants et supprimés.
Participons massivement à cette journée pour nos emplois, nos salaires, nos conditions de travail.
Nos revendications doivent être entendues !

Unité 4 Être connecté ou ne pas être

Page 43, Grammaire
La cause et la conséquence

1. a. De peur d' – **b.** provient d' – **c.** de ce fait – **d.** sous prétexte qu' – **e.** permet – **f.** de là – **g.** a suscité – **h.** si bien qu' – **i.** d'où – **j.** résulte

2. a. Étant donné que (cause, P) – **b.** tellement … que (conséquence, P) – **c.** au point de (conséquence, V) – **d.** aussi (conséquence, P) – **e.** Maintenant que (cause, P) – **f.** trop … pour (conséquence, V) – **g.** Avec (cause, N) – **h.** dès lors que (cause, P)

Page 44, Grammaire
La cause et la conséquence

3. a. Grâce à la clarté des explications de Julie, sa grand-mère a compris comment écrire et envoyer un courriel.
b. Il n'a pas d'ordinateur chez lui sous prétexte qu'il n'en a pas besoin.
c. Tout en travaillant sur mon ordi, j'ai trop mangé au point d'avoir une indigestion.
d. Puisque les opérateurs de téléphonie mobile ne couvrent pas la zone où il se trouve, Jeff n'a pas pu m'appeler.
e. Mon ordinateur est très vieux, par conséquent je devrai bientôt acheter un autre PC.
f. À partir du moment où il s'est engagé dans ce projet, il doit aller jusqu'au bout.
g. Tu m'as tellement bien expliqué que j'ai tout compris.
h. Il a eu une mauvaise expérience avec un médiateur numérique, d'où sa méfiance.

4. a. 7 – **b.** 5 – **c.** 8 – **d.** 3 – **e.** 6 – **f.** 1 – **g.** 4 – **h.** 2

Page 45, Vocabulaire
La communication digitale

1. a. smartphone – **b.** écrans – **c.** site – **d.** plateforme – **e.** objets connectés – **f.** réseau social – **g.** appli mobile – **h.** tablette / ordinateur

2. a. 4, 7, 8, 9, 11 – **b.** 3, 10 – **c.** 1, 4, 8, 12, 13 – **d.** 6, 7, 9, 11 – **e.** 4, 7, 9, 11, 12 – **f.** 2, 11, 13 – **g.** 5 – **h.** 12 – **i.** 11, 13 – **j.** 5 – **k.** 7, 9, 11

3. Pour moi, c'est important d'être connecté car cela me facilite la vie. Comme je vis loin de ma famille, Facebook me permet de rester en contact avec elle.
Je suis à l'aise avec le numérique car je passe beaucoup de temps à travailler devant mon ordinateur. Du coup, j'ai des compétences techniques mais ce n'est pas le cas de mon grand-père par exemple. Il se sent exclu de cet univers virtuel et, malheureusement, les personnes âgées sont souvent en situation d'illectronisme.
Par ailleurs, je me suis rendu compte que je passais trop de temps sur les réseaux sociaux. Cela pourrait même devenir une addiction, je dois prendre garde à ne pas devenir accro.
Ce qui me préoccupe aussi, c'est la confidentialité des informations privées si bien que je réfléchis toujours avant de publier des contenus et des photos. Bien que nous puissions régler des paramètres pour organiser cela, je reste méfiante.
Cela m'inquiéterait que mon patron puisse voir ce que j'ai posté des années auparavant !

Page 46, Vocabulaire
La communication digitale

4. a. la mauvaise qualité du réseau – **b.** l'inaccessibilité d'un site internet – **c.** le piratage – **d.** le cyber-harcèlement – **e.** le phishing – **f.** la publication gênante – **g.** l'usurpation d'identité

5. a. dur – **b.** au portable – **c.** numérique – **d.** SMS – **e.** stories – **f.** appli – **g.** indésirable – **h.** coffre-fort – **i.** l'historique – **j.** cookies – **k.** mot de passe – **l.** geek – **m.** outils

Page 47, Vocabulaire
Les déclaratifs

1. a. 4 – **b.** 3 – **c.** 9 – **d.** 5 – **e.** 8 – **f.** 1 – **g.** 10 – **h.** 7 – **i.** 6 – **j.** 2

2. a. supplie – **b.** ordonne – **c.** s'informe – **d.** interrogeait – **e.** bredouillait – **f.** cria – **g.** a questionné – **h.** répliqua – **i.** s'est exclamé

3. *Propositions* :
a. Cet internaute refuse de révéler son identité.
b. Je tiens à vous annoncer moi-même la bonne nouvelle.
c. Indiquez-moi / Précisez-moi à quelle heure je dois me connecter pour la réunion ?
d. Vous pouvez répéter / me rappeler le contenu de votre courriel ?
e. Tu peux m'expliquer pourquoi tu m'envoies 20 SMS par jour ?
f. Je ne veux pas te révéler / dévoiler mon mot de passe.
g. Il a bégayé / balbutié : Je je su suis tr très content de te voir.
h. Je lui ai murmuré / révélé un secret dans le creux l'oreille.
i. Elle m'a confié qu'elle consultait son smartphone même la nuit.
j. Il m'a affirmé / assuré que ce n'était pas lui qui avait cassé mon portable.
k. Elle a prononcé un discours mémorable à l'occasion de la remise de diplômes.
l. Le médecin m'a expliqué les méfaits de l'exposition aux écrans pour mes enfants.
m. Il m'assura qu'il l'appellerait le lendemain sans faute.

Page 48, Vocabulaire
Les déclaratifs

4. a. avertir – **b.** avouer – **c.** balbutier – **d.** bégayer – **e.** chuchoter – **f.** confier – **g.** démontrer – **h.** injurier – **i.** hésiter – **j.** mentir – **k.** nier – **l.** objecter – **m.** promettre – **n.** rappeler – **o.** tchatcher – **p.** se vanter

5. Ma sœur me <u>déclare</u> qu'elle ne veut pas me prêter la tablette. Lorsque je lui <u>demande</u> pourquoi, elle <u>prétend</u> qu'elle doit réviser ses cours en ligne, mais je ne la crois pas, alors je lui <u>rappelle</u> pour la dixième fois qu'elle doit la partager ! Elle <u>rétorque</u> que cette fois, ce n'est pas la même chose et <u>objecte</u> que si elle me prête la tablette, je vais jouer aux jeux vidéo. Je lui <u>jure</u> que je ne l'utiliserai pas longtemps, mais elle ne veut pas l'entendre. Du coup je lui <u>crie</u> dessus pour la faire réagir mais elle quitte la pièce en me claquant la porte au nez.

6. a. ne pas savoir tenir sa langue = divulguer un secret
b. être un moulin à paroles = parler sans arrêt
c. avoir le mot sur le bout de la langue = ne plus réussir à retrouver un mot
d. avoir une langue de vipère = dire du mal des autres
e. mettre les pieds dans le plat = dire quelque chose par mégarde
f. casser les oreilles = faire trop de bruit
g. ne pas voir la langue dans sa poche = parler librement et sans détour

Page 49, Grammaire
L'expression du temps dans le discours rapporté

1. a. Elle a annoncé qu'il y aurait un atelier d'initiation au numérique le lundi suivant.
b. Robin a affirmé qu'il n'avait pas reçu mon mail la veille.
c. Oscar a avoué que c'était lui qui m'avait envoyé cette photo ridicule.
d. Ils ont dit qu'ils auraient déjà terminé la visioconférence quand j'arriverais à 11 h.
e. Elle lui a suggéré de ne plus penser à ce smartphone hors de prix.
f. Il a fait savoir qu'il ne pouvait pas venir au bureau, qu'il devait se rendre à un rendez-vous important ce matin-là.
g. Elle voulait/a voulu savoir à quoi servirait cette application et comment elle pourrait la télécharger.

2. a. J'ai été embauchée suite à ma contribution à ce site.
b. Est-ce que tu te rends compte que tu passes trop de temps sur Internet ?
c. Je suis passionné par la calligraphie arabe et je vais créer un site sur le sujet.
d. Installe un bon antivirus.
e. Qu'est-ce que tu iras voir au cinéma demain ?
f. Je trouve que tu manques de pudeur en exposant ta vie sur Insta.
g. Je ne peux pas accepter qu'on publie des photos sans mon accord.
h. Éteins/Éteignez ton/votre portable la nuit.
i. Je vais essayer de me déconnecter pendant une semaine.

Page 50, Phonétique
Les sons e [ə], é [e] et è [ɛ]

1. a. [ɛ] : aime, commentaires, malveillants
b. [ə] : je, te, redonne
c. [ɛ] : est, aise, avec
d. [e] : ai, publié, vidéo
e. [ə] : je, te, demande, de, tenir
f. [e] : les, générations, âgées, difficulté

3. – Le son [ə] peut s'écrire : **e** (*je, ne, le, de, atelier*) – **ai** (*faisons*).
– Le son [e] peut s'écrire : **é** (*déteste, connectés, rencontré, été, séniors, collé, écran*) – **e** (*essaye*) – **er** (*divulguer, dernier, atelier*) – **ai** (*j'ai*) – **et** (*et*) – **ez** (*nez*) – selon les régions **e** (*tes, les*).
– Le son [ɛ] peut s'écrire : **è** (*mère, très*) – **e** (*elle, déteste, net*).
– **ê** (*forêt*) – **ai** (*vais, laide*) – **ei** (*peines*) – **ay** (*essaye*) – **ë** (*Joëlle*).

4. a. Éric a payé l'accès internet à la médiathèque.
b. Je regarde mon écran dès le réveil.
c. Il commet une erreur en téléphonant à René.
d. Je voudrais récupérer mes données personnelles.
e. Quels secteurs sont touchés par la dématérialisation ?
f. Elle a fait une publication gênante à Noël.
g. Les commentaires méchants me prennent la tête.
h. Pouvez-vous numériser mes papiers s'il vous plaît ?
i. J'ai dévoré la dernière saison de ma série préférée.
j. La connexion est mauvaise, je vais devoir raccrocher.

Page 51, Compréhension orale

1. c. L'Insee vient de publier un enquête sur le rapport entre les Français et les technologies de l'information et de la communication.

2. a. 95 % – **b.** 90 %

3. Les personnes qui n'ont absolument pas accès à internet sont **b.** plutôt âgées et **e.** avec peu de moyens financiers.

4. a. Faux – **b.** Vrai – **c.** Vrai

5. Les très très riches.

6. On n'est pas toujours joignable quand on possède un téléphone car **b.** on filtre les appels et **e.** on choisit les moments où on veut être joignable.

7. b. Un chef d'entreprise suggère à Apple d'afficher sur le futur iPhone la raison de l'appel et l'identité du correspondant.

8. a. une chronique – **b.** un smartphone – **c.** une frange – **d.** marginalisée – **e.** détenir

Page 52, Production écrite
Réponses libres.

Page 53, Jeux

1. a. phishing – **b.** tablette – **c.** déconnecté – **d.** ordinateur – **e.** plateforme

2.

Z	B	N	O	I	X	E	N	N	O	C	C
E	R	M	E	G	A	T	A	R	I	P	I
A	I	X	E	I	D	C	Q	K	R	E	N
V	H	A	T	S	S	Y	W	D	Y	B	S
S	M	A	R	T	P	H	O	N	E	P	T
K	N	O	I	T	A	C	I	L	P	P	A
W	N	M	K	O	D	X	K	H	D	R	G
Y	E	I	G	F	K	R	W	E	K	B	R
R	E	G	R	A	H	C	E	L	E	T	A
P	L	E	I	C	I	G	O	L	I	G	M

3. a. crier – **b.** mentir – **c.** assurer – **d.** hésiter – **e.** jurer

Fiche méthodologique 2

1. Un plan dialectique.

2. a. Un plan dialectique :
Introduction : Le travail est-il seulement un moyen de gagner sa vie ?
1. Oui, toute notre vie est organisée autour du travail : on perd sa vie à la gagner.
2. Non, au travail, on peut s'épanouir, se sentir reconnu, tisser des liens.
Conclusion : Tous les emplois ne se valent pas : on peut souffrir au travail ou y trouver le bonheur. La clé se trouve dans les conditions de travail et le sens même qu'on trouve dans ses fonctions.
b. Un plan thématique :
Introduction : Internet a révolutionné nos vies : nous avons tous une existence réelle et une autre virtuelle qui coexistent. Dans quels domaines pourrait-on imaginer se déconnecter ?
1. Dans le monde du travail : beaucoup de métiers dépendent maintenant d'une connexion à Internet, mais en même temps de nombreuses personnes se tournent vers les emplois manuels : peut-être une manière d'échapper aux réseaux.
2. Dans notre vie quotidienne et nos relations amicales, nous nous contentons de plus en plus de contacts virtuels alors que pour renforcer les liens sociaux, il est indispensable de se voir « en vrai ».
Conclusion : Internet semble indispensable dans nos vies, mais il est tout à fait possible voire salvateur de trouver des espaces sociaux ou professionnels non virtuels.

Unité 5 Histoire au passé et au présent

Page 55, Grammaire
Les temps du passé

1. a. À la fin du XVe siècle, les Européens se sont mis à la recherche d'une nouvelle route maritime vers les Indes.
b. Les méthodes de cartographie se sont développées à la fin du Moyen Âge et au début de la Renaissance.
c. En 1487, l'explorateur Bartolomeu Dias a franchi la pointe sud de l'Afrique.
d. Le 12 octobre 1492, les trois caravelles de Colomb ont abordé une île des Bahamas
e. Au cours de son deuxième voyage, Colomb a découvert les Petites Antilles en 1493.
f. En 1497, Vasco de Gama a pris la route des Indes.
g. À son troisième voyage en 1498, Colomb a atteint le continent américain.
h. 1520 : Magellan a longé la côte de Patagonie.
i. Entre 1519 et 1522, l'équipage de Magellan a réussi l'exploit de faire un tour du monde en bateau.
j. En 1534, à la recherche d'un passage vers l'Asie, Jacques Cartier a accosté au Canada.

Page 56, Grammaire
Les temps du passé

2. a. Mary Ann Shadd naquit au Delaware en 1823.
b. Toute sa vie, elle défendit l'éducation universelle, l'émancipation des Noirs et les droits des femmes.
c. En 1850, Mary Shadd et son frère Isaac s'installèrent au Canada, en Ontario, où elle créa une école ouverte à tous.
d. Elle fonda le *Provincial Freeman*, un hebdomadaire dédié à l'abolitionnisme et aux droits politiques des femmes.
e. Elle fut la première femme noire rédactrice en chef d'un journal en Amérique du Nord.
f. Après la guerre civile américaine, elle déménagea à Washington, D.C., pour enseigner et étudier le droit.
g. À soixante ans, elle obtint son diplôme d'avocate et devint la deuxième femme noire aux États-Unis à être diplômée en droit.
h. Elle écrivit pour les journaux *National Era* et *The People's Advocate*.

i. Elle mourut à Washington en 1893.
j. Mary Ann Shadd fut désignée « Personne d'importance historique nationale » au Canada.

3. Dans le Paris du XVe siècle, une jeune gitane appelée Esmeralda dansait sur le parvis de Notre Dame. La bohémienne était sublime. Sa beauté bouleversa le prêtre de Notre-Dame, Claude Frollo, qui décida de la faire enlever par son sonneur de cloches, le bossu Quasimodo. Esmeralda fut sauvée par Phoebus de Châteaupers, le capitaine de la garde. Quand ils se retrouvèrent plusieurs jours plus tard, elle lui laissa voir l'amour qu'il lui avait inspiré. Certes, Phoebus avait une fiancée, mais il était également séduit par la gitane. Ils se donnèrent rendez-vous mais ils ne savaient pas qu'ils étaient suivis par Frollo, qui poignarda Phoebus. Accusée du meurtre, Esmeralda ne voulut pas s'abandonner à Frollo pour échapper au supplice. Quand on l'amena devant la cathédrale pour subir sa peine, Quasimodo – qui l'aimait aussi – s'empara d'elle et la traîna dans l'édifice où le droit d'asile la mit à l'abri. Là, il veilla sur elle. Cependant, les truands avec lesquels vivait Esmeralda vinrent pour la délivrer. Frollo profita du tumulte pour l'emmener avec lui et tenta à son tour de la séduire. Furieux de son refus, il la livra aux griffes d'une vieille femme, qui reconnut en elle sa propre fille. Mais les sergents de ville la retrouvèrent et la traînèrent à nouveau au gibet. Du haut de Notre-Dame, Quasimodo et Frollo assistèrent à son exécution. Quasimodo, fou de désespoir, précipita le prêtre du haut de la tour, et alla se laisser mourir auprès d'Esmeralda.

Page 57, Vocabulaire
L'Histoire

1. a. révolutionnaire – **b.** préhistorique – **c.** héroïque – **d.** royal – **e.** hiérarchique – **f.** monarchique – **g.** guerrier – **h.** cérémonial – **i.** mobilisé – **j.** victorieux

2. a. Le Moyen Âge – **b.** La Révolution française – **c.** L'Antiquité – **d.** La République – **e.** La Préhistoire – **f.** La Renaissance

3. a. l'empereur – **b.** du Moyen Âge – **c.** château de Versailles – **d.** le trône – **e.** Révolution Française – **f.** de la Première République – **g.** conquérir – **h.** pharaoniques – **i.** tranchées – **j.** libérer – **k.** de vote – **l.** général – **m.** Réélection

Page 58, Vocabulaire
L'Histoire

4. Joséphine Baker, héroïne de guerre, femme engagée, danseuse et chanteuse est entrée au Panthéon le 30 novembre 2021 lors d'une cérémonie présidée par Emmanuel Macron. Le président a rendu hommage à cette femme hors du commun. Dans ce monument parisien sont enterrées 81 personnalités qui ont marqué l'Histoire de France. Joséphine Baker est devenue la sixième femme à y entrer, après Simone Veil en 2018. La cérémonie en son honneur a été accompagnée par des milliers de Français rue Soufflot.
Ayant servi dans l'armée de l'air comme infirmière dans le cadre d'actions organisées par la Croix-Rouge, Joséphine Baker a joué un rôle décisif pendant la Seconde Guerre mondiale en transmettant des messages secrets aux résistants. C'est à ce titre qu'on lui a décerné la médaille de la Résistance après la guerre. Puis en 1961, la Légion d'honneur lui a été remise par le Général Valin. Toute sa vie, Joséphine Baker mena de nombreux combats avec liberté, courage, générosité.

5. a. Individus considérés du point de vue de leurs droits civils et politiques, notamment le droit de vote.
b. Cérémonie faite afin de rappeler le souvenir d'un événement, d'une personne.
c. Siège sur lequel un souverain est assis.
d. Militaire équipé et instruit par l'État pour la défense de son pays.
e. Droit de vote accordé à tous les citoyens qui ont la capacité électorale.
f. Au Moyen Âge, noble admis dans l'ordre de la chevalerie. Aujourd'hui, homme dévoué à une femme, qui lui fait la cour.
g. Cérémonie qui sert à marquer le début d'un mandat ou l'ouverture d'un lieu.

Page 59, Grammaire
La concession et l'opposition

1. a. sache – **b.** connais – **c.** est – **d.** prendre – **e.** est – **f.** soit parti – **g.** veut – **h.** est – **i.** vivre

2. Depuis deux semaines, je progresse dans la découverte de Montréal et de ses quartiers ! Pour résumer, on peut dire que l'Est de la ville est francophone, alors que l'Ouest est plutôt anglophone. Mon quartier préféré c'est le Vieux-Port, néanmoins je crois que c'est le plus touristique et le plus cher de la ville. Je ne pourrai jamais y vivre bien que les loyers soient tout de même moins élevés qu'en France. À Nice, je louais une toute petite chambre pour 350 euros par mois, alors qu'ici, pour le même prix, je partage un appartement avec une colocataire.
Je dirais que le coût de la vie n'est pas trop éloigné de celui de la France, encore qu'on ait tendance à mieux vivre à Montréal avec moins d'argent. Sauf si on veut continuer de consommer des produits français évidemment… Dans ce cas, il faut débourser beaucoup d'argent quoique certains produits québécois soient similaires selon moi. C'est quand même plus raisonnable de s'adapter à la production locale…
Par ailleurs, je trouve que les possibilités de se divertir sont nombreuses à Montréal même si on n'a pas beaucoup d'argent. Beaucoup de festivals ont lieu et sont souvent gratuits. Selon moi, la qualité de vie est bien meilleure qu'en France !
Le point négatif, c'est l'hiver mais j'essaie de rester positive. En effet, malgré le froid glacial, on a souvent des journées ensoleillées.
Pour le moment, j'apprécie la vie à Montréal en dépit de la rudesse de l'hiver.

Page 60, Grammaire
La concession et l'opposition

3. a. 6 – **b.** 9 – **c.** 1 – **d.** 8 – **e.** 5 – **f.** 4 – **g.** 7 – **h.** 2

4. a. Ali était déboussolé et livré à lui-même à Paris. Pourtant, il était heureux.
b. Bien que Jules soit Français, il a le sentiment d'être incompris au Québec.
c. Ma sœur vit à Londres tandis que mon frère à Séville.
d. Même si tu m'offres un voyage aux Antilles, je ne te pardonnerai pas.
e. Malgré deux demandes de visa, il n'a pas obtenu de réponse.
f. Elle gagnait bien sa vie, cependant elle voulait quitter son pays.
g. Mehmet s'est bien intégré en Belgique mais il a le mal du pays.
h. Chloé est expatriée à Pékin alors qu'elle ne parle pas chinois.

i. Avec la bureaucratie française tout est compliqué. En effet, dans mon pays, c'est plus simple.
j. Léa adore la cuisine antillaise alors qu'Octave préfère la cuisine asiatique.
k. Bien qu'elle ait un bon diplôme, elle ne trouve pas de travail dans son pays.
l. Le métro de Montréal est constitué de quatre lignes tandis que le métro parisien en compte quatorze.

Page 61, Vocabulaire
Les données chiffrées

1. a. supérieur à 50 % – **b.** 33 % – **c.** 50 % – **d.** inférieur à 50% – **e.** 25 % – **f.** 75 % – **g.** 49 %

2. a. 2 – **b.** 4 – **c.** 7 – **d.** 5 – **e.** 3 – **f.** 1 – **g.** 6

3. a. s'élève – **b.** estimer – **c.** compte – **d.** dépasser – **e.** représentent – **f.** est

4. a. un taux – **b.** minoritaire – **c.** une accélération – **d.** le triple – **e.** une expansion – **f.** on pense – **g.** une immobilité – **h.** précisément

Page 62, Phonétique
Les nasales an [ã], in [ɛ̃], on [õ]

1. a. [ã] – **b.** [õ] – **c.** [ã] – **d.** [ɛ̃] – **e.** [õ] – **f.** [ɛ̃] – **g.** [ã] – **h.** [ɛ̃] – **i.** [õ] – **j.** [ɛ̃]

3. – an : **en** (vraim**en**t, souv**en**t, v**en**t, **en**) - **an** (mont**an**t, suffis**an**t, ch**an**té) - **am** et **em** devant p ou b (nov**em**bre, **am**biance) - très rarement **aen** et **aon** (C**aen**, J**ean**, p**aon**).
– in : **in** (mat**in**, **in**dique, c**in**q) - **im** devant p ou b (**im**pressionnistes) - **un** (l**un**di, Mel**un**) - **um** (parf**um**) - **ain** (dem**ain**) - **ein** (p**ein**tres) - très rarement **aim** (f**aim**) - **en** en fin de mot après é ou i (Adri**en**) - **yn** (s**yn**thèse).
– on : **on** (b**on**, L**on**dres, Raym**on**d, m**on**de, s**on**, p**on**ctualité, voy**on**s) - **om** devant p ou b (n**om**bre, tr**om**pe).

4. a. On se souviendra longtemps de ce champion.
b. Un bon chirurgien soutient son patient après l'opération.
c. En plein champ, je me sens bien.
d. Chacun prend un bon bain le matin.
e. Ce gamin blond a un accent parisien.
f. Ce petit ronron montre combien mon chaton est content.
g. L'entretien du jardin incombe à un jardinier.
h. En trente ans, on rencontre bien des gens sympathiques.
i. Dans un coin, il mange un sandwich au jambon blanc.

Page 64, Compréhension écrite

1. b. Une vidéaste web et vulgarisatrice historique animant une chaîne YouTube.

2. Le monde antique / l'Antiquité.

3. b. Elle trouve un juste milieu entre divertissement, culture et apprentissage.
c. Elle rend simples des contenus complexes en passant par l'humour.
e. Elle rend l'archéologie sexy.
g. Elle crée une complicité avec son public.

4. a. Faux : « la vidéaste déconstruit les clichés (sur les Mayas autant que sur les guerrières Vikings ou les rituels de beauté dans l'Histoire.) »
b. Vrai : « J'ai constaté que ça n'existait pas vraiment en France. »
c. Faux : « C'est un domaine qui a été souvent mis en avant par la pop culture avec des figures comme Indiana Jones ou Lara Croft. »
d. Vrai : « en tant que vulgarisateurs scientifiques, nous sommes des imposteurs. »
e. Vrai : « une porte d'entrée pour emmener le public à des endroits où il ne serait pas allé sinon. »

5. a. Charlie Danger fait entrer ses abonnés dans l'univers de l'Antiquité.
b. L'archéologie n'est pas uniquement le domaine des spécialistes.
c. La pop culture est un très bon moyen de vulgariser.
d. Il existe déjà un attrait du public pour l'archéologie.
e. C'est une situation compliquée : il faut trouver le juste équilibre.

Page 65, Production orale
Réponses libres.

Page 66, Jeux

1. a. Vrai – **b.** Faux – **c.** Vrai – **d.** Faux – **e.** Faux – **f.** Vrai

2. Préhistoire, Antiquité, Moyen Âge, Renaissance, Révolution, Empire, République

3. a. Charles – **b.** Georges – **c.** Valéry – **d.** François – **e.** Jacques – **f.** Emmanuel

4. a. chiffres – **b.** nombre – **c.** chiffres – **d.** chiffres – **e.** numéro

Bilan linguistique

Page 67, Unité 4
Être ou ne pas être connecté

1. a. de sorte qu' / si bien qu' – **b.** du fait de / en raison de / vu – **c.** de peur de – **d.** à la suite d'/ grâce à – **e.** Par manque de / faute de

2. a. Il m'a demandé si je pourrais lui prêter ma tablette.
b. Elle m'a assuré qu'elle avait sauvegardé mes photos sur une clé USB la veille.
c. J'ai entendu dire que l'atelier d'initiation au numérique était reporté à la semaine suivante.
d. Il l'a supplié de cesser de lui envoyer des SMS toutes les cinq minutes !
e. Elle m'a expliqué que c'était la première fois qu'elle devait signer électroniquement un contrat de travail.

3. a. dématérialisation – **b.** réseau – **c.** bugué – **d.** émojis – **e.** une appli

4. a. indique / précise / spécifie / stipule – **b.** a prononcé – **c.** révéler / proférer – **d.** confie / dévoile / divulgue / révèle – **e.** avouer / admettre

Page 68, Unité 5
Histoire au passé et au présent

1. Victor Hugo naquit en février 1802. Il marqua l'histoire du XIXe siècle par son œuvre littéraire, ses discours et ses convictions. À 19 ans, il écrivit ses premiers poèmes, *Odes et Ballades*. De son vivant, Victor Hugo fut un grand poète, romancier et dramaturge ainsi qu'un grand défenseur de la République. En 1848, il devint républicain et afficha son opposition à Napoléon III. Ce qui lui valut l'exil, qui dura près de vingt ans. Après avoir vécu à Guernesey, il revint en France à la chute du Second Empire en 1870. Ses funérailles nationales au Panthéon en 1885 furent suivies par deux millions de personnes.

2. a. en revanche / par contre – **b.** Contrairement à – **c.** Même si – **d.** Malgré – **e.** bien que / quoique / encore que

3. a. l'Antiquité – **b.** féodale – **c.** Première – **d.** L'hommage – **e.** commémorer

4. a. une lettre – **b.** le double – **c.** un écart – **d.** considérable – **e.** aucun

Unité 6 Lever l'ancre

Page 69, Grammaire
Exprimer le lieu

1. a. 1 – **b.** 4 – **c.** 2 – **d.** 6 – **e.** 3 – **f.** 5

2. a. Passez à travers le parc pour aller à la mairie.
b. Il n'y a pas de monuments historiques à proximité du centre commercial.
c. En dehors de la ville, il y a une jolie forêt.
e. Les maisons historiques se trouvent au cœur du centre-ville.
f. Les pistes de ski sont au pied de la montagne.
g. La vue est superbe en face du port.
h. Pour trouver le château, allez vers la zone commerciale.
i. La rivière coule en dessous de la ville.

Page 70, Grammaire
Exprimer le lieu

3. a. au centre de – **b.** loin – **c.** par – **d.** à proximité – **e.** à la périphérie – **f.** en face de – **g.** entre

Page 71, Vocabulaire
La géographie

1. Dans les montagnes du Jura ou des Alpes, on peut faire des très belles randonnées pour tous les niveaux. On peut se promener dans une vallée et observer les massifs à perte de vue. Si vous êtes en forme et que vous n'avez pas peur de l'altitude, vous pouvez faire l'ascension d'un sommet. Vous pourrez ainsi profiter de la vue. Si vous voulez faire une étape, vous pouvez passer la nuit dans un refuge. C'est une expérience exceptionnelle.

2. a. le versant – **b.** la bruyère – **c.** la vigne – **d.** l'étang – **e.** l'archipel – **f.** la plage

3. a. cap – **b.** phare – **c.** littoral – **d.** détroit – **e.** marais – **f.** baie

4. a. se jette – **b.** culmine – **c.** surplombe – **d.** domine – **e.** monte

5. a. beffroi – **b.** féodal – **c.** lavoir – **d.** ruelles – **e.** ruines – **f.** fondations

Page 72, Grammaire
Nuancer une comparaison

1. a. 4 – **b.** 1 – **c.** 3 – **d.** 6 – **e.** 2 – **f.** 5

2. a. insistance – **b.** ressemblance – **c.** différence – **d.** insistance – **e.** différence – **f.** ressemblance

3. a. plutôt que – **b.** pareille à – **c.** autrement que – **d.** bien plus – **e.** tout autant – **f.** aussi – **g.** rien à voir avec – **h.** comme – **i.** bien moins

4. a. Christine a beaucoup plus d'endurance que Delphine.
b. Cette piste présente bien moins de passages techniques que celle d'hier.
c. Alain court beaucoup moins vite qu'avant.
d. Marine pêche comme elle l'a toujours fait.
e. Grâce au sport, Brigitte ne s'est jamais sentie aussi bien de sa vie.

Page 73, Grammaire
Nuancer une comparaison

5. Olivier de Kersauson est né dans une autre région qu'Armel Le Cléac'h.
Olivier de Kersauson est un marin bien plus médiatique qu'Armel Le Cléac'h.
Olivier de Kersauson a voyagé tout autant qu'Armel Le Cléac'h.
Armel Le Cléac'h est bien plus jeune qu'Olivier de Kersauson.
La carrière d'Olivier de Kersauson est comparable à celle d'Armel Le Cléac'h.

6. a. Les Français partent de plus en plus à la montagne en été.
b. Les stations de ski sont de moins en moins fréquentées.
c. Les stages de voile sont de plus en plus chers.
d. Les sports d'hiver sont de moins en moins appréciés des vacanciers.
e. Il y a de plus en plus de circuits organisés pour les vacances depuis 20 ans.
f. Les jeunes s'intéressent de moins en moins aux stages sportifs.

Page 74, Vocabulaire
Les activités de plein air

1. a. 5 – **b.** 3 – **c.** 1 – **d.** 7 – **e.** 2 – **f.** 4 – **g.** 8 – **h.** 6

2. Marta est une aventurière. Dès qu'elle peut, elle part loin mais elle prépare quand même son itinéraire en détail, elle prévoit les temps de trajet et toutes les étapes de son voyage. Elle imagine les régions qu'elle va arpenter pendant son périple. Parfois elle emporte une petite tente pour camper si le climat le permet. Elle aime particulièrement dormir à la belle étoile. Parfois elle s'inscrit à un circuit organisé dans les régions difficiles d'accès, elle a même participé à une expédition au pôle Nord. Elle adore voyager pour découvrir des coins de nature et rencontrer des gens différents.

3. a. une boussole – **b.** une corde – **c.** un casque – **d.** une combinaison de ski – **e.** un sac de couchage – **f.** une veste imperméable – **g.** un couteau suisse

Page 75, Vocabulaire
Les activités de plein air

4. Venez parcourir les Monts d'Ardèche
Vous êtes un(e) sportif(ve) invétéré(e) et vous aimez transpirer ? Vous aimez la nature en grand et vous désirez vous ressourcer ? N'hésitez pas, ce stage multi-sports est pour vous. En plein cœur du parc naturel des Monts d'Ardèche, vous passerez une semaine hors du commun dans une ambiance amicale. Le stage débute en douceur avec une balade en kayak sur l'Ardèche. Ensuite, pour vous donner des émotions fortes et si le temps le permet, nous descendrons en rafting la rivière le Chassezac, offrant des courants plus capricieux. Après les sports

d'eau, c'est à deux roues que nous découvrirons des sentiers magnifiques. Le cyclisme est un bon moyen de profiter des belles forêts de notre région. Enfin pour terminer, nous vous proposons un trekking de trois jours pour découvrir les gorges de l'Ardèche.
Vous allez être émerveillé(e) par notre parc naturel ! N'hésitez plus, réservez votre place.

5. casse-cou ≠ prudent – serein ≠ anxieuse – découragé ≠ persévérant – intrépide ≠ peureux – calme ≠ nerveuse – abattu ≠ dynamique

6. a. Il fera très beau dans le Sud-Est / beau dans le Sud-Ouest / mauvais en Bretagne / doux en région parisienne / frisquet dans le Nord / frais en région Centre / lourd à la frontière suisse.
b. Le temps sera magnifique dans le Sud-Est / ensoleillé dans le Sud-Ouest / pluvieux en Bretagne / gris en région parisienne / pluvieux dans le Nord / gris en région Centre / orageux à la frontière suisse.
c. Il y aura du soleil dans le Sud-Est / du soleil dans le Sud-Ouest / de la pluie en Bretagne / des nuages en région parisienne / de la pluie dans le Nord / du brouillard en région Centre / de l'orage à la frontière suisse.
d. Le ciel sera dégagé dans le Sud-Est / bleu dans le Sud-Ouest / gris en Bretagne / couvert en région parisienne / couvert dans le Nord / voilé en région Centre / gris à la frontière suisse.
e. La température sera caniculaire dans le Sud-Est / élevée dans le Sud-Ouest / fraîche en Bretagne / douce en région parisienne / fraîche dans le Nord / fraîche en région Centre / élevée à la frontière suisse.

Page 76, Phonétique
Les accents

1. 1. L'accent aigu existe seulement sur le « e ». L'accent grave existe sur le « e », le « u » et le « a ».
2. L'accent circonflexe sur « e » remplace une lettre disparue, le plus souvent un « s » (être…).
3. Il n'y a jamais d'accent devant « x », une consonne doublée, une consonne finale (exceptions : « -és » et « -ès »), deux consonnes (exceptions : « e » suivi d'une consonne + « r », d'une consonne + « l », d'une consonne + « h » ou de « gn »).
4. L'accent circonflexe modifie la prononciation du « o » et parfois du « a ». Les accents aigu et grave modifient la prononciation du « e ».

2. a. Ma mère m'empêche de faire de l'escalade.
b. Nous avions prévu d'aller à la mer et nous avons dû annuler.
c. Je suis allé à l'hôpital car je suis tombé sur la tête après une chute de vélo.
d. Ils prennent le métro pour être à l'heure à la compétition d'escalade.
e. Nous emportons de la vaisselle en plastique pour pique-niquer chez nos amis.
f. J'espère que le temps sera ensoleillé pour la randonnée d'après-demain.
g. Tu achètes les billets de train pour le séjour à la mer ?

3. a. Au-delà de cette montagne, il y a l'océan.
b. Mon frère pêche dans la rivière d'à côté depuis des années.
c. Tu as pris ton piolet et tes bâtons de marche ?
d. La température est fraîche depuis hier.
e. Nous allons dormir à la belle étoile près d'un sentier.
f. La prochaine expédition va être extrêmement dure.

g. Où partez-vous l'été prochain ?
h. Le trajet est très long pour aller à Rennes.

Page 77, Compréhension orale

1. À La Rochelle avec ses filles, sa nièce, sa femme et sa belle-mère.

2. c. un camping.

3. Sur un parking.

4. Non, ils ont réservé à leurs frais.

5. a. sympathique mais loin de la mer.

6. Faux : Mounir et Mélanie sont restés sans nouvelles avant l'intervention de la radio.

7. a. De rembourser et dédommager Mounir.

8. a. en bas âge – **b.** mal géré – **c.** tomber des nues – **d.** le standing – **e.** le préjudice

Page 78, Production écrite
Réponses libres.

Page 79, Jeux

1. archipel – refuge – oasis – estuaire – surplomber – altitude – savane – calanque – croisière – falaise – littoral – escarpée.

2.

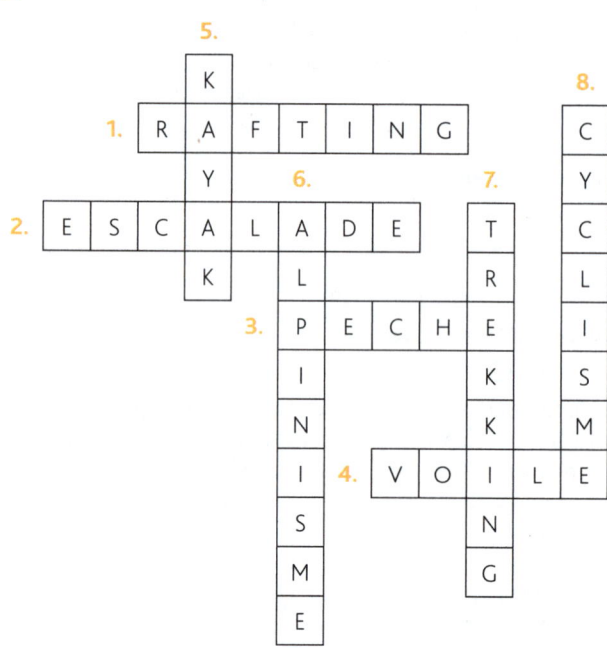

3. Une ampoule me faisait mal alors la randonnée m'a découragé.

Fiche méthodologique 3

1. a. une annonce de plan – **b.** une conclusion – **c.** un sujet – **d.** une accroche

2. *Exemples* :
a. Savez-vous comment a été inventé un objet que vous utilisez au quotidien : le téléphone ? Si on nomme souvent Graham Bell comme son inventeur, d'autres scientifiques et ingénieurs ont participé à la mise au point de cette invention directement ou indirectement. Nous allons donc présenter quelques-uns de ces inventeurs restés dans l'ombre de Graham Bell.

b. Vous connaissez certainement le *Tour du monde en 80 jours*, mais avez-vous entendu parler du tour d'Europe en 90 jours ? Il s'agit d'une initiative qui promeut l'utilisation du vélo et les comportements responsables sur le plan écologique. Le vélo est en effet un moyen de transport idéal à l'ère de l'éco-tourisme. Voici quelques exemples de séjours itinérants à vélo en Europe.

Unité 7 Le sens de l'actu

Page 81, Grammaire
Les indéfinis

1. a. quelle – **b.** quelconque – **c.** autre – **d.** aucun – **e.** tout – **f.** telle – **g.** même

2. a. n'importe quelles – **b.** n'importe quels – **c.** N'importe quelle – **d.** n'importe quelle – **e.** N'importe quelles – **f.** n'importe quel

3. a. quelqu'un de – **b.** rien de – **c.** quelqu'un de – **d.** quelqu'un de – **e.** personne de – **f.** rien de – **g.** Rien de – **h.** quelque chose de

Page 82, Grammaire
Les indéfinis

4. a. Le journaliste n'a interviewé personne.
b. Le témoin de l'événement lui a tout dit.
c. J'ai feuilleté un seul magazine culturel avant de m'abonner à celui-ci.
d. Il a tout vu mais n'a rien entendu.
e. Pour fêter mon départ, je n'inviterai aucun ami mais tous mes collègues.
f. Cela ne m'a rien fait.
g. Les deux participeront à ce concours.
h. Quelque chose/Tout est prévu.
i. Tout le monde/Chacun votera et quelqu'un sera élu.

5. *Propositions* :
a. Je lis les mêmes journaux que mes amis.
b. Les jeunes s'informent aussi sur d'autres supports que les réseaux sociaux.
c. J'ai lu quelques articles intéressants sur l'écologie.
d. Il y a plusieurs médias indépendants, mais tous ne le sont pas.
e. Il y a divers niveaux d'intérêt pour la politique dans mon pays.

Page 83, Vocabulaire
Les médias et l'actualité

1. a. 3, 8 – **b.** 5, 8 – **c.** 4 – **d.** 5, 8 – **e.** 2, 7 – **f.** 1, 6, 9 – **g.** 2, 6 – **h.** 6

2. a. la une – **b.** un hebdomadaire – **c.** la manchette – **d.** un fait divers – **e.** la censure – **f.** l'angle – **g.** le lectorat – **h.** un scoop

3. Ce soir, avec Kevin, c'est dîner devant la télé. Quand tout est préparé, nous prenons place dans le canapé devant notre écran géant. Mais impossible de se mettre d'accord sur le programme. Il y a bien un match de foot diffusé sur TF1, mais moi je préfère regarder une émission de variétés. Le match étant en direct, Kevin ne veut surtout pas le manquer. Je lui propose donc de l'écouter à la radio car je ne veux pas rater non plus le passage de Céline Dion sur le plateau de *The Voice* : *La Plus Belle Voix*. J'ai lu dans un canard chez le coiffeur qu'elle allait annoncer un scoop ce soir concernant sa tournée. Kevin me suggère plutôt de me tenir au courant de son actu sur les réseaux sociaux et de regarder le match avec lui.
Finalement, nous décidons de regarder un reportage animalier sur une chaîne du câble.
L'actualité brûlante de Céline Dion attendra et le résultat du match aussi.

Page 84, Vocabulaire
Les médias et l'actualité

4. La presse : l'article, le chapô, la diffusion, le journaliste, le trimestriel, l'interview, l'enquête, le courrier des lecteurs, le billet, l'hebdo, l'analyse, la rubrique, la colonne, le rédacteur en chef, le tirage, la périodicité, *Le Monde*, la dépêche, le bouclage, la publication, la rédaction, la gazette, la tribune, la publicité, la brève, la cible, *Paris-Match*, la manchette, le bimensuel, le canard, l'illustration, le quotidien, la légende, le bandeau, le sommaire, le correspondant

La radio : la station, la diffusion, le présentateur, le journaliste, l'interview, la matinale, l'enquête, le billet, l'analyse, l'auditoire, le rédacteur en chef, la bande FM, la pastille, le podcast, la grille des programmes, la rédaction, la carte postale sonore, le flash info, l'antenne, le jingle, le chroniqueur, la publicité, l'émission, le correspondant, *France Culture*, l'animatrice, *France Info*, l'audience, le reportage, le son, la dépêche, *Europe 1*.

Page 85, Grammaire
La nominalisation

1. a. la supposition – **b.** la croyance – **c.** la réflexion – **d.** la lecture – **e.** la production – **f.** la fermeture – **g.** le détournement – **h.** la destruction – **i.** l'ouverture – **j.** la propagation – **k.** la poursuite – **l.** le filtre – **m.** le croisement – **n.** la rupture

2. a. la vérité – **b.** l'exactitude – **c.** la bonté – **d.** la franchise – **e.** l'abondance – **f.** la justesse – **g.** la réalité – **h.** la fausseté – **i.** l'ineptie – **j.** la bêtise – **k.** la noirceur – **l.** la lourdeur – **m.** la méchanceté – **n.** la délicatesse

3. a. La disparition du témoin est inadmissible.
b. La brièveté de la conférence de presse a déçu le journaliste.
c. Je suis certaine de la fiabilité de mes sources.
d. L'évasion du prisonnier reste un mystère.
e. La drôlerie de ce canular m'amuse beaucoup.
f. Je suis jaloux de l'éclat du sourire du présentateur du JT.
g. Les journalistes apprécient la ponctualité et la courtoisie du rédacteur en chef.
h. L'enrichissement des géants du web ne profite à personne.
i. Je suis étonnée de la viralité de cette vidéo.
j. J'aime la clarté et la précision de son article.
k. Le grossissement des événements par la presse me choque.
l. La malveillance de certains ragots n'est plus à démontrer.

Page 86, Grammaire
La nominalisation

4. a. Naissance d'un bébé prénommé Mbappé au Chili.
b. Exclusion de la candidate alsacienne du concours Miss France.
c. Abondance des pluies demain dans le Sud-Ouest.
d. Hausse des températures dans l'après-midi.
e. Signature d'un accord entre la presse d'information générale et Google.
f. Reprise de la vie culturelle après la crise.

g. Présidence française/de la France du Conseil de l'Union européenne en 2022.
h. Blocage des routes par des manifestants pro-climat à Berlin.
i. Durcissement des critiques envers le gouvernement.
j. Accession possible de Chloé Laurent au poste de ministre de la Justice.
k. Lancement d'une négociation sur les horaires de travail entre les syndicats et le patronat.
l. Revalorisation prochaine des salaires dans l'hôtellerie-restauration.

Page 87, Vocabulaire
La critique médiatique

1. a. La rumeur – **b.** propagation – **c.** leur esprit critique – **d.** complotistes – **e.** Un ragot – **f.** hoax – **g.** mes sources – **h.** le bouche-à-oreille – **i.** le meilleur – **j.** décrypter – **k.** un canular – **l.** truquées – **m.** court

2. En France, il existe plusieurs chaînes d'information en continu. La première, LCI, est apparue en 1994. Ces chaînes diffusent surtout l'actualité en direct. Ce format a des conséquences sur la qualité de l'information. En effet, l'information en train d'être délivrée en direct n'est pas toujours vérifiée et de fausses informations sont parfois diffusées. Quand une chaîne relaie des rumeurs, nous ne sommes plus dans l'information, mais dans le sensationnel et l'intox. Par ailleurs, sur ces chaînes, l'info est scénarisée et souvent excessive. Des bandeaux anxiogènes défilent en bas de l'écran, les éditions spéciales se répètent en boucle et les contenus des reportages sont souvent recyclés. Ce flux d'information et ce manque de prudence sont caractéristiques de l'emballement médiatique actuel. Contrainte publicitaire, pression de l'audience, manque de moyens, paupérisation du travail journalistique : les chaînes d'info en continu sont-elles nécessaires ?

3. Familier : le racontar, le ragot, le bobard, le buzz.
Courant : le bruit, la rumeur, le on-dit.
Soutenu : la vox populi, le ouï-dire, le bourdonnement.

Page 88, Phonétique
Les sons k [k], g [g], d [d], t [t]

1. a. [g] : regard, fatigué
b. [k] : décor, clinquant
c. [k] : canular, catastrophique
d. [g] : garçon, ragots
e. [k] : Éric, critique
f. [g] : négative, angoisse

2. a. [d] : redis, durée, du
b. [t] : culture, toute
c. [d] : danois, suédois
d. [d] : cadeau, Didier
e. [t] : écoute, politique
f. [t] : caricature, remonte, Antiquité

4. a. L'auditeur écoute une radio thématique.
b. Gaston rédige un article sur le quai de la gare.
c. Les médias traditionnels ne gagnent plus de lecteurs.
d. Ce programme d'investigation propose des enquêtes.
e. À Dakar, la rédaction de RFI est multilingue.
f. Tony me demande de traduire l'édito d'un magazine.
g. Une dame sénégalaise déguste une mangue devant la télé.
h. C'est une radio récente en langue locale.
i. J'aime l'information de qualité, indépendante et pluraliste.

Page 90, Compréhension écrite

1. information

2. Aux téléspectateurs / au public de France Télévisions

3. c. d'accéder aux sources utilisées par les journalistes des JT et magazines de France Télévisions.
d. de répondre préventivement aux interrogations des téléspectateurs.
g. de consolider la confiance du public envers les médias.

4. a. Vrai. L'idée de nosSources est justement venue des téléspectateurs, consultés dans la grande opération de dialogue de 2019 Médias et Citoyens.
b. Faux. Cette absence de traçabilité des sources est, aujourd'hui, l'une des causes principales de la perte de crédibilité des journalistes.
c. Vrai. On peut accéder sur le produit lui-même, ou via des applications, à une masse d'informations qui permettent de choisir, de faire la différence. Dans les médias, la marque du média est censée se porter garante de la qualité de l'information.
d. Faux. Rendez-vous sur le site de franceinfo.fr, onglet JT.
e. Faux. Les sujets des JT ne sont pas tout de suite accessibles lors de leur passage à l'antenne. Il vous faudra patienter un peu.

5. *Propositions* :
a. avant, préalablement / justes, normales – **b.** volonté, demande, revendication – **c.** mystérieux, étrange – **d.** présente – **e.** étonnés, surpris / justesse, bien-fondé – **f.** de l'outre-mer – **g.** en plus – **h.** à la télévision

Page 91, Production orale
Réponses libres.

Page 92, Jeux

1. a. info – **b.** radio – **c.** presse – **d.** rédaction – **e.** titre

2. a. le journal – **b.** le scoop – **c.** l'auditeur/l'auditrice – **d.** les faits divers – **e.** le chapeau (souvent écrit « chapô » dans le milieu de la presse)

3. *Proposition* :
Le commandant de bord / copilote a décidé de dérouter l'avion qui a dû atterrir en catastrophe !
Un passager a filmé le reptile. Sa vidéo, devenue virale sur les réseaux sociaux, montre le serpent ondulant dans la cabine de l'appareil.
L'incident, qualifié d'exceptionnel par la compagnie aérienne, s'est produit hier matin sur un vol reliant Dakar à Paris.
Les passagers ont ensuite embarqué sur un autre vol pour atteindre leur destination finale.

4. a. masculin – **b.** masculin – **c.** masculin – **d.** masculin – **e.** féminin – **f.** masculin

Bilan linguistique

Page 93, Unité 6
Lever l'ancre

1. a. au cœur – **b.** au sommet – **c.** à la périphérie – **d.** en face – **e.** à travers

2. Ma sœur aimerait voyager bien plus. Je l'ai donc emmenée en vacances pour lui faire plaisir. Comme elle a toujours aimé la montagne, nous sommes parties dans le Massif central. Nous avons fait des randonnées faciles car je ne suis pas <u>aussi</u> sportive qu'elle et je marche <u>bien moins</u> vite. C'était génial ! La prochaine fois, nous partirons à la mer et nous prendrons <u>tout autant</u> de plaisir, c'est sûr !

3. a. 3 – **b.** 5 – **c.** 4 – **d.** 1 – **e.** 2

4. a. avons arpenté – **b.** dormir à la belle étoile – **c.** j'en ai bavé – **d.** se ressourcer – **e.** me suis cassé le bras

Page 94, Unité 7
Le sens de l'actu

1. a. quelque chose de – **b.** quel que – **c.** n'importe quel – **d.** n'importe quelle – **e.** personne d'

2. a. la circulation – **b.** le croisement – **c.** le relai – **d.** la publication – **e.** la vérification

3. a. la matinale – **b.** le câble – **c.** l'angle – **d.** le scoop – **e.** la médiatisation

4. La jeune génération est particulièrement exposée aux infox et à la <u>désinformation</u>. En effet, les jeunes passent de plus en plus de temps à communiquer en ligne et s'informent majoritairement par le biais des réseaux sociaux, sans être toujours conscients d'être exposés à des <u>fausses nouvelles</u>. Leur <u>esprit critique</u> n'est pas toujours bien aiguisé. Il est donc important qu'ils soient initiés dès l'école primaire à l'éducation aux médias et à l'information afin qu'ils sachent distinguer le vrai du faux. Cette question n'est pas nouvelle puisque la <u>propagation</u> des rumeurs et des théories du complot est très ancienne. Ces phénomènes, autrefois appelés plus communément « qu'en-dira-t-on » ou « <u>propagande</u> », s'appellent aujourd'hui *fake news* ou infox.

Unité 8 Prenez soin de vous !

Page 95, Grammaire
Les propositions temporelles

1. a. 4 – **b.** 5 – **c.** 2 – **d.** 1 – **e.** 3

2. a. au moment où – **b.** en attendant que – **c.** Avant de – **d.** À mesure que – **e.** alors – **f.** Tant – **g.** une fois

3. a. lorsqu' – **b.** jusqu'à ce qu' – **c.** après qu' – **d.** À mesure que – **e.** avant que – **f.** Aussitôt que

Page 96, Grammaire
Les propositions temporelles

4. a. es – **b.** passer – **c.** a eu – **d.** a appelé – **e.** a pu – **f.** être venue

5. a. Il s'est mis en colère au moment où elles ont critiqué son physique.
b. Martin est nerveux dès lors qu'il va chez le médecin.
c. Je n'ai pas le temps de faire du sport alors je danse en même temps que je cuisine.
d. Armelle fait les courses pendant que ses enfants vont à l'atelier de rigologie.
e. Nicolas lit un livre sur le fonctionnement du cerveau tandis qu'il attend le bus.

6. a. avant de – **b.** une fois – **c.** après – **d.** avant que – **e.** après qu' – **f.** une fois que – **g.** avant d'

7. a. Kevin sera en meilleure santé quand il mangera moins de viande.
b. Emma rassure ses patients en attendant qu'ils reçoivent leurs résultats d'analyse.
c. Il faudrait des médecins supplémentaires en ville avant que les anciens prennent leur retraite.
d. Ahmed prépare une salade diététique tandis que son frère mange des chips.
e. L'hôpital sera plus performant une fois que le budget sera augmenté.

Page 97, Vocabulaire
Le corps et l'apparence

1. a. crâne – **b.** hanche – **c.** rotule – **d.** épaules – **e.** côte – **f.** phalanges – **g.** clavicule – **h.** vertèbre – **i.** tibia

2. a. respiration – **b.** mâchoire – **c.** teint – **d.** moustache – **e.** joues – **f.** nerveux – **g.** cholestérol – **h.** circulation – **i.** l'omoplate

1. a. 6 – **b.** 3 – **c.** 1 – **d.** 2 – **e.** 5 – **f.** 4

Page 98, Vocabulaire
Le corps et l'apparence

4. David ne se trouvait pas beau et il a décidé de faire de la chirurgie esthétique. Il se trouvait ridé, alors il s'est fait faire un <u>lifting</u>. Et puis il trouvait ses cuisses trop grosses alors il s'est fait faire une <u>liposuccion</u>. Il n'aimait pas ses <u>oreilles</u> décollées et il a demandé à son chirurgien de l'opérer pour les recoller. Il n'était toujours pas satisfait de son apparence, alors il s'est fait refaire le <u>nez</u>. Maintenant il dépense des fortunes en crèmes pour cacher ses <u>poches</u> sous les yeux. Il continue à se plaindre d'une <u>cicatrice</u> qu'il a sur le front. Il ne va jamais s'arrêter. Sincèrement, je trouve ça assez inquiétant.

5. a. svelte – **b.** de démarche – **c.** morphologie – **d.** carrure – **e.** silhouette – **f.** allure – **g.** refaire – **h.** profil – **i.** maigre

6. a. le cerveau – **b.** le tibia – **c.** le profil – **d.** la cicatrice – **e.** corpulent – **f.** la pointure – **g.** la hanche – **h.** la joue – **i.** l'opération

7. a. les paupières – **b.** le pancréas – **c.** les poumons – **d.** le cœur – **e.** les veines / les artères

Page 99, Vocabulaire
La santé et la médecine

1. a. 3 – **b.** 8 – **c.** 5 – **d.** 1 – **e.** 6 – **f.** 2 – **g.** 4 – **h.** 7

2. Arthur a été <u>mal fichu</u> tout l'été à cause d'une bactérie. Il a dû rester <u>alité</u> pendant plusieurs semaines car il a été très fatigué. Cependant son état quand même <u>bénin</u> et il n'a pas dû être <u>hospitalisé</u>. Son médecin lui a prescrit des <u>antibiotiques</u>. Depuis qu'il est <u>rétabli</u>, il s'est remis au sport. Il a vraiment la <u>patate</u>.

3. a. rougeurs – **b.** d'ampoules – **c.** invalide – **d.** mon pouls – **e.** fracturé – **f.** convalescente – **g.** prescrit

4. a. hospitaliser – **b.** prescrire – **c.** examiner – **d.** ausculter – **e.** diagnostiquer

Page 100, Grammaire
La mise en relief

1. a. 6 – **b.** 1 – **c.** 5 – **d.** 2 – **e.** 3 – **f.** 4

2. Aux urgences de l'hôpital, il y a toujours énormément de monde. Mario travaille à l'accueil et <u>ce qu'</u>il aime particulièrement, c'est le contact avec les gens, patients et soignants. Charlotte est médecin. Elle aime son travail mais <u>ce qui</u> la fatigue le plus, ce sont les gardes de nuit. Par contre, <u>ce dont</u> elle est fière, c'est de sauver des vies. Akim est infirmier depuis plus de 30 ans. Pour lui, le plus important <u>c'est que</u> les équipes de soignants s'entendent bien pour mieux supporter la pression.

3. a. Ce qui est essentiel, c'est d'avoir un bon système de santé.
b. Ce qu'on ne dit pas assez, c'est qu'il faut manger des légumes en hiver.
c. Ce dont on a vraiment besoin, c'est de faire plus de prévention contre les addictions.
d. Ce que je trouve intolérable, c'est de ne pas trouver de médecin à proximité.
e. Ce dont on ne parle pas assez, c'est de la santé au travail.
f. Ce qu'il faudrait proposer, c'est un meilleur suivi médical pour les personnes âgées.

4. a. C'est à mes sœurs que je confie mes problèmes de santé.
b. C'est grâce à ma tante Catherine que j'ai découvert les plantes médicinales.
c. C'est malgré l'avis de ses parents qu'il est devenu infirmier.
d. C'est pour être en meilleure santé que nous avons décidé de manger plus de légumes.
e. C'est à cause de ses problèmes de dos que Sophie ne peut plus faire de sport.
f. C'est depuis qu'elle suit une thérapie que Christine n'est plus déprimée.
g. C'est en surveillant la température de l'eau que mon père prépare ses tisanes.
h. Ça fait / Voilà des années que je cherche un remède pour mes allergies.

Page 101, Grammaire
La mise en relief

5. a. C'est la semaine prochaine que je viendrai en consultation.
b. C'est à l'infirmier que vous devez donner vos résultats d'analyse.
c. C'est de cette manière que vous devez mettre la pommade.
d. C'est en raison des effets secondaires que j'ai arrêté mon traitement.
e. C'est un ambulancier qui vous emmènera à l'hôpital.
f. C'est la marche nordique que je pratique.
g. C'est d'un thermomètre dont nous avons besoin.

6. a. C'est mon frère qui viendrait me voir si j'étais hospitalisé(e).
b. C'est en 2005 que j'ai commencé à apprendre le français.
c. C'est en travaillant beaucoup qu'elle a réussi sa première année de médecine.
d. C'est de la pneumonie dont j'ai peur.
e. C'est pour l'aider à arrêter de fumer qu'on lui a recommandé de faire de l'exercice physique.

Page 102, Phonétique
Les sons ch [ʃ], j [ʒ], s [s], z [z]

1. a. [s] : médecin, sans, cesse
b. [ʒ] : j'ai, rouge, visage, je
c. [s] : savez, si, ce, sans
d. [z] : voisin, bizarre, besoin, zèle
e. [z] : disent, elles ont, roses, les invités, aise
f. [ʃ] : chaque, dimanche, chez
g. [ʒ] : jeune, gère, jouets
h. [ʃ] : cherchons, chambre

3. a. Je cherche le chef du magasin.
b. Vous pensez que les jeunes apprennent mieux en jouant ?
c. Ce serait bien de perdre ces mauvaises habitudes.
d. Vous êtes sûr que c'est le bon chemin ?
e. Julien n'est pas sûr de pouvoir participer au jeu.
f. Elle a décidé de ne pas poursuivre ses études de chirurgie.
g. La gestion de cet hôpital laisse à désirer.
h. On ne porte pas de jupe pour monter à cheval.

Page 103, Compréhension orale

1. b. une inflammation.

2. b. fréquente.

3. Les femmes jeunes, entre 25 et 35 ans.

4. a. Vrai – **b.** Faux – **c.** Faux – **d.** Vrai

5. Il faut s'exposer progressivement au soleil.

6. a. disparaît progressivement – **b.** continue – **c.** réapparaît, revient – **d.** n'est pas grave

Page 104, Production écrite
Réponses libres.

Page 105, Jeux

1. a. Phalange – **b.** Thérapie.

2. J'ai une sacrée douleur à l'estomac. Vous pouvez me prescrire un remède ?

3. 1. Joue – **2.** Barbe – **3.** Pupille – **4.** Rotule – **5.** Démarche – **6.** Épaule – **7.** Tibia – **8.** Côte – **9.** Cerveau – **10.** Vertèbre – **11.** Paupière – **Expression mystère :** J'ai la patate.

Fiche méthodologique 4

Dans le document E de l'unité 8, un article du 7 décembre 2020, la journaliste Camille Renard présente une BD sur Suzanne Noël. Tout d'abord, elle fait pour cela une présentation de cette femme, qui était chirurgienne. Elle explique le parcourt professionnel de Suzanne Noël, qui s'était donné pour mission de « réparer » les visages des soldats de la Première Guerre mondiale revenus défigurés. Par la suite, elle a développé des techniques de chirurgie esthétique. Elle était connue pour opérer des personnes de toutes les classes sociales et d'accepter des paiements selon leurs moyens. Camille Renard mentionne également les personnes qui ont réalisé la BD qui retrace la vie de la chirurgienne : l'écrivaine Leïla Slimani et le dessinateur Clément Oubrerie.

Unité 9 La richesse en partage

Page 107, Grammaire
Le passif

1. a. Un article sur notre tiers lieu va être publié par Monsieur Lupin.
b. Des conseils pour gérer les conflits lui ont été donnés par madame Hugo.
c. Une réunion sera organisée par Arthur la semaine prochaine.
d. La maison de la culture du village vient d'être fermée par Guy.
e. Ils avaient été prévenus que le projet était subventionné.

2. a. par – **b.** de – **c.** de – **d.** par – **e.** de

3. a. Les ateliers sur le vivre-ensemble se développent ces derniers temps.
b. Ils se sont rencontrés dans le métro et ils se sont plu tout de suite.
c. Un espace détente se créera bientôt au tiers lieu de Versailles.
d. Xavier s'est spécialisé dans la gestion de conflits.
e. La mairie s'est vraiment modernisée cette année.

Page 108, Grammaire
Le passif

4. a. Le vivre-ensemble, ça ne s'invente pas.
b. Un prix Nobel, ça ne se refuse pas.
c. Des œuvres d'arts ça ne s'emmagasine pas, ça s'expose.
d. Un budget, ça se gère sérieusement.
e. Des reproches injustifiés, ça ne se fait pas.

5. Le tiers lieu a été fermé par la mairie.
Le projet de tiers lieu de Mont-sur-Lie s'est terminé. Les bénévoles se sont lassés de ne pas recevoir de soutien des autorités locales. Les dettes s'étaient accumulées et le budget n'était pas bien géré. En plus, des plaintes du voisinage s'étaient fait entendre. Les conflits auraient pu se régler avec un bon médiateur mais l'énergie du début n'était plus partagée par les membres.

6. a. me suis fait – **b.** se sont vu – **c.** se sont fait – **d.** s'est entendu – **e.** s'est laissé – **f.** s'est fait

Page 109, Vocabulaire
Le vivre-ensemble

1. Ève vient de trouver un appartement dans le centre de Marseille. Elle va pouvoir enfin habiter seule, avoir son propre chez-soi, elle en avait assez de devoir cohabiter avec d'autres personnes. Le logement n'a pas une surface très grande, mais c'est quand même un deux pièces, elle pourra donc héberger ses amis en visite dans son salon. Le loyer est un peu cher, mais elle a vraiment été séduite par la hauteur de plafond, le plancher en bois et surtout le bâtiment ancien. Elle est impatiente de poser ses cartons.
Elle imagine déjà comment sera la décoration, elle se demande même si elle ne va pas faire appel à un designer.

2. a. le manoir – **b.** le garage – **c.** rendre visite – **d.** la maison de retraite – **e.** le compagnon – **f.** la bonne volonté

3. a. convivialité – **b.** entraide – **c.** inclusif – **d.** coopération – **e.** covoiturage – **f.** collectivité

4. a. bonnes volontés – **b.** bénévoles – **c.** une société inclusive – **d.** l'impact territorial – **e.** à la cantine – **f.** d'artiste

Page 110, Vocabulaire
Le vivre-ensemble

5. a. 5 – **b.** 4 – **c.** 1 – **d.** 2 – **e.** 6 – **f.** 3

6. Si vous voulez être accueilli chaleureusement chez vos amis, suivez les conseils suivants.
a. Prévenez de votre visite, votre hôte n'appréciera pas forcément de vous voir débarquer à l'improviste.
b. Faites des compliments sur la décoration et la cuisine, les critiques embarrasseront votre hôte.
c. Soignez vos manières à table, ne vous comportez pas comme un cochon si vous voulez être à nouveau invité.
d. Quand votre hôte vous dit de « faire comme chez vous », l'expression n'est pas à prendre au pied de la lettre. Il ne s'agit pas de prendre ses aises comme si vous étiez vraiment chez vous.
e. Si vous rendez visite régulièrement à vos amis, invitez-les aussi chez vous pour leur rendre la pareille.

7. a. manoir – **b.** maison de retraite – **c.** charges – **d.** studio – **e.** colocataire – **f.** autogéré – **g.** cantine – **h.** héberger – **i.** loyer – **j.** l'association

Page 111, Vocabulaire
Les quantités

1. Quantités précises : **b.** tout juste doublé – **c.** une surface de 35 mètres carrés – **f.** aucune place de libre.
Quantités imprécises : **a.** une dizaine de personnes – **d.** un nuage de lait – **e.** environ 2 kilomètres – **g.** même pas la vingtaine.

2. a. ajoute/ajoutera – **b.** Soustrais – **c.** additionne – **d.** avons divisé – **e.** aurais multiplié

3. a. cascade – **b.** une goutte – **c.** un tas – **d.** une flopée – **e.** se raréfient

4. a. millilitres ou centilitres – **b.** mètres carrés – **c.** tonnes – **d.** mètres cubes – **e.** kilomètres carrés

Page 112, Grammaire
L'expression de la proportion

1. a. 4 – **b.** 5 – **c.** 6 – **d.** 1 – **e.** 2 – **f.** 3

2. a. Les deux tiers – **b.** Une minorité – **c.** Environ le tiers – **d.** 10 % – **e.** Plus d'un tiers

3. a. apprécient – **b.** consiste – **c.** portent – **d.** se répartit – **f.** est

4. a. Une – **b.** la – **c.** la – **d.** une – **e.** La – **f.** une – **g.** la – **h.** La

Page 113, Grammaire
L'expression de la proportion

5. a. Les deux réponses sont possibles.
b. Les frigos solidaires sont un succès, le tiers a été installé pendant l'hiver. (« tiers » est utilisé seul.)
c. Les neuf dixièmes des bénévoles sont des femmes. (Le complément de la fraction est au pluriel.)

d. Le pays sera coupé en deux demain, 40 % va être sous la pluie demain. (Le pourcentage est utilisé seul.)
e. Les deux réponses sont possibles.
f. Les deux réponses sont possibles.
g. La majorité s'est exprimée lors du vote. (« majorité » est utilisé seul.)
h. La totalité de la somme collectée sera reversée à des personnes dans le besoin. (« totalité » est utilisé seul.)
i. Les deux réponses sont possibles.
j. 18,75 % des livres vendus dans notre librairie traitent de la culture française. (Le pourcentage se réfère à un nom pluriel.)

Page 114, Phonétique
Les sons f [f], v [v], p [p], b [b]

1. a. [v] : Valérie, venue.
b. [b] : Béatrice, Bruno, bébé, Basile.
c. [v] : Wagon, vingt.
d. [f] : feras, philosophie.
e. [b] : bosse, bilan, hebdomadaire.
f. [f] : fini, fièvre.

3. a. Tu as fait beaucoup d'activités au bord de la mer ?
b. Ne te fais pas de bile, il va arrêter de pleuvoir !
c. Vérifie que j'ai bien fermé la voiture.
d. Ce que je préfère, c'est le bœuf bourguignon.
e. Ne te fâche pas pour ça, je file chercher du pain à la boulangerie.
f. Pour les fêtes, je voudrais aller visiter Vienne.
g. Viens prendre un verre avec mes parents.
h. Elle est forcément coupable, toutes les preuves sont contre elle.

Page 116, Compréhension écrite

1. b. Il est question de la politesse comme moyen d'améliorer la rentabilité des entreprises.

2. a. Pour être plus performants, les employés devraient être estimés de leurs collègues.

3. c. L'impolitesse au travail est quelques fois un signe avant-coureur de violences plus graves.

4. b. La courtoisie permet aux salariés de se sentir reconnus.

5. a. Faux : « « La politesse au travail, un axe de performance » titrait, au printemps dernier, eurecia.com, le site spécialisé dans les ressources humaines. »
b. Vrai : « Regardez d'ailleurs le glissement sémantique observé sur la politesse : elle est devenue de plus en plus synonyme de respect. »
c. Faux : « Un simple geste de la main pouvant suffire. »
d. Vrai : « Certaines entreprises ont ainsi mis en place des chartes dites de courtoisie. »

6. a. favorable – **b.** regrettent – **c.** demander/mendier – **d.** nocif/nuisible/mauvais

Page 117, Production orale
Réponses libres.

Page 118, Jeux

1.

A	Q	Z	R	I	B	A	M	B	E	L	L	E	X
D	L	X	A	A	B	Y	W	I	W	T	D	X	C
F	O	X	R	S	O	M	M	E	J	S	E	N	T
M	N	G	S	V	U	G	J	A	Q	S	N	B	N
B	G	J	H	E	C	T	A	R	E	M	U	P	T
U	U	O	V	V	Q	W	C	E	R	V	E	W	R
I	E	D	O	U	Z	A	I	N	E	K	M	S	I
P	U	D	T	F	O	V	E	D	N	H	E	A	P
P	R	O	F	O	N	D	E	U	R	U	N	X	L
R	W	L	K	E	Q	Y	V	C	A	R	T	R	E
X	E	G	K	Y	R	I	E	L	L	E	Q	Z	O

2. a. montagne – **b.** goutte – **c.** foule – **d.** nuage

3. a. inclusif – **b.** plancher – **c.** héberger – **d.** décoration – **e.** entraide

Bilan linguistique

Page 119, Unité 8
Prenez soin de vous !

1. a. avant qu' – **b.** après – **c.** D'ici à ce que – **d.** maintenant que – **e.** une fois

2. a. C'est d'aller faire une cure dans une station thermale dont vous auriez besoin. / C'est dans une station thermale que vous devriez aller faire une cure. / Ce dont vous avez besoin, c'est d'aller faire une cure dans une station thermale.
b. C'est la chercheuse Séverine Cholet qui a découvert par hasard de nouveaux effets de cette plante. / C'est par hasard que la chercheuse Séverine Cholet a découvert de nouveaux effets de cette plante.
c. Cela fait des années qu'on cherche un vaccin contre le paludisme. / C'est contre le paludisme qu'on cherche un vaccin depuis des années.
d. C'est Irène qui a pu faire des études de médecine grâce à ses grands-parents. / C'est grâce à ses grands-parents qu'Irène a pu faire des études de médecine.
e. C'est Fatiha qui est partie au Brésil dans l'intention d'étudier des maladies tropicales. / C'est dans l'intention d'étudier des maladies tropicales que Fatiha est partie au Brésil. / C'est au Brésil que Fatiha est partie pour étudier des maladies tropicales. / Ce sont des maladies tropicales que Fatiha est partie étudier au Brésil.

3. Armelle serre trop les dents la nuit et elle a vraiment mal à la mâchoire. En plus, elle a les vertèbres en compote parce qu'elle est assise toute la journée à son bureau. Sans compter que son voisin met la musique très fort et elle a le crâne qui va exploser. Elle regrette d'avoir trop mangé pendant les fêtes de Noël, maintenant elle a l'estomac tout retourné. En fait, c'est pas la forme ! Ça se voit, elle a les traits très fatigués.

4. a. microbes – **b.** souffrante – **c.** fièvre – **d.** plaie – **e.** consultation

Page 120, Unité 9
La richesse en partage

1. a. Le vieux théâtre se visite le matin.
b. L'association s'est organisée de manière autogérée.
c. Je pense que les discussions avec la mairie s'engageront la semaine prochaine.
d. Les dernières dépenses s'ajouteraient au budget annuel ?
e. La situation financière de notre projet s'était réglée rapidement.

2. a. se révèlent – **b.** paient – **c.** arrive – **d.** se retrouve – **e.** sont

3. Notre fablab est un endroit très spécial. Il est installé dans un couvent abandonné qui a été rénové. Nous pouvons y accueillir toutes sortes d'ateliers liés aux nouvelles technologies car le lieu est très grand. Ici, l'important c'est l'entraide entre tous les participants, nous sommes tous solidaires les uns des autres ! L'espace est autogéré, les décisions sont prises lors d'assemblées auxquelles tous les membres sont invités à participer. Ils viennent pendant leur temps libre, chacun est bénévole.

4. a. 3 – **b.** 5 – **c.** 1 – **d.** 2 – **e.** 4

Unité 10 Parlez-vous français ?

Page 121, Vocabulaire
L'argot

1. a. 6 argot – **b.** 8 verlan – **c.** 5 parler jeune – **d.** 4 argot – **e.** 1 parler jeune – **f.** 7 argot – **g.** 2 parler jeune – **h.** 3 verlan

2. a. froc – **b.** capté – **c.** askip – **d.** carotter – **e.** badass – **f.** caisse

3. a. Ta fête s'est très bien passée samedi, mais plein de filles sont venues sans y avoir été invitées.
b. Après le travail, j'aime bien manger devant la télévision.
c. J'ai rendez-vous avec un garçon ce soir, il faut que je me lave les cheveux.
e. En général, le dimanche matin, je reste dans ma chambre à ne rien faire.

Page 122, Grammaire
Participe présent, gérondif et adjectif verbal

1. a. correspondant – **b.** suivante – **c.** excédant – **d.** suffoquant – **e.** choquante – **f.** fatigant – **g.** convaincant – **h.** résidant – **i.** adhérant

2. a. J'ai surpris mon fils chantant en allemand.
b. C'est une enseignante exigeante.
c. Faites passer un test aux candidats prétendant parler couramment l'anglais.
d. Les mois précédant mon concours, je me suis enfermée chez moi.
e. C'est un diplôme équivalant à deux ans d'études de langues étrangères.
f. Dans cette école, il n'y que des gens enseignant par passion.
g. Ces expressions québécoises différentes du français sont très imagées.
h. C'est un orateur ayant beaucoup de talent.
i. La semaine suivant son intervention orale, il est parti en vacances.
j. Ayant peur de parler en public, il refuse de faire des discours.
k. Ne faites pas confiance aux gens sachant très bien argumenter.
l. Dans cette université internationale, il y a des professeurs parlant toutes les langues du monde.

Page 123, Grammaire
Participe présent, gérondif et adjectif verbal

3. a. résistante – **b.** surprenant – **c.** révoltantes – **d.** Persistant – **e.** se trouvant – **f.** étonnante

4. a. Cette entreprise cherche à recruter un traducteur qui parle le japonais.
b. Comme il a déjà dépassé la quarantaine, il ne connaît rien au parler jeune.
c. Du fait qu'il ne cesse de parler familièrement, il a perdu ses chances d'obtenir ce poste de directeur.
d. À cause de son manque de vocabulaire, il a dû s'inscrire à un cours de remise à niveau en russe.
e. Pour résoudre ses difficultés à apprendre des mots d'argot, il s'est mis à écouter du rap.
f. Bien qu'il soit resté trois ans dans le pays, il n'a jamais réussi à s'exprimer de manière fluide en allemand.
g. Comme il est dyslexique, il fait beaucoup d'erreurs à l'écrit.
h. C'est grâce à des cours de conversation qu'il a amélioré son accent en français.

5. a. C'est en s'installant à Paris que Rachel perdra son accent du Sud.
b. Estelle a appris des mots d'allemand en voyageant avec un groupe d'Autrichiens.
c. Bruno a retrouvé son ancien professeur de français en faisant des recherches sur Internet.
d. C'est en évaluant ses élèves que l'enseignant sait s'ils ont progressé ou non.
e. Ce n'est pas en apprenant le jargon médical que vous saurez communiquer en anglais.

Page 124, Grammaire
Le participe passé et le participe composé

1. La langue française a été réformée en 1990. Il s'agissait surtout de rectifications orthographiques qui avaient été recommandées par le Conseil supérieur français de la langue française. L'Académie française en avait approuvé le principe à l'époque, mais s'était interrogée en 2016 sur la pertinence d'une orthographe jamais vraiment rentrée dans l'usage. L'orthographe de 1990 est qualifiée de nouvelle, contrairement à l'orthographe dite ancienne. Enseignée et incluse dans les programmes scolaires, la nouvelle orthographe peine à rentrer dans les habitudes de l'ensemble de la population.

2. a. Pas d'accord après « en ».
b. Le COD se trouve après le verbe.
c. Ils ont embrassé qui ? Eux : COD.
d. Pas d'accord quand « faire » est suivi d'un infinitif.
e. Le COD se trouve avant le verbe et est féminin pluriel.
f. Ils ont téléphoné à qui : À elles : COI.

3. a. Les dictionnaires que tu m'a prêtés m'aident beaucoup.
b. Ils se sont demandé si les linguistes étaient sérieux.
c. C'est la vérité sur mon niveau en orthographe qu'elle m'a dite.

d. Des dictionnaires en papier, ça fait longtemps que je n'en ai plus vu.
e. Nous nous sommes fait reprocher notre faible vocabulaire en anglais.
f. Ses erreurs de syntaxes, je les lui ai fait remarquer.

Page 125, Grammaire
Le participe passé et le participe composé

4. a. Les étrangers ayant étudié la grammaire française ne lui trouvent aucune logique.
b. L'étudiante ayant réussi son concours est soulagée.
c. Le sociologue ayant critiqué l'écriture inclusive n'en comprend pas les enjeux.
d. Ce linguiste ayant été traducteur, il est polyglotte.
e. Le temps imparti ayant été dépassé, je dois interrompre votre intervention.
f. La candidate étant arrivée en retard, elle n'a pas pu participer au concours d'éloquence.
g. L'orthographe française ayant été critiquée pas de nombreux enseignants, il faut la simplifier.
h. Cette avocate ayant été formée à l'étranger a une éloquence très originale.

5. a. ayant eu – **b.** ayant reçu – **c.** s'étant développé – **d.** étant devenu – **e.** ayant été – **f.** s'étant installés – **g.** ayant rempli – **h.** s'étant aggravées

6. Devenu un spécialiste de la linguistique française, James a eu l'occasion de retourner dans la ville où il avait étudié : Marseille. Fraîchement arrivé des États-Unis et n'ayant pas appris le français avant, il découvrait le quartier du vieux port avec émerveillement. Ayant publié un livre récemment, il était invité à s'exprimer lors d'une conférence consacrée à la réforme de l'orthographe. Ayant gardé contact avec un de ses anciens professeurs et des amis linguistes de cette époque, il est sorti le soir même pour retrouver ses vieilles connaissances. Enchanté de retrouver l'ambiance multiculturelle de Marseille, James n'a pas vu l'heure passer. S'étant couché très tard, il n'a pas entendu le réveil le lendemain et il n'est pas arrivé à l'heure pour la conférence. Il devra revenir à Marseille.

Page 126, Vocabulaire
Les langues vivantes

1. Ces dernières décennies, on ne compte plus les anglicismes dans tous les domaines, de la culture aux jeux, à la nourriture, etc., que les francophones ont adoptés. Finira-t-on par parler franglish ? Non ! L'Office québécois de la langue française propose régulièrement des équivalents français, en particulier pour le jargon informatique. Dernièrement, ce sont les mots « partage d'écran », « travail en mode hybride » ou la « nuagisation » qui ont été proposés aux usagers du français. Ces expressions ont une connotation moins moderne qu'en anglais, mais il faut les adopter. C'est en enrichissant notre langue que nous pourrons mieux exprimer les nuances de notre pensée. Soyons ouverts non seulement à la francisation des mots anglais, mais aussi aux néologismes poétiques ou non pour toujours mieux décrire la réalité qui nous entoure.

2. Pour s'exprimer en public avec aisance, il ne suffit pas d'avoir de l'assurance, de ne pas avoir le trac. Si vous devez faire un discours, pensez à bien préparer vos notes. Il vous faut un schéma simplifié qui vous permettra de ne pas perdre le fil de votre argumentation. Imaginez une phrase d'accroche pour commencer. Vous captiverez l'attention du public. Évitez les idées toutes faites et les généralisations, et soignez les transitions pour aider votre public à suivre votre raisonnement. Étayez les arguments pour être plus convaincant, c'est comme cela que vous montrerez que vous avez de l'éloquence.

3. a. 4 – **b.** 5 – **c.** 2 – **d.** 6 – **e.** 1 – **f.** 3

Page 127, Vocabulaire
Les langues vivantes

4. a. démonstration – **b.** conception – **c.** analyse – **d.** reformulation – **e.** synthèse – **f.** déductions – **g.** généralisations

5. a. un sandwich – **b.** un chewing-gum – **c.** amoureux – **d.** de rien – **e.** super, génial – **f.** au revoir – **g.** de rien

6. a. service-au-volant – **b.** pourriel – **c.** clavardage – **d.** égoportrait – **e.** hameçonnage – **f.** divulgâcher

7. a. le néologisme – **b.** le plan – **c.** reformuler – **d.** le schlouk – **e.** étayer

Page 128, Phonétique
Les liaisons

1. a. Les étudiants ont rendez-vous à neuf heures pour le concours d'éloquence.
b. Elles apprécient les conférences et elles assistent régulièrement à des TEDx.
c. Juliette préfère regarder des conférences en ligne de chez elle.
d. Nous sommes vraiment heureux de rencontrer ce journaliste.
e. Les jeunes s'expriment plus en verlan qu'en argot.
f. Au Moyen Âge, la rhétorique était très importante.
g. Il y a eu un léger incident au premier acte de la pièce de théâtre.
h. Je vous aurais invité à la conférence sur la glottophobie.
i. Les héros modernes sont ceux qui savent argumenter.
j. Pour accrocher vos auditeurs, racontez des histoires, des anecdotes.

La liaison consiste à unir dans une même syllabe la consonne non prononcée qui termine un mot et la voyelle prononcée qui commence le mot suivant.
La liaison est obligatoire dans le groupe nominal entre le déterminant et le nom, entre l'adjectif antéposé et le nom, après les prépositions d'une syllabe, dans les expressions figées. La liaison est obligatoire dans le groupe verbal entre les pronoms et le verbe, entre le verbe et le pronom, après les adverbes courts, après une conjonction de coordination.
La liaison est facultative entre un nom et un adjectif au pluriel et après certains verbes comme être, avoir et aller, après la négation « pas ».
La liaison est interdite entre un nom et un adjectif au singulier, après les verbes, après les pronoms interrogatifs (quand, combien, comment), entre le pronom sujet et le verbe inversé, entre le groupe nominal et le groupe verbal et dans les nombres.

2. a. Oublie ta peur de parler en public ! Vas-y !
b. Tu as des idées pour ton sujet au concours d'éloquence ?

c. Il faut avoir un certain âge pour comprendre ces concepts.
d. Les derniers autobus de nuit ont été annulés.
e. On a pris rendez-vous pour un brunch dans une semaine.
f. Nous avons beaucoup amélioré notre accent en un mois seulement.
g. Ce concours est trop important pour que tu le rates.
h. Mes parents dorment ici, et ils s'y sentent comme chez eux.
i. Il faudrait que le cours soit mieux adapté au niveau des élèves.
j. Mon voisin est hollandais, mais il parle très bien français.

3. a. Revenez dans une minute, là, nous sommes occupés.
b. Je ne veux plus y aller.
c. Parlez-en à votre professeur, il pourra vous aider.
d. Pour le cours d'éloquence, nous aurions besoin d'un bon avocat.
e. J'ai revu mes anciens élèves, c'était très émouvant.
f. Ces conseils serviront aux étudiants.
g. Ils ont pris le train, ils étaient très bien installés.
h. Le premier étudiant était très convaincant.

Page 129, Compréhension orale

1. c. Jean-Loup Chiflet est auteur et éditeur.

2. a. Elle est indispensable.

3. Non : « Je ne fais pas partie du camp des inquiets. »

4. b. malmenée et **d.** diverse

5. b. Les bizarreries de la langue.

6. Le couvent et couvent (du verbe couver).

7. b. C'est une expression dans laquelle un mot est inutile car c'est une redite.

8. La samba brésilienne, deux jumeaux, un bip sonore.

Page 130, Production écrite
Réponses libres.

Page 131, Jeux

1. 1. Fringues – **2.** Baraque – **3.** Flic – **4.** Pif – **5.** Bouffe – **6.** Piaule – **7.** Pompes – **8.** Froc

2. Chewing gum : chique, chiclette, gomme.
Sandwich : sous-marin, pistolet.
Super : bonnard, au boute, chouette.
Au revoir : tschüss, adieu.

3. 1. chelou – **2.** ziva – **3.** guedin – **4.** chanmé – **5.** relou – **6.** stremon

Fiche méthodologique 5

Le bilinguisme est un facteur de réussite pour les enfants qui ont pour langue maternelle une autre langue que le français et ce quelle que soit la langue. Or, les langues étrangères ne sont pas toutes valorisées socialement de la même manière. Parler anglais ou turc ou arabe n'est pas considéré de la même manière. Il faudrait donc lutter contre les préjugés et valoriser tous les bilinguismes dans le milieu scolaire.

Unité 11 Jusqu'où irons-nous ?

Page 133, Grammaire
Le futur

1. a. acquerront – **b.** aurez – **c.** mourront – **d.** répondront / seront – **e.** parviendrons – **f.** pourras – **g.** développera

2. a. vais imprimer – **b.** trouvera – **c.** résoudrez – **d.** allons devoir – **e.** vont arriver – **f.** ne pourrons jamais – **g.** n'émettra pas – **h.** ne sauront jamais

Page 134, Grammaire
Le futur

3. a. seront arrivés – **b.** aura été lancé – **c.** aura été votée – **d.** aura passé – **e.** aura été déposé – **f.** aura été publié – **g.** auront déjà exploité – **h.** aurez élaboré

4. a. Vous pourrez contacter nos conseillers lorsque vous aurez rédigé une présentation du projet / lorsqu'une présentation du projet aura été rédigée.
b. Vous mettrez en ligne un appel de fond quand les coûts auront été estimés. / quand vous aurez estimé les coûts.
c. Après que les investisseurs auront répondu à votre appel, vous recevrez les fonds sur votre compte bancaire.
d. Vous rembourserez les investisseurs une fois que le seuil de rentabilité défini aura été atteint. / une fois que vous aurez attient le seuil de rentabilité défini.
e. Nous vous enverrons un code d'activation sécurisé aussitôt que vous aurez créé un compte sur la plateforme. / aussitôt qu'un compte aura été créé sur la plateforme.
f. Quand vous aurez choisi le projet dans lequel investir, vous déterminerez le montant attribué.
g. Dès que vous aurez sélectionné le type de financement souhaité, nous informerons le bénéficiaire.
h. Une fois que vous serez intégré dans la liste des parrains, vous recevrez des comptes rendus réguliers sur l'avancement du projet.

Page 135, Vocabulaire
La technologie

1. a. 4 – **b.** 7 – **c.** 8 – **d.** 1 – **e.** 5 – **f.** 2 – **g.** 3 – **h.** 6

2. a. application – **b.** faciale – **c.** la sécheresse – **d.** L'algorithme – **e.** la hausse – **f.** social – **g.** la décroissance – **h.** Le logiciel

3. a. un bond – **b.** la reconnaissance – **c.** l'innovation – **d.** le progrès – **e.** l'exploitation – **f.** la découverte – **g.** la fonte – **h.** le dérèglement – **i.** l'érosion – **j.** le perfectionnement

4. Une fusée, transportant deux astronautes canadiens, a quitté avec succès la base de lancement hier. Ils rejoindront dans quelques heures la station internationale où ils seront chargés d'une mission spatiale de 6 mois. Ce séjour en orbite terrestre permettra également d'approfondir les études sur l'adaptation de l'être humain à l'absence de pesanteur.

Page 136, Grammaire
Exprimer la manière

1. a. Le jeune entrepreneur a brillamment présenté son projet.
b. Il a vivement remercié les chercheurs qui avaient permis cette avancée médicale.
c. Vous présenterez brièvement les avantages de votre innovation.
d. Le système de santé va être profondément modifié par le numérique.
e. Il faut vraiment améliorer les outils de mesure de la biodiversité.
f. Nous sommes encore fortement dépendants des énergies fossiles.

g. Heureusement, de nombreux projets sont en gestation pour décarboner les vols long-courriers.

2. a. à – **b.** sans – **c.** en – **d.** d' – **e.** à – **f.** par – **g.** en – **h.** avec

3. a. La protection des données doit absolument être garantie.
b. Apparemment, cet algorithme permet une nette amélioration du service.
c. Concernant la reconnaissance faciale, les réactions varient énormément selon le public que l'on interroge.
d. On réévalue fréquemment l'impact du numérique.
e. Le chercheur a brillamment présenté ses découvertes à la communauté scientifique.
f. Les drones ont livré les colis discrètement.
g. Ces robots humanoïdes peuvent accueillir aimablement les visiteurs.
h. Ces modélisations permettent d'imaginer précisément les divers scénarios possibles.

Page 137, Grammaire
Exprimer la manière

4. a. Nous avons suffisamment de recul pour évaluer l'impact du développement de l'intelligence artificielle sur nos vies.
b. Le ministère de la Défense a énormément investi dans l'analyse prospective.
c. Les dépôts de brevets augmentent lentement.
d. La consommation de carburants fossiles se réduira graduellement.
e. Il a parlé franchement sur le probable nombre de réfugiés climatiques.
f. La technologie apporte systématiquement le progrès.
g. Les scénarios d'anticipation sont rarement erronés.
h. Les achats immobiliers dans le métavers sont entièrement responsables d'un nouveau type de spéculation.

5. a. Le nombre d'internautes ayant un avatar a fortement augmenté.
b. Nos modes de vies consuméristes vont changer drastiquement.
c. Les interactions sociales se seraient radicalement modifiées sur les espaces virtuels.
d. Les services financiers sur mobile auront notamment permis de pallier le manque d'infrastructures bancaires.
e. La voiture autonome a également révolutionné la vie quotidienne de nombreux citoyens.

Page 138, Vocabulaire
Le changement, le processus de transformation

1. a. 6 – **b.** 1 – **c.** 7 – **d.** 2 – **e.** 3 – **f.** 8 – **g.** 4 – **h.** 5

2. a. agrandir – **b.** stagnation – **c.** fluctuations – **d.** essor – **e.** croissance – **f.** étalement – **g.** modernisation – **h.** bouleversements

3. a. éclaircir / éclaircissement, clarté – **b.** assombrir / assombrissement – **c.** maigrir / maigreur, amaigrissement – **d.** grossir / grossissement – **e.** rallonger / allongement – **f.** élargir / élargissement – **g.** faiblir, affaiblir / affaiblissement – **h.** moderniser / modernisation – **i.** pâlir / pâleur – **j.** rougir / rougissement, rougeur – **k.** biodégrader / biodégradation

Page 139, Vocabulaire
Le changement, le processus de transformation

4. a. le doublement – **b.** l'évaporation – **c.** la conservation – **d.** l'accélération – **e.** la chute – **f.** la modification / la variation – **g.** la métamorphose

5. a. 1 – **b.** 3 – **c.** 2

6. La transformation du parc automobile liée au développement des véhicules électriques permettra-t-elle de lutter contre le réchauffement climatique et les bouleversements qu'il entraîne ? La question est plus complexe qu'il n'y paraît. D'une part, les composants des batteries peuvent entraîner une dégradation de l'environnement là où ils sont extraits. D'autre part, seul un allongement de la durée d'utilisation permettra de compenser l'augmentation des émissions à la production par rapport à celles émises pour fabriquer un véhicule thermique.

Page 140, Phonétique
Le son r [ʁ]

1. a. [ʁ] en position initiale d'énoncé – **b.** [ʁ] en position intervocalique – **c.** [ʁ] après consonne – **d.** [ʁ] en position finale absolue – **e.** [ʁ] après consonne – **f.** [ʁ] en position initiale d'énoncé – **g.** [ʁ] en position initiale d'énoncé – **h.** [ʁ] en position finale de syllabe après voyelle – **i.** [ʁ] en position finale de syllabe après voyelle – **j.** [ʁ] en position intervocalique – **k.** [ʁ] en position initiale d'énoncé – **l.** [ʁ] en position intervocalique – **m.** [ʁ] en position finale absolue – **n.** [ʁ] en position finale absolue

3. a. Que pourra-t-on faire lorsqu'on aura consommé toutes les ressources de la Terre ?
b. Rose te rappellera dès qu'elle aura reçu le rapport.
c. La préservation de la biodiversité représente une priorité.
d. Rémi participera à la conférence sur l'énergie nucléaire.
e. Je crois qu'on pourra respirer un air pur à l'avenir.
f. Le recours aux robots ne devrait pas empêcher les recrutements.

Page 142, Compréhension écrite

1. b. écologiques.

2. a. 2 et 5 – **b.** 1 et 3 – **c.** 4 et 6.

3. a. Vrai : « la promotion du voyage éthique est sur toutes les lèvres » ou « le tourisme écologiquement et socialement responsable fait le buzz médiatique. »
b. Faux : « aujourd'hui, 40 % des millenials s'inspirent des réseaux sociaux pour choisir où prendre le large. »
c. Faux : « il ne décolle pas vraiment. »

4. a. comptera, viendront, se feront, vivra, verra, ferons, pourra, faudra, sera.
On utilise le futur simple car les experts interrogés se projettent en 2049.
b. aurons-nous réussi, n'aura pas réussi, seront passées.
On utilise le futur antérieur pour marquer le caractère déjà accompli / achevé de l'action dont on parle (par rapport au moment où l'on se situe dans le futur).

5. a. tuer la poule aux œufs d'or – **b.** plier bagage / prendre le large – **c.** être sur toutes les lèvres – **d.** faire son mea culpa – **e.** faire le buzz – **f.** à but non lucratif – **g.** qui vivra verra

Page 143, Production orale
Réponses libres.

Page 144, Jeux

1. a. fusée – **b.** sonde – **c.** réseau – **d.** famine – **e.** orbite – **f.** navette – **g.** station – **h.** pénurie – **i.** spatiale

2. a. granuleux (gras / nu / le) – **b.** extension (ex / temps / si / on)

3. a. 1957 – **b.** 1998 – **c.** Perseverance – **d.** une méthode de calcul basée sur la luminosité des étoiles.

Bilan linguistique

Page 145, Unité 10
Parlez-vous français ?

1. a. provocant – **b.** Excellent – **c.** en allant – **d.** différents – **e.** n'ayant pas

2. a. Les enfants étant tous assis, la leçon peut commencer.
b. Fâché avec la grammaire, il ne veut plus apprendre l'allemand.
c. Noémie ayant fait beaucoup de dictées chez elle, elle va avoir une bonne note au concours d'orthographe.
d. N'étant pas tous convaincus par l'écriture inclusive, les enseignants de notre école ont décidé de ne pas l'appliquer dans leurs cours.
e. Les cours de français m'ayant intéressée, je vais me réinscrire l'année prochaine.

3. Je suis employé dans une boîte qui fabrique des pompes. Je bosse toute la semaine et le samedi, quand il fait beau, j'aime bien m'asseoir dans un parc pour lire un bouquin. Le dimanche, je prends ma bagnole et je vais faire un tour à la campagne.

4. a. nuance – **b.** anecdote – **c.** j'explicite – **d.** dracher – **e.** divulgâchent

Page 146, Unité 11
Jusqu'où irons-nous ?

1. a. j'irai – **b.** auront trouvé – **c.** vais me renseigner – **d.** seront arrivés – **e.** n'aura pas reçu

2. a. Le drone a rapidement livré les paquets.
b. Cette entreprise a régulièrement fait des bénéfices grâce à son pôle innovation.
c. Le chef de projet a brièvement répondu aux questions des journalistes sur le nouveau prototype.
d. L'ingénieure a brillamment présenté son projet révolutionnaire aux actionnaires de l'entreprise.
e. Les voitures autonomes n'ont pas fréquemment provoqué d'accidents.

3. a. orbite – **b.** L'aérospatiale – **c.** algorithmes – **d.** L'astronaute – **e.** artificielle

4. a. variation – **b.** au progrès – **c.** la stagnation – **d.** L'agrandissement – **e.** Le ralentissement

Unité 12 La force des arts

Page 147, Grammaire
Indicatif, subjonctif ou infinitif ?

1. a. Au cas où – **b.** Une fois que – **c.** sans qu' – **d.** quoiqu' – **e.** afin de – **f.** pourvu que – **g.** Bien qu' – **h.** Après – **i.** En attendant que – **j.** Alors que

2. a. aillent – **b.** appréciez – **c.** permet – **d.** avons obtenu – **e.** aie – **f.** reçoive – **g.** contemplons – **h.** soyez – **i.** craignez – **j.** puisses – **k.** est devenue – **l.** veulent

Page 148, Grammaire
Indicatif, subjonctif ou infinitif ?

3. a. Je réalise des quantités d'autoportraits pour mieux me comprendre.
b. Tu devrais appeler Mona avant de venir me voir.
c. Vous devriez passer chez Appolinaire avant qu'il s'en aille.
d. On pourrait créer un compte Instagram pour ta galerie à condition que ton ordinateur soit réparé.
e. On ne peut pas avoir de places pour cet opéra à moins d'avoir un abonnement pour la saison.
f. Je propose de petits prix pour mes tableaux afin de les vendre facilement.
g. Un voleur est entré dans mon atelier sans que je ne m'en sois rendu compte.

4. a. Je ne l'ai pas revu après qu'il est arrivé.
b. Cet artiste est admiré car/parce qu'il est génial.
c. Fred continue de peindre bien qu'il soit malade.
d. J'ai tout fait pour réussir le concours d'entrée à l'école Art Plus.
e. Il ne faut pas déranger César pendant qu'il fait son stage de sculpture.
f. Depuis que la direction a changé, le musée propose des tarifs réduits.
g. Vous devez patienter en attendant que le collectionneur vous réponde.
h. Elle est crainte car/parce qu'elle est autoritaire.

Page 149, Vocabulaire
L'art, l'appréciation

1. a. un mécène – **b.** un collectionneur – **c.** un artiste – **d.** un amateur d'art – **e.** un marchand d'art – **f.** un critique d'art – **g.** un expert

2. a. peinture, bande-dessinée, jeux vidéo – **b.** installation – **c.** caricatures – **d.** portrait – **e.** performances – **f.** fresques

Page 150, Vocabulaire
L'art, l'appréciation

3. a. 4, 5, 7, 8 – **b.** 1, 7 – **c.** 4, 5, 7, 8 – **d.** 6 – **e.** 1, 2, 5, 7, 8 – **f.** 3 – **g.** 1, 7 – **h.** 1, 9 – **i.** 1, 2 – **j.** 1

4. Sens plutôt positif : inoubliable, ravissant, unique, attrayant, exceptionnel, fabuleux, adorable, enchanteur, excellent, impressionnant, magique, merveilleux, original, pittoresque.
Sens plutôt négatif : scandaleux, affreux, kitsch, laid, lamentable, moche, nul, grotesque, snob, vulgaire, artificiel, banal, confus, ennuyeux.

5. a. Il est au sommet de son art.
b. Vous avez un excellent coup de crayon.
c. C'est une croûte.
d. Ça fait un tabac.
e. Ça sort de l'ordinaire.
f. Ça ne m'emballe pas.
g. C'est de premier ordre.

Page 151, Vocabulaire
Les sentiments

1. a. 7 – **b.** 8 – **c.** 4 – **d.** 6 – **e.** 5 – **f.** 10 – **g.** 9 – **h.** 1 – **i.** 11 – **j.** 2 – **k.** 3

2. a. La surprise – **b.** La joie – **c.** La gêne – **d.** L'inquiétude – **e.** La colère – **f.** L'énervement – **g.** La tristesse – **h.** La surprise – **i.** La peur – **j.** L'énervement – **k.** La joie

3. a. être anxieux, anxieuse – **b.** surprendre, être surpris(e) – **c.** s'affoler, être affolé(e) – **d.** être crispé(e) – **e.** être désespéré(e) – **f.** s'inquiéter, être inquiet, inquiète – **g.** s'étonner, être étonné(e) – **h.** être embarrassé(e) – **i.** se faire du souci, être soucieux, soucieuse – **j.** être stupéfait(e) – **k.** se tendre, être tendu(e) – **l.** se tourmenter, être tourmenté(e) – **m.** être confus(e) – **n.** s'indigner, être indigné(e)

Page 152, Vocabulaire
Les sentiments

4. a. la peine – **b.** rire jaune – **c.** la bonne humeur – **d.** la fureur – **e.** être un boute-en-train – **f.** la stupéfaction – **g.** faire grise mine – **h.** surprendre – **i.** l'embarras – **j.** se réjouir

5. a. souci – **b.** confiance – **c.** panique – **d.** moral – **e.** affolement – **f.** affligé – **g.** bouleversé – **h.** émotions – **i.** chagrin – **j.** joie – **k.** anxiété

6. a. triste – **b.** furieux – **c.** tendu, nerveux – **d.** inquiet – **e.** mal à l'aise – **f.** calme – **g.** déçu – **h.** réjoui, content

7. a. ressens – **b.** procure – **c.** me sens – **d.** suis ému – **e.** éveille – **f.** me rend – **g.** génère

Page 153, Grammaire
Les pronoms relatifs

1. a. qui – **b.** dont – **c.** où – **d.** que – **e.** dont – **f.** que

2. a. pendant lequel – **b.** pour laquelle – **c.** parmi lesquels – **d.** sans qui – **e.** selon lequel – **f.** chez qui

3. a. Cette revue d'art a publié un article d'après lequel mes œuvres seraient vulgaires.
b. J'ai reçu une invitation au bas de laquelle se trouve l'adresse du théâtre.
c. Les Guéguin sont des mécènes grâce auxquels / à qui j'ai obtenu un soutien financier.
d. Les employés du musée ont un nouveau directeur dont ils se plaignent beaucoup.
e. Les deux hommes à côté desquels / de qui se trouve Charlie sont des auteurs de BD.

4. Salut Hermine,

Tu connais ma passion pour l'art, n'est-ce pas ?

Hier soir, j'ai assisté à un vernissage auquel l'artiste était présente. J'ai pu discuter avec elle de ce qui a inspiré son travail et de la façon dont elle a créé certaines sculptures. Les défis auxquels elle a été confrontée ont été énormes ! Léti Hego est vraiment une artiste aux talents multiples. Elle expose également des photographies qui sont regroupées sur deux murs, sur lesquels ses photos en noir et blanc sont bien mises en valeur dans de jolis cadres. Lors de notre conversation, elle m'a précisé qu'elle était à la recherche d'un endroit calme où trouver l'inspiration. Et j'ai pensé à la maison de vacances que tu possèdes au bord de la mer. Est-elle libre en ce moment ? Serais-tu d'accord pour la lui louer pendant trois mois ? J'ai une grande admiration pour cette artiste en laquelle tu peux avoir toute confiance.

Si tu es d'accord, réponds-moi vite et je te transmettrai son mail.

Ton ami Orso

Page 154, Phonétique
Méli-mélo de sons

3. a. Vous connaissez le magazine spécialisé *Forum d'Art* ?
b. Le quatorze juillet, c'est l'occasion de faire la fête.
c. Son enfance est très présente dans ses livres.
d. C'est un film bizarre dont l'ambiance est électrique.
e. Son mari est moins intéressé par la culture qu'elle.
f. Cette femme est chef d'orchestre ou compositrice d'opéra ?
g. C'est une sage décision de supprimer la télévision à la maison.
h. Je suis très fleur bleue pour la Saint-Valentin.
i. Ce monument est caractéristique de l'architecture française du XVIIe siècle.

Page 155, Compréhension orale

1. b. *Dunk or Die* est un document sur le parcours de Kadour Ziani.

2. c. Un artiste.

3. a. Une figure de basket-ball.

4. a. Vrai – **b.** Vrai – **c.** Faux – **d.** Vrai

5. Sa passion pour le dunk lui a permis de – **a.** s'élever et de – **d.** se libérer.

6. Il est d'origine algérienne (mais est né à Saint-Dizier).

7. Son adolescence a été **b.** difficile et – **e.** chaotique.

8. a. Vrai – **b.** Faux

9. Il les qualifie de poétiques.

10. a. Il aurait pu devenir un criminel.
b. Je suis content qu'on découvre ce qu'il a fait.

Page 156, Production écrite
Réponses libres.

Page 157, Jeu

a. Le cinéma – **b.** Leonardo – **c.** Montréal – **d.** *Le Petit Prince* – **e.** Marc Chagall – **f.** Le musée de la BD – **g.** Ça ne casse pas des briques. C'est une croûte. – **h.** dès qu'il aura trouvé une galerie. – **i.** crayon. – **j.** en attendant que tu choisisses une expo. – **k.** le chou. – **l.** auquel je m'intéresse de près. – **m.** dans les chaussettes.

Fiche méthodologique 6

1. « Certaines inventions peuvent générer l'horreur. » : persuader.
Les autres citations : convaincre.

2. *Exemple :*
La science dit toujours la vérité.
Beaucoup de gens sont impressionnés par les sciences. Dès qu'on parle de science, on se sent bête et on n'essaie pas de comprendre les enjeux sociaux qu'elle pose, on fait confiance. (convaincre)
Il y a beaucoup de théories en sciences, certaines sont contradictoires. Peut-on alors parler de vérité unique ? (convaincre)
Les sciences ce sont des maths et les maths ne se discutent pas. Le résultat est vrai ou faux. (persuader)

Références iconographiques

Couverture Jon Arnold Images/hemis.fr ; **5** Jiho-Iconovox ; **13 (hg)** phive2015/AdobeStock ; **13 (hd)** atoss/AdobeStock ; **13 (md)** nerthuz/123rf ; **15** Illustration Syctom/VersaillesGrandParc Communauté d'Agglomération ; **16 (3hg, 3md)** iiierlok_xolms/AdobeStock ; **16 (3hd, 3mmd)** Michael Möller/AdobeStock ; **16 (3mg)** Alekss/AdobeStock ; **16 (3mmg)** DenisNata/AdobeStock ; **16 (3hm)** unclepodger/AdobeStock ; **16 (3bg)** Khairul/AdobeStock ; **16 (3bm)** KPixMining/AdobeStock ; **16 (bd)** Freepik ; **17** © Michilus ; **25** Lionel Thompson/Radio France/Maxppp ; **27 (bm)** dooder/Freepik ; **28 (bm)** dashadima/ Freepik ; **29** © Gabs ; **37** Wavebreakmedia/Istock ; **39** fizkes/AdobeStock ; **40** ronstik/Istock ; **43** Rémi MalinGrëy - Iconovox ; **51 (hd)** prykhodov/123rf ; **51 (hmd)** Passatic/AdobeStock ; **53 (bd)** Freepik ; **53 (1)** Selon le jeu *Bowling*, Télé Star ; **53 (3)** Selon le jeu *D'un mot à l'autre*, RCI Jeux ; **55** Faujour - Iconovox ; **58** Keystone/Hulton Archive/Getty Images ; **63** Youtubeuse Charlie Danger, photo de Charles Hermand ; **65** ©Jean Claude MOSCHETTI/REA ; **66 (bd)** dashadima/Freepik ; **69** Rémi MalinGrëy - Iconovox ; **70** Office de Tourisme d'Aix-en-Provence © Éditions Sésame / Latitude Cartagène ; **75 (hd)** macrovector/Freepik ; **75 (mm)** wombatzaa/Freepik ; **75 (md)** Pixabay ; **77** Deligne - Iconovox ; **79 (3mmg, 3mmd)** iiierlok_xolms/AdobeStock ; **79 (3bm)** nakedking/AdobeStock ; **79 (3bg)** nsit0108/AdobeStock ; **79 (3hmd)** yevgeniy11/AdobeStock ; **79 (3hd)** ChubarovY/Istock ; **79 (3md)** rufar/AdobeStock ; **79 (3hmg)** aci77/Istock ; **79 (3mg)** Volodymyr Shevchuk/AdobeStock ; **79 (3hg)** stockphoto mania/AdobeStock ; **79 (3bd)** Pakhnyushchyy/AdobeStock ; **79 (mm)** pch.vector/Freepik ; **81** Aurel - Iconovox ; **89** © France Télévisions ; **92 (hd)** LODI Franck/SIPA ; **92 (md)** Arun Sankar/Afp ; **95** © Michilus ; **103** Mableen/Istock ; **105** StockPhotoPro/AdobeStock ; **107** Faujour - Iconovox ; **110 (md)** drawlab/Freepik ; **115** Syda Productions/AdobeStock ; **118 (2c)** Maxiphoto/Istock ; **118 (2b)** Brastock Images/AdobeStock ; **118 (2a)** Andrii Vergeles/AdobeStock ; **118 (2d)** MaxterDesign/AdobeStock ; **118 (4)** Leiana/AdobeStock ; **121** Gros - Iconovox ; **129** Delphine Delastre/Plon ; **131 (1,1)** vipman4/AdobeStock ; **131 (1,2)** berna_namoglu/AdobeStock ; **131 (1,3)** snaptitude/AdobeStock ; **131 (1,4)** vladimirfloyd/AdobeStock ; **131 (1,5)** Yaruniv-Studio/AdobeStock ; **131 (1,6)** photosbysabkapl/AdobeStock ; **131 (1,7)** Mivr/AdobeStock ; **131 (1,8)** paulcannoby/AdobeStock ; **133** © Fix ; **134 (m)** dooder/Freepik ; **139 (5,1)** « Parc de voitures à batterie électrique et de voitures hybrides rechargeables dans le monde de 2005 à 2020 », publié par P. Godoy Hilario, 28/02/2022, Statista ; **139 (5,2, 5,3)** Julie Thoin-Bousquié, www.usinenouvelle.com, 16/09/2019 ; **141** Robijn Page / Westend61 GmbH / Alamy Stock Photo ; **143** Concepts 3DG ; **144** Science Photo Library / Van Ravensswaay, Detlev ; **147** Micaël - Iconovox ; **149** macrovector/Freepik ; **155** PHOTOPQR/Le Républicain lorrain/NEU Philippe /Maxppp ; **157, 192** Plafond Opéra Garnier, Marc Chagall, 1964, S. Gautier/Sagaphoto.com/ © Adagp, 2022.

Références Textes

13 Sébastien Billard, L'Obs, 20/05/2021 ; **37** www.toutpourchanger.com ; **63** Salammbô Marie, ouest-france.fr, 18/06/2021 ; **89** © France Télévisions ; **115** Valérie Parlan, ouest-france.fr, 03/02/2020 ; **141** Dorane Vignando, L'Obs, 21/02/2022.

Références Audio

25 (p7, 159) Radio France / France Inter / Lionel Thompson ; **51 (p14, 160)** Radio France / France Inter / Julien Baldacchino ; **77 (p22, 162)** « RMC s'engage pour vous » de Marie Dupin : Vacances gâchées pour Mounir et sa famille © RMC/BFMTV ; **103 (p30, 163)** « La lucite estivale bénigne ou l'allergie au soleil » par Brigitte Milhau, émission «Notre santé», Europe 1, 28/07/2021 ; **129 (p37, 164)** « La langue française » de Jean-Loup Chiflet », Bernard Lehut & Capucine Trollion, RTL, 15/03/2020 ; **155 (p44, 165)** Radio France / France Inter / Julien Baldacchino.

Malgré nos efforts, il nous a été impossible de joindre certains auteurs ou leurs ayants-droit pour solliciter l'autorisation de reproduction, nous avons réservé en notre comptabilité les droits usuels.

« Le photocopillage, c'est l'usage abusif et collectif de la photocopie sans autorisation des auteurs et des éditeurs. Largement répandu dans les établissements d'enseignement, le photocopillage menace l'avenir du livre, car il met en danger son équilibre économique.
Il prive les auteurs d'une juste rémunération. En dehors de l'usage privé du copiste, toute reproduction totale ou partielle de cet ouvrage est interdite. »
« La loi du 11 mars 1957 n'autorisant, aux termes des alinéas 2 et 3 de l'article 41, d'une part, que les copies ou reproductions strictement réservées à l'usage privé du copiste et non destinées à une utilisation collective » et, d'autre part, que les analyses et courtes citations dans un but d'exemple et d'illustrations, « toute représentation ou reproduction intégrale, ou partielle, faite sans le consentement de l'auteur ou de ses ayants droit ou ayants cause, est illicite. » (alinéa 1er de l'article 40) – « Cette représentation ou reproduction par quelque procédé que ce soit, constituerait donc une contrefaçon sanctionnée par les articles 425 et suivants du Code pénal. »

PAPIER À BASE DE FIBRES CERTIFIÉES

éditions didier s'engagent pour l'environnement en réduisant l'empreinte carbone de leurs livres. Celle de cet exemplaire est de : 1,4 kg éq. CO₂
Rendez-vous sur www.editionsdidier-durable.fr

© Didier FLE, une marque des éditions Hatier, 2022
ISBN 978-2-278-10367-6 / 978-2-278-10814-5
Dépôt légal : 10367/05 – 10814/03

Achevé d'imprimer en Italie
en août 2025 par L.E.G.O. (Lavis).